藤原道長の日常生活

倉本一宏

講談社現代新書
2196

はじめに

まずは藤原道長の記した『御堂関白記《みどうかんぱくき》』の長保《ちょうほう》二年（一〇〇〇）正月一日条を見てみよう。この年、道長は三十五歳。政権を獲得してから五年目の元日であった。

次に陣座《じんのざ》（近衛陣《このえのじん》における公卿《くぎょう》の座）に着し、見参簿《げんざんぼ》（出席簿）を奏上《そうじょう》した。これは旬政《しゅんせい》（天皇が政を聴く儀式）の平座《ひらざ》と同じであった。諸卿は、皆、退出《たいしゅつ》した。陣座において見参簿の奏上が有ったのに、諸卿は伺候《しこう》しなかった。これは諸卿が儀式《ぎしき》を知らなかったのであろうか。もしかしたら、儀式を主宰する私が、それに相応《ふさわ》しくはないのであろうか。不審に思った、不審に思った。

恒例《ごうれい》の元日節会《がんじつのせちえ》は取りやめとなったのだが、参入した公卿の見参簿を一条《いちじょう》天皇に奏上しようとしたところ、公卿たちは退出してしまったというのである。あきらかに公卿たちの失態なのであるが、道長は、これは儀式を主宰する自分が、それにふさわしい人間ではないからであろうかと、不審に思っている。

一般に考えられている道長のイメージというのは、たとえば『小右記《しょうゆうき》』寛仁《かんにん》二年（一〇一八）十月十六日条に記されている、つぎの和歌によるものではないだろうか。

この世をば我が世とぞ思ふ望月の欠けたる事も無しと思へば

（この世を我が世と思う。望月が欠けることもないと思うので）

我が女《むすめ》三人を中宮《ちゅうぐう》に立て、望月が欠けることもないかのようにこの世を我が世と思うという無邪気な姿と、自分が儀式主宰者にふさわしくないのであろうかと卑下する姿、そのどちらもが、道長という人物の真の姿なのである。

ある人物の本当の姿というのは、公的な側面だけで語ることができるものではない。公式な略歴や業績などは、その人の仕事の一面を語るものではあっても、とてもその人自身の総体的な姿とは言えない。家族や趣味などの私的な側面や日常生活、ましてその人の感情、性格までは、とても知ることができないのが普通なのである。

ところが幸いに、我々には天皇や貴族が漢文で記した日記（古記録《こきろく》）が残されている。特に道長の時代には、本人自身の日記である『御堂関白記』に加えて、先ほど挙げた藤原実資《さねすけ》の『小右記』や藤原行成《ゆきなり》の『権記《ごんき》』が残っており、道長の言動が三者三様に記録されているのである。いずれも出来事の起こった当日か翌日に、正確な記録として当時や後世の貴族社会に残すために記されたものである。

これらの古記録を読み解くことによって、藤原道長という、日本史上でも特別に面白い、それでいて我々と同じ普通の人間であると実感できる人物の実像に、かなり接近できるのである。この本では、主にこの三つの古記録に記されたさまざまな出来事を通して、公的・私的な側面、また感情面や精神世界にまでおよぶ道長の実像に迫っていきたい。

なお、道長はこれらの古記録以外に、『大鏡《おおかがみ》』『栄花物語《えいがものがたり》』といった歴史物語、また『今昔物語集《こんじゃくものがたりしゅう》』をはじめとする説話集にも、数多く登場する。闇夜に肝試しをしたやら、超能力者安倍晴明《あべのはるあきら》によって危機を救われたやらの類《たぐい》である。

これらの歴史物語や説話集に描かれた説話にも、確実な原史料にもとづく箇所も多いのであるが、一方では特定の史観によって創作されたり改変されたりした箇所も多い。残念ながら私には、それらを分別する能力がない。よほどの達人的な能力を備えた人か、さもなければ史実を重視しない人でなければ、これらの文学作品を歴史叙述に使用するのは危険というものであろう。読者の皆さんがよくご存じのエピソードがこの本に登場しないのは、そういった事情によるものであることを、あらかじめお断わりしておきたい。

目次

序章　道長と『御堂関白記』

1　道長の略歴

政権獲得への道

まずはじめに、道長の経歴を簡単に述べておこう。

道長は、藤原兼家《かねいえ》の五男として康保《こうほう》三年（九六六）に生まれた。母は藤原中正《なかまさ》の女《むすめ》の時姫《ときひめ》。同母兄に道隆《みちたか》と道兼《みちかね》、同母姉に一条天皇の生母である詮子《せんし》と冷泉《れいぜい》天皇女御《にょうご》の超子《ちょうし》、異母妹に居貞《おきさだ》親王（後の三条《さんじょう》天皇）妃《ひ》の綏子《すいし》、異母兄に道綱《みちつな》と道義《みちよし》がいた。

この康保三年というのは村上《むらかみ》天皇の代で、父兼家は三十八歳で左京大夫《さきょうだいぶ》。まだ公卿には上っていない段階であった。道長は天元《てんげん》三年（九八〇）に十五歳で従五位下に叙爵《じょしゃく》されるが、史料にはじめて登場するのは、天元五年に昇殿《しょうでん》した際の『小右記』の記事で、「右大《うだい》臣《じん》の子道長」と呼び捨てで呼称されている。

その後、道長は永観《えいかん》元年（九八三）に侍従《じじゅう》、永観二年に右兵衛権佐《うひょうえのごんのすけ》に任じられたが、その昇進はめだったものではなかった。

ところが、寛和《かんな》二年（九八六）に兼家が花山《かざん》天皇を出家させて外孫《がいそん》（他家に嫁いだ娘の子）

の懐仁《やすひと》親王を即位させ（一条天皇）、その摂政《せっしょう》に就任するや、道長も急速に昇進をはじめた。この年、道長はまだ二十一歳。兄たちが兼家の雌伏《しふく》期間中に青年期を過ごしたのに対して、道長はこの年齢で父の全盛期を迎えることができ、末子であることがかえって有利に作用したことになる。

寛和二年のうちに蔵人《くろうど》、少納言《しょうなごん》、左少将《さしょうしょう》を歴任し、翌永延《えいえん》元年（九八七）に左京大夫に任じられ、従三位に叙されて非参議《ひさんぎ》公卿となった。この年の暮れ、左大臣《さだいじん》源雅信《まさのぶ》の女である倫子《りんし》と結婚している。永延二年には参議《さんぎ》を経ずに権中納言《ごんちゅうなごん》に任じられた。

正暦《しょうりゃく》元年（九九〇）七月二日には兼家が六十二歳で薨去《こうきょ》し、長兄の道隆が三十八歳で関《かん》白《ぱく》の座に就いた。道隆はこの年十月五日、長女の定子《ていし》を一条の中宮《ちゅうぐう》に立て、道長を定子の中宮大夫《ちゅうぐうだいぶ》に任じたが、道長は立后《りつごう》の儀式には参列しなかった（『小右記』）。

正暦二年には四人を追い越して権大納言《ごんだいなごん》に任じられたものの、そのまま道隆政権がつづけば、道長は単なる関白の弟として、脇役をつづけることとなったはずである。

ただし、気になる記事もある。正暦三年四月に、一条は東三条院《ひがしさんじょういん》（詮子が出家して女院号《にょういん》を得たもの）の許に行幸《ぎょうこう》したのであるが、詮子の御在所《ございしょ》は道長の土御門第《つちみかどてい》であったというのである（『権記』）。詮子と道長との緊密な関係は、ますます公卿社会に認知されたであろうし、それは先々の政権交代に大きな影響をおよぼすこととなるであろう。

それは突然に訪れた。疫病《えきびょう》が蔓延《まんえん》した長徳《ちょうとく》元年（九九五）の四月十日に道隆、五月八日に関白を継いでいた道兼が薨去した結果、三十歳の道長は五月十一日に内覧《ないらん》を命じられ、いきなり政権の座に就いた。内覧というのは関白に准じる職で、天皇への奏上《そうじょう》および宣下《せんげ》の文書《もんじょ》を内見する地位である。大臣ではないということで関白となることができず、円融《えんゆう》朝の兼通《かねみち》（道長の父兼家の兄）以来二十三年ぶりに復活したこの職に就けられたのである。

兄弟順の政権担当という国母《こくも》詮子の意向が強くはたらいたであろうことは、後年の道長自身のつぎの言葉（『本朝文粋《ほんちょうもんずい》』）からも明らかである。

臣（道長）は声望が浅薄であって、才能もいいかげんである。ひたすら母后《ぼこう》（詮子）の兄弟であるので、序列を超えて昇進してしまった。また、父祖《ふそ》の余慶《よけい》によって、徳もないのに登用された。……二兄（道隆・道兼）は、地位の重さを載せて早夭《そうよう》した。

道長はこの年の六月十九日に右大臣、ついで翌長徳二年七月二十日に左大臣にも任じられ、内覧と太政官一上《だいじょうかんいちのかみ》（首班）の地位を長く維持した。大臣に上っても関白に就くことはなく、結果的にはそれによって公卿議定《ぎじょう》（公卿たちによる評議）を指揮下に置くこともできたことになる。この間、道隆嫡男《ちゃくなん》の藤原伊周《これちか》が失脚《しっきゃく》した後は政敵もなくなったものの、あいつぐ病悩《びょうのう》によって上表《じょうひょう》（辞表の奏上）をくりかえし、長徳四年三月十二日には内覧と随身《ずいじん》（摂関《せっかん》や近衛将《このえのしょう》の身辺警護に当たる武官《ぶかん》）をさしとめるという一条の勅答《ちょくとう》が下った（『権記』）。

その後も『権記』によると文書の内覧という政務をつづけ、長保元年（九九九）三月十六日の東三条院行幸の際に道長は随身を元のごとく賜わっている（『日本紀略《にほんきりゃく》』『御堂関白記』）。あるいはこのとき、正式に内覧という地位も復活したのか、それとも慣例的に道長が内覧の職務をつづけたのであろうか。じつはこれは、必ずしも官職に根拠を有するものではないという道長の権力の本質を考えるうえで、大きな問題をはらむことなのである。

最高のミウチ的結合

権力を万全にしたかの道長であったが、それは官人としての地位に関するものに過ぎなかった。この時代、権力基盤を固めて、それを次世代に受け継がせるには、女を天皇の後宮《こうきゅう》に入れて皇子の誕生を期し、同時に男を早くから昇進させる必要があったのである。

ところが道長の場合、当時としては晩婚であったのが災いして、政権を獲得した時点では長女の彰子《しょうし》は数えで八歳、嫡男の頼通《よりみち》は四歳に過ぎなかった。道長自身は病弱であるとなると、詮子も一条も、それに道長自身も、当初はあれほどの長期政権になるとは考えていなかったであろう。つぎに定子の兄である伊周に政権がまわってくる可能性もあった。

道長は長保元年、十二歳に達して着裳《ちゃくも》(成人式)をおこなった彰子を、十一月一日に後宮に入内《じゅだい》させた。彰子は肉体的にはまったく成熟しておらず、しかも一条には中宮定子が寄り添っていた。道長としては、定子から皇子が生まれる前に、形だけでも彰子を一条のキサキとし、一条にプレッシャーをかけたのであろう。しかし定子は、彰子が女御となったのと同日の十一月七日に第一皇子敦康《あつやす》を産む。

翌長保二年正月には彰子を中宮とすることを一条に認めさせ、「一帝二后」という異常事態を現出させた。一方の「皇后《こうごう》」定子は同年十二月十六日に崩じてしまう。

しかし、あいかわらず一条と彰子とのあいだには懐妊《かいにん》の「可能性」はなく、道長は定子の遺した敦康親王を彰子の御在所に置き、その後見《こうけん》をつづけていた。万一にも彰子が皇子を産まなかった場合の円融天皇を祖とする皇統《こうとう》のスペア・カードとして、道長は敦康を懐中に収めていたのである(円融には一条以外に子はなかった)。

寛弘《かんこう》三年(一〇〇六)頃になって、十九歳に達した彰子と一条とのあいだに、皇子懐妊の「可能性」が生起したものと思われる。道長は翌寛弘四年、金峯山詣《きんぷせんもうで》を決行する。これが功を奏したのか、この年の十二月頃、彰子はついに懐妊した。この頃から道長が敦康を疎略に扱っているかのような記述がめだつが、やがて道長は敦康の後見を放棄することになる。

そして寛弘五年九月十一日、彰子は待望の第二皇子敦成《あつひら》（後の後一条《ごいちじょう》天皇）を出産する。翌寛弘六年にも第三皇子敦良《あつなが》（後の後朱雀《ごすざく》天皇）を出産している。

道長は寛弘七年には二女の妍子《けんし》を東宮《とうぐう》居貞親王の妃とし、円融系・冷泉系両皇統に目配りをおこなった。この頃から、一条譲位《じょうい》、居貞即位、敦成立太子《りったいし》が、道長の政治日程にのぼっていたものと思われる。

そして寛弘八年、道長は病に倒れた一条の譲位工作をおこない、居貞を即位させた（三条天皇）。次期東宮には、敦康も視野に入れていた一条や彰子の望みを退け、彰子所生の敦成を立てた。道長は、これで次代の外祖父《がいそふ》の地位を約束されたのである。

道長は、三条の関白就任要請を拒否し、ひきつづき内覧兼左大臣として太政官政務も総攬《そうらん》した。一方の三条は長和《ちょうわ》元年（一〇一二）、妍子を中宮に立てたのにつづいて、早くから妃となっていてすでに敦明《あつあきら》をはじめとする四人の皇子を儲けていた娍子《せいし》（父は大納言《だいなごん》ですでに薨《こう》じている藤原済時《なりとき》）を皇后に立てた。

公卿社会の常識を逸脱した娍子立后によって、三条と道長の関係は決定的に悪化した。長和二年に妍子が出産を迎えたものの、生まれたのは皇女であった。後に後朱雀の中宮として尊仁《たかひと》親王（後の後三条《ごさんじょう》天皇）を産んだ禎子《ていし》である。

長和三年には眼病《がんびょう》を患《わずら》った三条に対し、道長が退位を要求した。長和四年には、道長による三条の退位工作が激しくなり、それに対抗する三条の闘いがくりひろげられたが、十月二十七日、道長に准摂政宣旨《じゅんせっしょうせんじ》が下り、十一月、三条は道長に明春の譲位を語った。

明けて長和五年こそ、道長にとっては、東宮敦成の即位（後一条天皇）、それにともなう自らの摂政就任と、まさに「我が世」のはじまりであった。しかも、藤原良房《よしふさ》・兼家以来の外祖父摂政、かつ天皇とのあいだを取り持つ国母（彰子）が存命していて天皇父院《ちちいん》（一条）がすでに崩御《ほうぎょ》しているという、考えうるかぎり最高のミウチ的結合を完成させたのである。この長和五年のあいだは左大臣も兼任しており、太政官首班の地位をも手放そうとしていない。

翌寛仁元年（一〇一七）三月十六日、早くも道長は摂政を辞し、嫡男の頼通にそれを譲った。それは摂関家《せっかんけ》という家の形成の端緒《たんしょ》であった。この後も道長は、「大殿《おおとの》」「太閤《たいこう》」と呼ばれて官職秩序から自由となり、摂政頼通をうわまわる権力を行使しつづけることになる。

一方、三条院は五月九日に崩御した。その結果、東宮敦明親王の権力基盤は、きわめて脆弱《ぜいじゃく》なものとなり、八月六日には東宮の地位を降りるという意思を表明した。それをうけた道長は、すぐさま敦良を新東宮に立てた。道長は新年の後一条元服《げんぷく》の加冠《かかん》（冠をかぶせる役）を勤めるため、年末に太政大臣《だいじょうだいじん》に任じられた（後一条元服の儀の直後にこれも辞している）。

そしていよいよ寛仁二年、道長の栄華が頂点をきわめた。それは外孫である後一条天皇を正月三日に元服させたうえで、三月七日にこれに四女の威子《いし》を入内させ、十月十六日に中宮に立てるという手順でおこなわれた。その本宮《ほんぐう》の儀の穏座《おんのざ》（二次会の宴席）において詠まれたのが、先ほど挙げた「この世をば」の歌である。

その頃から道長は胸病《きょうびょう》と眼病に悩まされていたが、寛仁三年三月二十一日、出家を遂げた。その後も「禅閤《ぜんこう》」として政治を主導した道長であったが、やはりひと区切りついたという心境となったのであろう。この頃から『御堂関白記』の記事は極端に少なくなる。

寛仁四年三月二十二日、無量寿院《むりょうじゅいん》（後の法成寺《ほうじょうじ》）落慶法要《らっけいほうよう》が営まれ、道長は来世《らいせ》に旅立つ場も準備し終えた。翌治安《じあん》元年（一〇二一）には日記を記すこともなくなった。

それから道長は、あと六年の余生を送ることになる。その間、万寿《まんじゅ》二年（一〇二五）七月九日には小一条院《こいちじょういん》（敦明）女御となっていた三女寛子《かんし》、八月五日には東宮敦良親王妃の六女嬉子《きし》、万寿四年五月十四日には出家していた三男顕信《あきのぶ》、九月十四日には三条中宮であった妍子を、つぎつぎと喪《うしな》った。結果的には、「望月」は確実に欠けていったのである。

道長自身が法成寺阿弥陀堂《あみだどう》の九体阿弥陀像《くたいあみだぞう》の前で薨去したのは、その三ヵ月後、十二月四日のことであった。六十二歳。七日に東山《ひがしやま》の鳥辺野《とりべの》で葬送《そうそう》され、宇治《うじ》の北端にある木幡《こはた》に造営《ぞうえい》した浄妙寺《じょうみょうじ》の東に葬られた。

2 『御堂関白記』とは

自分自身のための備忘録

つぎに道長の記した『御堂関白記』に触れておこう。

道長は、政権を獲得した長徳元年(九九五)から日記を記しはじめ、何回かの中断を経た後、寛弘元年(一〇〇四)からは継続的に書きつづけている。現存する『御堂関白記』は、長徳四年から治安元年(一〇二一)にいたる三十三歳より五十六歳までの記事を収めている。

もともとは、一年分を春夏を上、秋冬を下とした二巻からなる具注暦《ぐちゅうれき》に記した暦記《れきき》が三十六巻存在したと考えられる。罫線《けいせん》を引き、陰陽師《おんみょうじ》が干支《かんし》や日の吉凶《きつきょう》などの暦注《れきちゅう》を注記した具注暦の日付と日付のあいだの二行の空白部(「間明《まあ》き」)に、日記を記している。三行から四行、記す場合が多い。表に書ききれなかった場合、また特に和歌や、儀式への出席者や賜禄《しろく》の明細などを別に記したかったときに紙背《しはい》に記載した裏書《うらがき》も八十一箇所に上る。

これらのうち、寛弘七年暦巻上のみが、装丁が当時のままのものであるが、道長はこの標紙の見返しに、「件の記等、披露すべきに非ず。早く破却すべき者なり」と書きつけている。

道長は自己の日記を、後世に伝えるべき先例《せんれい》としてではなく、自分自身のための備忘録（特に賜禄や出席者）として認識していたという、たしかな証左《しょうさ》である。この点、記主《きしゅ》の存生《ぞんじょう》時から貴族社会の共有財産として認識されていた『小右記』や『権記』など一般的な古記録とは、決定的に異なるのである。

しかし、『御堂関白記』は道長の訓戒とは裏腹に、摂関家最高の宝物として大切に保存された。時の摂関でさえも容易に見ることはできなかったほどである。そして、中世前期に摂関家が近衛《このえ》家・九条《くじょう》家の二家に分立した際に、『御堂関白記』も分割された。現在、近衛家の陽明文庫《ようめいぶんこ》に所蔵されている自筆本《じひつぼん》は十四巻であるが、それ以外の自筆本は、残念ながら失なわれてしまった。上下巻とも（つまり一年分）残っている年はない。ということは、二家で半年ずつ取り合ったのであろう。

また、平安時代後期、孫の藤原師実《もろざね》のときに、一年分一巻からなる古写本《こしゃほん》十六巻が書写された。自筆本の破格な漢文を普通の漢文に直そうとしたり、文字の誤りを正そうとしたりする意識が見られるが、自筆本の記載を尊重している箇所も多い（自筆本の記載を書き落としている場合もあるが）。一部は師実自身の筆（「大殿御筆」）によるものである。現在、陽明

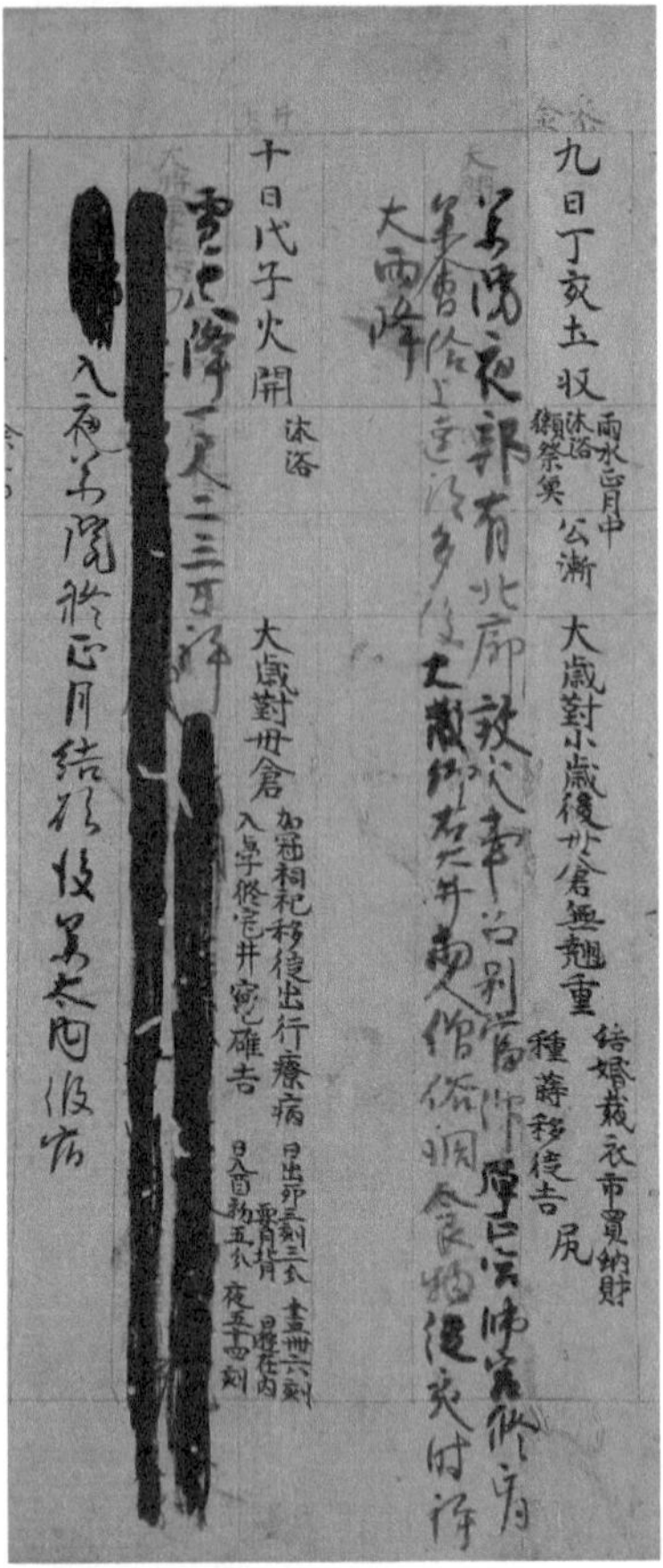

『御堂関白記』自筆本（長保二年正月九日条・十日条、陽明文庫蔵）

文庫に十二巻が所蔵されている。

さらに、平安時代後期に、おそらくは師実の手によって抄出《しょうしゅつ》された『御堂御記抄《みどうぎょきしょう》』七種もある。第一種から第五種までは古写本からの抄出、第六種と第七種は自筆本からの抄出とされている。特に道長が日記を記しはじめた長徳元年については、『御堂御記抄』第一種しか現存せず、貴重な史料となっている（これは道長自身の記した日記からではなく、「文殿《ふどの》記《き》」と呼ばれる側近の日記の抄出とする考えもある）。これも陽明文庫に所蔵されている。

これら三種は、いずれも国宝に指定されているほか、日本政府からはじめて国際連合教育科学文化機関（ユネスコ）三大遺産事業の一つである記憶遺産（英語名Memory of the Worldなので、「世界の記憶」と訳す方が正しい）に推薦され、二〇一三年六月に開かれるユネスコの国際諮問委員会において、正式に「世界の記憶」に登録される予定である（たぶん）。

世界最古の自筆日記

『御堂関白記』の最大の特色は、何といっても記主本人の記録した自筆本が残っているという点にある。当然のことながら世界最古の自筆日記であるばかりでなく、日本においても、たとえば『小右記』の最古の写本は平安末期から鎌倉期、『権記』の最古の写本は鎌倉期に書写されたものである。また、『御堂関白記』のつぎに古い自筆日記も、十一世紀末の『水左記《すいさき》』の二巻（承暦《しょうりゃく》元年〈一〇七七〉と永保《えいほう》元年〈一〇八一〉）にまで降る。

世界的に見ても、ヨーロッパはもちろん、中国や朝鮮においても、古い時代の日記は残されていない（中国では正史《せいし》が編纂されつづけたことによるが）。いかに『御堂関白記』の自筆本が貴重な史料であるかが理解されよう（付言すれば、古写本も『小右記』や『権記』の最古の写本よりもはるかに古いのである）。

記主本人の記したものがそのまま残っているということは、道長がどのようにしてこの日の記事を書いたのか、また書き替えたり抹消したりしたのか、誤記や紙背に記した裏書も含めて、筆記の顛末《てんまつ》がありのままにわかるのである。書き方や書き替え、抹消、誤字の特徴からは、それらを記した際の道長の心性がうかがえることも、しばしば経験する。一千年も前の偉い人と心が通じる瞬間があるというのも、自筆本ならではの魅力であろう。

なお、よく道長の字は汚く、『御堂関白記』の文体も破格であると言われる。しかし、道長は自己の日記を他人に見せることを想定して記しているわけではなく、自身の備忘録のようなつもりで記していたのである。また、蔵人頭《くろうどのとう》を長く勤めた実資や、弁官《べんかん》も歴任した行成とは異なり、道長は実務官人としての経験を積まないうちに公卿になり、政権の座に就いてしまった。漢文に習練する暇もなかったことが、その独特の文体を形成したということになろう。金峯山に奉納した経筒《きょうづつ》や経巻《きょうかん》の字もまた、道長の書いたものとされるが、それはたしかに達筆と称することができる字である。

『小右記』と『権記』という一級史料

ついでに『小右記』と『権記』についても一言触れておこう。実資は藤原斉敏《ただとし》の子として天徳《てんとく》元年（九五七）に生まれ、祖父関白実頼《かんぱくさねより》の養子となった。円融・花山・一条と三代の天皇の蔵人頭に補《ほ》されるなど、若くから有能ぶりを発揮した。忠平《ただひら》嫡男の実頼を祖とする小野宮流《おののみやりゅう》の継承者として朝廷儀式や政務に精通、その博学と見識は道長にも一目置かれた。治安元年（一〇二一）に右大臣に上り、以後、大臣在任二十六年におよんだ。関白藤原頼通の信任を受け、「賢人右府《けんじんうふ》」と称された。

実資の日記である『小右記』は、貞元二年《じょうげん》（九七七）から長久元年《ちょうきゅう》（一〇四〇）までの六十三年間におよぶ詳細な記録で、摂関期の最重要史料である。当時の政務や儀式運営の様子が、詳細かつ精確に描かれている。なお、『小右記』には藤原兼家や道隆、道長など、政権担当者に対する批判的な記事が多いが、それは日記のなかだけでの話である。

行成は、摂政《せっしょう》藤原伊尹《これまさ》の孫、右少将《うしょうしょう》義孝《よしたか》の子として、天禄《てんろく》三年（九七二）に生まれた。忠平二男の師輔《もろすけ》を祖とする九条流《くじょうりゅう》藤原氏の嫡流《ちゃくりゅう》とも言える家系ではあるが、伊尹や義孝が早く死去してしまい、行成は青年期には不遇であった。長徳元年（九九五）に蔵人頭に抜擢《ばってき》され、一条や東三条院詮子、道長の信任を得て、権大納言にいたった。公務に精励し、また諸芸に優れ、特に書では和様書道の大成者とされ、三蹟《さんせき》の一人と称された。

行成の日記である『権記』は、正暦二年（九九一）から寛弘八年（一〇一一）までが伝存し、万寿三年（一〇二六）までの逸文《いつぶん》が残っている。蔵人頭在任中の活動が詳細に記されており、当時の政務運営の様相や権力中枢の深奥《しんおう》を把握するための第一級の史料である。

『御堂関白記』の利用

『御堂関白記』本文の翻刻文としては大日本古記録、写真版としては陽明叢書、註釈書としては全註釈がある。

私は『御堂関白記』と『権記』の現代語訳を先に上梓《じょうし》したが、訓読文については、国際日本文化研究センターのホームページ（http://www.nichibun.ac.jp/）に「摂関期古記録データベース」として『御堂関白記』と『権記』を公開している（『小右記』と『春記《しゅんき》』『左経記《さけいき》』も公開予定）。利用者登録すれば誰でも使えるようにしてあるので、ぜひご利用いただきたい。

第一章　道長の感情表現

道長がどのような日常生活を送っていたかを考える前に、まずは道長の感情表現からみてみよう。彼の人となりに対する誤解を最初に解いていただくためである。古記録には、さまざまな道長の感情表現が記されていて、それを読むのが楽しみの一つでもある。感情ごとに分類して、いくつか拾ってみよう。

感激――よく泣く道長

道長は感激屋である。しかもそれは政治的な演技というよりも、自然と湧いてきた感激をそのまま表現しているような観がある。それが人を惹《ひ》きつけるゆえんでもあろう。

長保元年(九九九)十二月七日、行成を介して彰子《しょうし》の立后《りつごう》を一条天皇に依頼していた道長は、一条の勅許《ちょっきょ》が下ったと思い込み、つぎのように行成に深謝している(『権記』)。

汝《なれ》(行成)の恩の至りである。だいたい、蔵人頭《くろうどのとう》に補されて後、事に触れて芳意《ほうい》の深いことを見てはいたが、能《よ》くその悦《よろこ》びを伝えることができなかった。今、この時に至って、いよいよ厚恩《こうおん》を知った。汝一身の事については心配することは無い。我には数人の幼稚《ようち》な子がいる。汝もまた、数人の子がいる。もし天命《てんめい》が有って、このような事が有った場合には、必ずこの恩に報いることとしよう。また、兄弟のように思い合うようにと、仰せ含めることとしよう。

彰子立后が次世代までの権力掌握につながるという政治認識なのであるが、やはりよほど感激したのであろう。

寛弘二年（一〇〇五）十月十一日に結願《けちがん》（日数を定めた法会《ほうえ》や修法《しゅほう》の終わり）を迎えた彰子主催の中宮御読経には、右大臣《うだいじん》藤原顕光《あきみつ》・内大臣《ないだいじん》藤原公季《きんすえ》・他の公卿が八、九人、参列した。道長は、「后妃《こうひ》の御読経に大臣が参るのは、甚だ以て希有《けう》な事である。この中宮には、度々こういう事が有る」と記している（『御堂関白記』）。子女のことになると、感激もひとしおといったところなのであろう。

長和元年（一〇一二）閏十月二十七日の大嘗会御禊《だいじょうえごけい》（大嘗会に際してのみそぎ）の際に、道長は随身《ずいじん》二人と馬副《うまぞい》（馬に乗った貴人の従者）に帯刀《たちはき》（警衛にあたる舎人《とねり》）十人を加えて賜わった。彰子が、「これは先公《せんこう》（藤原兼家）の御時の例です」と語ると、道長は「馬副を見る毎《ごと》に、涙を禁じ得なかった」とある（『御堂関白記』）。いきなり泣き出す道長には、皆もびっくりしたことであろう。それとも慣れていたのだろうか。

こんな例もある。長和四年七月八日、五男教通《のりみち》が七夕《たなばた》の二《に》星会合《せいかいごう》を見たと言ってきた。

「その有様は、二星が、各々ゆっくりと行き合って、間が三丈《じょう》（天文用の長さだと約七・二メートル）ほどになりました。小星がそれぞれから出てきて、まず大星の許《もと》に到りました。小星が元に還った後に、二星が早く飛んで会合しました。後に雲が来て、会合している二星を覆《おお》いました」というもので、かなり怪しいものである。ところが道長は、「この事は、昔の人々は見ていた」ということで、「近代《きんだい》は、未だ聞いたことがない事である。感懐《かんかい》は少なくなかった」と記している（『御堂関白記』）。

翌長和五年、三条天皇との辛い日々が終わり、いよいよ道長の外孫である敦成《あつひら》親王の即位する日がやって来た。正月十三日、諸卿は道長の小南第《こみなみてい》に集まり、三条の譲位、および敦成の即位についての雑事《ぞうじ》を定めた。醍醐《だいご》・朱雀《すざく》・村上・円融の即位時の日記を参照して定められた結果は、藤原斉信《ただのぶ》・藤原公任《きんとう》・藤原行成が定文《さだめぶみ》（議定の結果をまとめた文書）を執筆《しゅひつ》した。「これらの公卿たちは、現在の身分の高い人々である。このように自ら執筆なさるというのは、お互いに年来の芳志《ほうし》が甚だ深いからである。この時に臨んで、悦びとした思いは、極まりなかった」と感激しているが（『御堂関白記』）、これは敦成即位に対する宮廷全体の期待によるものであろう。

一家の栄華の絶頂を迎えた際の記録も残されている。「この世をば」を詠んだ寛仁二年（一〇一八）の威子《いし》立后の後、十月二十二日に後一条の土御門第行幸《つちみかどていぎょうこう》と三后《さんこう》（彰子・妍子《けんし》・威子）・東宮敦良《とうぐうあつなが》親王の対面がおこなわれた。倫子《りんし》や嬉子《きし》、禎子《ていし》内親王も並んで坐した。それを眺めた道長は、「私は心地が不覚《ふかく》（人事不省）になるほど、生きてきた甲斐《かい》が有る者である。言語には尽くし難い。未曾有《みぞう》の事である」と、その感慨を記している（『御堂関白記』）。

さらにときは経って治安二年（一〇二二）七月十四日、完成した法成寺《ほうじょうじ》に後一条の行幸があった。後一条は中央の間《ま》で中尊《ちゅうそん》に向かって拝礼《はいれい》したが、そのとき、道長は階の腋《わき》の地下《じげ》で涕泣《ていきゅう》していた。その後、道長が実資に語った言葉は、「久しく宴席に出て交わることも無かったが、今日は特に畏れ多く思うことが有る。無理に勧盃《けんぱい》しよう」というものであったが、言葉が終わらないうちに涙を落とすことを禁じ難かったという（『小右記』）。

このような感情の起伏は、権力者にはしばしば見られるものであるが（本当に道長はよく泣くのである）、これが人心掌握に寄与したという側面も、また否定できないものである。

自讃と興言

まことに素直な性格の道長は、自分の行為に対して素直に自讃《じさん》したり、またその場の雰囲気に合わせて冗談（興言《きょうげん》）を言ったりすることが多い。実資などこれに眉をひそめる向きも多かったであろうが、毎日『御堂関白記』を読んでいると、これも可愛いものに思えてくるから不思議である。

後に詳しく述べるが、寛弘三年（一〇〇六）七月、興福寺《こうふくじ》大衆《だいしゅ》が愁訴《しゅうそ》におよぶという事件が起こった。果断にこれを解決した道長は、「私はうまく処置を行なったものだ」と自讃している（『御堂関白記』）。

寛仁二年七月二十八日は、威子の立后が決定した日であるが、道長は急に酒宴を思いついた。威子立后が決定して上機嫌の大盤振る舞いといったところか。公卿全員に禄を与えた道長は、右大臣で叔父にあたる公季の禄は自ら手渡し、「子孫が栄えるというのは、堪え難いほど有り難いことである」などと興言したところ、「公季はその言葉を聞いて面白がった」と勝手に思い込んでいる（『御堂関白記』）。かつて女《むすめ》の義子《ぎし》を一条天皇の女御《にょうご》に入れていた公季は、どのような気持ちでこの言葉を聞いていたのだろうか。

治安元年（一〇二一）十二月三日は、無量寿院《むりょうじゅいん》西北堂《せいほくどう》供養《くよう》がおこなわれていた。舞の際の道長の興言は、「右大臣（実資）は必ず納蘇利《なそり》（右方の走舞《はしりまい》）に衣を脱がれるか。内大臣（教通）は先ず陵王《りょうおう》（左方の走舞）に被《かず》けるように」というものであった。この言葉によって、関白頼通以下、皆は衣を脱いで舞人《まいびと》に下賜《かし》した。実資は、「算《さん》が無いようなものである」と非難している（『小右記』）。

これらのような興言は、しばしば人の感情を逆なでするものだったであろうが、それをもうわまわる道長の人間の大きさといったところであろうか。

怒気と罵倒――「無量の悪言」

その反面、道長はたいそう怒りっぽい人でもあった。しかも実資のように、表面的には友好的な関係を維持しながら日記には批判を記すといったわけではなく、その場で怒っているような感じである。権力者にしばしば見られる特徴ではあるが。

長保二年(一〇〇〇)八月十一日に、自分の病悩の際に祈禱《きとう》にあたった覚縁《かくえん》を僧綱《そうごう》(僧尼を統率し法務を処理するために任命された僧官。僧正《そうじょう》・僧都《そうず》・律師《りっし》の三つ)に任じるよう、一条天皇に奏上することを行成に命じた。十三日に行成が奏上すると、一条には恩許《おんきょ》の様子があったので、行成はそれを道長に伝えた。ところが十五日になると、一条は何も言っていないということが道長に伝わり、道長は行成に、「先日の僧綱の事については、荒涼《こうりょう》(いい加減)な事を仰せ下したであろう」と怒りをぶつけた。行成はあまりのことに驚き呆《あき》れている(『権記』)。側近なればこそ、遠慮のない怒りを示したのであろうか。

行成については、こんな例もある。長保五年正月十三日、官奏《かんそう》に行成が大中臣輔親《おおなかとみのすけちか》の申文《もうしぶみ》を入れなかったことを、道長は、「極めて配慮の無いことであった」と叱責《しっせき》した。その日はそれで済んだのだが、翌十四日、道長に忿怒《ふんぬ》の様子があるという情報が伝わってきた。行成は、それは根拠がないと言いながらも、二十六日、「先日、左府《さふ》（道長）には怨言《えんげん》される様子が有った」ということで、不承不承、輔親の不与状《ふよじょう》を下している（『権記』）。

寛弘二年（一〇〇五）九月四日には、道長の前駆《ぜんく》の従者《じゅうしゃ》が花山院《かざんいん》の門前で追捕《ついぶ》されるという事件が起こった。道長は、「検非違使庁《けびいしちょう》が行なったことは、甚だ非常《ひじょう》である。……もし従者に犯過《はんか》が有るのならば、私が帰宅した後に召し捕えればよいのである。ところが御前にいた間に、何の用意も無い時に捕えさせた。怪しむべきことである」と怒りを露《あら》わにして、状況を一条に申させた（『権記』）。皆が対策に追われたのは、言うまでもない。

こんな例もある。長和元年（一〇一二）九月九日、藤原方正《かたまさ》が道長の節供《せっく》に膳を奉仕したのだが、威子の分を用意していなかった。すると道長は大いに怒り、自分の節供や所々の饗膳を撤去させたというのである（『小右記』）。どうにも周りはたいへんである。

翌長和二年三月二十日、妍子に代わって、娍子が内裏に参入した。その際、娍子の弟である藤原通任《みちとう》に賞を与えようという三条天皇の意向が伝えられた。道長はそれに対し、兄の藤原為任《ためとう》に賞を賜うのが道理《どうり》であり、通任に賞を与えるのは、「伊賀人が伊勢人を騙《かた》るようなものである」との警句《けいく》を記している。伊勢と伊賀との一字の通字《つうじ》と、為任と通任との一字の通字とをパラレルに対比して非難したものである（『御堂関白記』）。

長和三年五月十六日の土御門第行幸で競馬《くらべうま》がおこなわれた際には、落馬した茨田重方《まんだのしげかた》や弓を執らずに馳せ出た荒木武晴《あらきのたけはる》に対して、道長は、「引き上げるな。直ちに罷《まか》れ」と言って退去を命じた（『小右記』）。やる方もたいへんなプレッシャーだったことであろう。

　こういうのは無邪気なものであるが、同じ長和三年の十二月八日に、敦明《あつあきら》親王（娍子所生の三条第一皇子）が、かねて不穏な関係にあった藤原定頼《さだより》を打擲《ちょうちゃく》しようとした。道長はこれを聞いて大いに怒り、「無量《むりょう》の悪言」を吐いた。しかも、悪口《あっこう》の矛先《ほこさき》は三条にもおよび、聴く者は心を寒くしたという。実資は、「極めて片腹《かたはら》痛い言葉が有った」との報告を得ている（『小右記』）。いったい三条に対して、何と言って非難したのであろうか。

「至愚之又至愚」——顕光への軽侮

　ここで失敗が多く、道長の怒り、罵倒《ばとう》の対象として目につく顕光に対するものをまとめて述べよう。顕光というのは関白藤原兼通《かねみち》の嫡男で、生母も嫡妻《ちゃくさい》も皇族という抜群の毛並みを誇った。長女の元子《がんし》が一条の女御、二女の延子《えんし》が敦明の妃となって王子を産んでおり、東宮敦明が即位すれば、その外戚《がいせき》となるはずであった。長徳二年に右大臣に任じられて以来、道長につぐ地位を占めていたのだが、実際には、無能の大臣として朝廷の軽侮を（道長の異母兄である道綱《みちつな》とともに）集める存在であった。

　彼は単に無能というわけではなく、自己流の式次第で押し通すことが常で、儀式や政務のたびにそれを自身の手で執りおこないたがり、他の人びとの忠告にも耳を貸さず、ますます人びとに軽蔑されるという存在であった。そのくせ権力欲は人一倍旺盛で、一族には気の毒な不幸がつぎつぎと訪れるにもかかわらず、人びとから一向に同情されることもなく、ついには死後に悪霊《あくりょう》となって道長家を散々に苦しめるといった、考えてみればすごい人物である。

寛弘七年正月十五日の皇子敦良御五十日《いか》の儀では、天皇の御前の食膳を取ろうとして打ち壊してしまい、「無心《むしん》、また無心である」（分別がないという意）と道長の怒りを買った。倫子も、「呆《あき》れた」と言っている（『御堂関白記』）。

長和元年正月二十七日の除目《じもく》に遅刻した際には、顕光は、「これまでにも、大臣の遅刻の際には、このようなものであった」などと言って、「自分は花山朝の源雅信《まさのぶ》と藤原為光《ためみつ》の例を見たのである」と開き直った。これに対し道長は、そのような例はなかったことを論破し、「目先の非難を避けるために、無かったことを作る人である。時々、このような事を云う人である」と記している（『御堂関白記』）。

このくらいならまだよかったのであるが、後一条天皇が即位し、道長が摂政として政務を総攬《そうらん》しなくてはならなくなると、顕光の失儀《しつぎ》に対する怒りは頂点に達した。

顕光は長和五年正月二十五日に、固関《こげん》・警固《けいご》の儀（逢坂《おうさか》・鈴鹿《すずか》・不破《ふわ》の三関《さんげん》を固め、警備体制を布くこと）の上卿《しょうけい》（朝儀・公事を奉行する公卿）を自ら買って出て執りおこなった際にも、数々の失態を演じてしまって、道長から、「今回は上卿辞退を仄《ほの》めかしたのに、それに気付かずに無理矢理に上卿を勤め、多くの失態を演じて諸卿に笑われるとは、大馬鹿の中の大馬鹿である（原文は「至愚《しぐ》之又至愚也。」）」と罵《ののし》られた（『小右記』）。

この年の正月三十日には、顕光は「自分が新東宮敦明の東宮傅《とうぐうふ》に任じられる」と称して娍子の許に赴き、禄物《ろくもつ》を賜わっている。それを聞いた道長は、「七十歳の大臣の行なったこととしては、極めて不覚《ふかく》（愚か）である。この人は、元から白物《しれもの》（馬鹿者）である。それでこんなことをしでかしたものである」と罵っている（『御堂関白記』）。

怒りは二月十九日の斎宮卜定《さいぐうぼくじょう》（選ばれた斎宮の吉凶《きっきょう》を占い定めること）の儀でピークを迎えた。顕光は卜定の結果を神祇官《じんぎかん》にではなく、弁官《べんかん》である源経頼《つねより》に仰せてしまった。道長は、「老愚《ろうぐ》の者である。今になって出仕《しゅつし》してきても、何事が有るというのか」と罵倒している（『小右記』）。

そして三月十六日、道長は右大臣顕光（この年、七十三歳）と内大臣公季（こちらは六十歳）に一上《いちのかみ》（公事執行の筆頭の公卿）を勤めさせないこととし、一上は「大納言以上で参入している人々」に申し付けるという措置に出た。道長が実資に述べた言葉は、「二人は老耄《ろうもう》している上に、何事につけて便宜《びんぎ》が無い」というものであった（『小右記』）。

道長の怒りは、他の公卿、時には子息にも向けられる。長和四年十月二十一日の造宮叙《ぞうぐうじょ》位《い》では、定められた期日に内裏造営を終えられなかった修理大夫《しゅりだいぶ》藤原通任と木工頭《もくのかみ》藤原周頼《ちかより》を、「この二人は白生《しれなま》（馬鹿者）である。不覚の者というのは、この者たちのことである」と罵っている（『御堂関白記』）。寛仁元年（一〇一七）十一月四日には公任《きんとう》に「不都合な言葉」を放ち、寛仁二年十二月十四日には道綱の行啓延引《ぎょうけいえんいん》の申し出に激怒して簾中《れんちゅう》に入り（『小右記』）、寛仁三年正月六日には摂政頼通の叙位の措置について、不覚であると怒っている（『御堂関白記』）。

そして治安三年（一〇二三）六月十九日には、官中の諸司《しょし》の懈怠《けたい》の人びとを勘責《かんせき》しなかったということで、衆中において嫡男の関白頼通を勘当《かんどう》（叱責）した。その言葉は、きわめて不都合なものであったという。同じ治安三年の十二月九日には、明子《めいし》所生の四男能信《よしのぶ》が実資退出後に申文の儀をおこなったのを怒ったのだが、「禅室《ぜんしつ》（道長）の腹立つ御声は、甚だ高かった」ということであった（『小右記』）。

このように皆の面前で怒りを露わにする執政者というのは、下に仕える面々としては、どういうものなのであろう。私も就職して四半世紀になり、さまざまな上司に接してきたが、道長を見ていると、いつも考えさせられてしまう。

愚痴と弱気――「懈怠な愚者」

一方で、道長は非常に気弱な人でもあった。側近の行成に弱音を吐いたり、自身の日記に愚痴《ぐち》を記したりすることもしばしばである。

長保二年（一〇〇〇）に重病を患《わずら》った際には、四月二十七日に、当時九歳の頼通のことを行成に託している。「鶴君《たづぎみ》（頼通）については、見聞するに随って、必ず心に留めてくだされ」という言葉（『権記』）には、うそ偽りのない道長の本音が表わされている。

その後も道長は、五月十四日に賑給《しんごう》（困窮者への米塩の施し）・施米《せまい》（京都周辺の諸寺の貧僧への米塩の施し）・不堪佃田定《ふかんでんでんさだめ》（作付けがおこなわれなかった田地を報告した申文の処置について定めた議定）・一上を代わっておこなうよう、右大臣の顕光に要請させた。「私は、元から懈怠《けたい》な愚者《ぐしゃ》であります。尋常の時でも、朝廷の政務を紊乱《ぶんらん》することが多かったのです。今となっては、病が重困《じゅうこん》となっています。ただ官職を去り、本意《ほい》（出家）を遂げようと思います」というのが、その言葉である（『権記』）。

健康なときでも、道長には強気の政務運営は見られなかった。強引だったのは、立后や立太子の際だけである（その意味では権力の本質を見極めているのだが）。寛弘三年（一〇〇六）七月三日の神鏡定《しんきょうさだめ》でも、意見の一致を見ないまま、「この事は、決定することは難しい」という愚痴のような言葉で最終決定をおこなっている（『御堂関白記』）。

特に弱気になったのは、呪詛《じゅそ》がからむときであった。寛弘六年二月一日に厭符《えんぷ》（呪いの札）が出来《しゅったい》して彰子・敦成親王・道長に対する呪詛が問題となった際には、道長は出仕を憚《はばか》るということを言い出している。「我が身の大事の為のものである」ということであったが、六日になって、やっと気を取り直したようである（『権記』）。なお、この年の二月には、道長は怖かったのか、『御堂関白記』の記事は何も記していない。

長和二年（一〇一三）五月九日に天文博士《てんもんはかせ》安倍吉昌《あべのよしまさ》の辞表と天台僧遍救《へんく》の申文《もうしぶみ》が道長の内覧を経ずに三条天皇の許に奏上された際は、実際には蔵人の藤原隆佐《たかすけ》の怠慢だったのであるが、道長は、「もしかしたら、この隆佐に思うところが有るのであろうか。未だその心がわからない」と不審がっている（『御堂関白記』）。自分が政策決定から外されたとでも思ったのであろうか。三条への不信感も見え隠れしている。

この長和二年には、道長は四十八歳になっている。この年齢になると、忘れっぽくなることは、誰しも経験するところであろう。十一月十六日の豊明節会《とよのあかりのせちえ》（新嘗祭《にいなめのまつり》の翌日におこなわれる宴会）では、少納言《しょうなごん》が進み立った際に、誤って「敷居《しきい》に」と言ってしまった。これは王卿に着座《ちゃくざ》を命じる言葉で、本当は「刀禰《とね》召せ」と招集を命じる場面である。道長は、「これは極まり無い失態であった。数年の間、未だこのような失態を演じたことはなかった。不思議に思ったことは、千廻《せんかい》々々であった」と反省している（『御堂関白記』）。

翌長和三年は、三月に道長が三条に退位を要求した年なのであるが、道長は、「実資が、自分が雑事《ぞうじ》を申す（内覧を勤める）ということを三条に奏上させた」という情報を得て、六月二十六日にそれを三条に問い詰めた。三条から実資への数々の「恩詔《おんしょう》」に尾鰭《おひれ》がついて、道長の耳にまで届いたのであろう。それは事実かと迫る道長に対し、三条は、そんなことはないと答える、という問答が何度もつづいた。もっとも、三条は三条で、翌二十七日には実資に、「万事を（実資に）相談するということには変わりがない。（実資には）もっとも親しみを感じており、その心は、近日、いよいよ切なるものがあるが、すでにその人（道長）がいる。あの者がいなくなった後のために、このように言うのである。もしかしたら近いうちのことかもしれない」などと秋波《しゅうは》を送るのであった（『小右記』）。

三条という人は、何かと私情を挟むところのある人で、退位後の長和五年三月二日には、東宮敦明親王の理髪《りはつ》をおこなう人がいないということで、隆佐に東宮昇殿《しょうでん》を聴《ゆる》すということを道長に認めさせた。道長は、「隆佐というのは、三条院のお気に入りの人である。そこでこんなことをおっしゃったのである」と愚痴を書きつけている（『御堂関白記』）。

また、同じ年の七月十八日には、三条は前掌侍《さきのないしのじょう》 民部《みんぶ》という女官《にょうかん》を自分の陪膳《ばいぜん》に奉仕させることを道長に伝えてきた。道長は、これを渋々認めたうえで、「これは三条院の寵《ちょう》愛《あい》によるのであろうか」と記している（『御堂関白記』）。

人間は年齢とともに気弱さが増していくもので、道長は寛仁二年（一〇一八）十月十七日には目が見えなくなったのを実資に嘆いている。「近くも、汝《なれ》（実資）の顔も特に見えない」と聞いた実資は、「晩と昼とでは如何でしょう」と聞いたが、道長は、「黄昏・白昼によらず、ただ特に見えないのである」と答えている（『小右記』）。

万寿二年（一〇二五）十月十二日に、薨去《こうきょ》した六女嬉子《きし》の御在所であった内裏《だいり》登華殿《とうかでん》を過ぎた際に、涕泣《ていきゅう》が雨のようであったというのは（『小右記』）、父としての感傷であろう。

万全の権力を築いた道長にして、これらのような一面があるのかと思うと、人間というものについて、いつも深く考えさせられる。

忘失――忘れられた一条天皇の意向

忘れっぽくなるということを先ほど挙げたが、そういえば古記録には、道長がいろいろなことを忘れたという記載も、しばしば記されている。

有名なのは寛弘八年（一〇一一）、一条天皇の崩御に関わることで、一条の譲位についての占いをおこなわせた道長は、五月二十七日に「崩御」という結果が出たことで、占文《うらぶみ》を見て清涼殿二間《せいりょうでんふたま》で涕泣してしまった。二間というのは天皇の寝所である夜大殿《よるのおとど》の隣で、このときは一条院内裏《いちじょういん》であったから、間には几帳《きちょう》の帷《とばり》があっただけだったのであるが、道長はそれを忘れていた。夜大殿にいた一条は帷の継ぎ目からこれを見てしまい、自分の譲位に関する道長の策動を知って、ますます病悩を重くしてしまった（『権記』）。

その一条の葬送《そうそう》についての意向（土葬《どそう》にして円融陵《えんゆうりょう》の側に置いてほしいというもの）を道長は忘失して、なんと崩御した一条を火葬にしてしまった。「何日か、まったく覚えていなかった。ただ今、思い出したのである。ところが、きっと益の無い事で、すでに決まってしまったのである」という言葉（『権記』）は、何度読んでも信じられないものである。

しかしこれらは、道長が故意に忘れたのではないであろう。道長はもともと、忘れっぽい人なのである。長和二年（一〇一三）七月十日におこなわれた皇女禎子の五夜の産養《うぶやしない》では、妍子が急に体調を崩したので、道長は心神《しんしん》の具合が度を失ない、公卿と殿上人《てんじょうびと》に禄を下賜《かし》することを忘れてしまった。「不審に思ったことは、千廻々々であった」と記しているように（『御堂関白記』）、道長は後で気づくことが多かったのである。

傑作なのは、寛仁元年（一〇一七）五月二十七日に土御門第代用倉《だいようぐら》に入った金盗人の一件である。七月十一日に、藤原高親《たかちか》に疑いがあるとの報告を受け、道長は高親の召問《しょうもん》を命じたのであるが、後で高親は道長に仕えていた故藤原高扶《たかすけ》の子であると聞くと、驚いて、高親を召問しないよう命じるために、検非違使《けびいし》を召した。検非違使が参り、このことを命じようとしたところ、「すでに忘れてしまって、他の事を命じた」ので、検非違使は退出した。後に頼通から高親を召問したということを聞いて、道長はやっと思い出し、慌《あわ》てて高親を放免《ほうめん》させている（『御堂関白記』）。こういうことは、誰しもよくあるものである。

寛仁三年正月五日の叙位では、頼通が、「王氏《おうし》の爵《しゃく》は、宣旨《せんじ》を下して定め申させるとのことですが、外記《げき》（文書を作成し、太政官内の行事を記録する官）に問うてみましても、所見はありませんでした」と問うてきた。道長は、「この事は、近い例が在る。ただ今は思い出せないのである」として暦記《れきき》を見てみたが、前例はなかった。「またまた、前例を尋ねて行なうべきものである」とあるが（『御堂関白記』）、物忘れを理由にせず、政務を先例《せんれい》どおりに執りおこなおうとする姿勢が読み取れる。

道長も同じ人間なのであったと実感できる例を挙げてみた。

言い訳——小心な道長

最後に言い訳を並べてみよう。道長ほどの権力を持っているのであるから、言い訳などせずに開き直ればいいものを、小心者の道長は、よく言い訳を日記に記している。

寛弘四年（一〇〇七）十二月十日、法性寺《ほっしょうじ》に寺額《じがく》を懸ける際に、揮毫《きごう》を依頼された道長は、これを書いた。別に何も言わなくてもいいのに、「私は元々、能書《のうしょ》ではない。度々、自分には無理であると伝えたのであるが、云うところの功徳《くどく》によって、敢えてこれを書いた」と記している（『御堂関白記』）。なお、金峯山《きんぷせん》に埋納した経巻《きょうかん》の字を見ると、達筆と称することができる。道長は本気で端麗な字を書こうと思えば書けたのである。

寛仁元年（一〇一七）五月十二日、故三条院の葬送がおこなわれた。道長はこれに供奉《ぐぶ》しなかったのであるが、その日の『御堂関白記』には、「これは、葬司《そうし》の任命の後、歩くことができなくなったためである。また、病悩の後、無力《むりょく》であることは極まり無かった。そこで御葬送に奉仕しなかったのである。志が無かったわけではない。身に任せなかったのである」と、長々と言い訳が記されている。

寛仁二年正月二十一日には、頼通の大臣大饗《だいじんだいきょう》の屏風《びょうぶ》に記す詩歌《しいか》を選定している。和歌の多くは気に入らなかったとしながら、道長も少々の和歌を入れた。別に入れてもかまわないようなものであるが、道長は、「大納言（公任）が一首入れたのに倣《なら》ったのである」と言い訳を記している（『御堂関白記』）。

寛仁三年正月十五日には頼通の高倉第《たかくらてい》で仏像と経を供養したのであるが、道長が経の外題《げだい》を書いたところ、どうも気に食わない字になってしまったようである。「目が暗かったので、極めて異様なものとなってしまった。ところが、摂政（頼通）の要請が有ったので、これを書いた」というのは（『御堂関白記』）、まさに下手な習字の言い訳である。

最後に、宗教者としての言い訳を挙げよう。この寛仁三年の二月六日、道長の眼病は重くなっていた。陰陽師《おんみようじ》や医家《いか》が、「魚肉を食されよ」と申したので、道長は何ヵ月の間は食していなかった魚肉を食すこととした。ところがやはり、出家後としては問題があると感じたのか、つぎのような言い訳を記している(『御堂関白記』)。

今、仏像も僧も、見奉ることができない。経巻は近く目に当てて読み奉ることができる。もしこれ以上、目が暗くなったならば、どうすればよいのであろうか。そこで五十日の假《か》を三宝《さんぼう》に申し上げて、今日から魚肉を食すこととした。思い嘆くこと千万念《せんまんねん》であるが、これもただ、仏法《ぶっぽう》のためである。我が身のためではない。

これらによって、道長の人間性について、一般に考えられているような誤解を解いていただけたものと思う。そして彼が、複雑な多面性を持った人間であったことも、ご理解いただけたのではないだろうか。

小心と大胆、繊細《せんさい》と磊落《らいらく》、親切と冷淡、寛容と残忍、協調と独断。このような二面性は、この時期のいかなる時代相によってもたらされたものなのであろうか。以下、さまざまな視座から見ていくことにしよう。

第二章　道長の宮廷生活

1　人事と政務

深夜までつづく儀式や会議

それではいよいよ、道長の生きた平安貴族社会の実像に踏み入っていくことにしよう。まずは道長の公的な側面、仕事の世界である。

一般に平安時代の貴族たちに対する理解というのは、彼らが遊宴と恋愛のみに熱意を示し、毎日ぶらぶら過ごしていた、というものであろうと思われる。しかしながら、それは主に、女流文学作品に登場する男性貴族たち（象徴的には光源氏《ひかるげんじ》）の姿を、現実の平安貴族の生活のすべてと勘違いしてしまったことによる誤解である（光源氏の権力闘争の熾烈《しれつ》さは、『源氏物語《げんじものがたり》』を少し読み込めば容易に読み取れるのであるが）。

仮名文学を記した女性たちにとっては、男というものは自分たちのいる場所に夜になると遊びに来る生物なのであり、その世界においてしか知らない。また、読者層も女性が多かったであろうから、政務や儀式や政権抗争や皇位継承の有り様を述べたところで、喜ばれることもない。だいたい、男性貴族の活動する世界に女性はほとんど立ち入ることはなかったのであるから、政務や儀式の詳細を記述できるはずもないのである。

平安貴族の政務や儀式が、質量ともにいかに激烈なものであったかは、当時の古記録をちょっと眺めれば、すぐに理解できるところである。彼らにはめったに休日もなく、儀式や政務は、連日、深夜までつづいていた（もちろん、サボる人はいたが）。しかも、現代のようにさまざまな職業や職場があったわけではない彼らにとっては、中央官人社会における栄達だけが、子孫を存続させる唯一の方途だったのである。

当時は儀式を先例《せんれい》通りに執りおこなうことが最大の政治の眼目とされていたし、政務の内でもっとも重要とされた陣定《じんのさだめ》（近衛陣座《このえのじんのざ》でおこなわれた公卿会議）は審議機関ではなく、議決権や決定権を持たなかった。これらの事実をもって、摂関期の政治がだらしのない、やる気のないものと認識する向きもあろうが、いったい古今の日本の政治のなかで、先例を無視した斬新な政策が積極的に志向された時期がどれだけあったというのであろう。

先例の遵守や深夜までつづく儀式の遂行や形式的な会議に膨大なエネルギーを注ぐ平安貴族たちの姿を見ていると、かえって、「あんたら寿命が短いんやから、もっと遊びなはれ」と呼びかけたくもなる。

話を戻すと、このように激務をこなした後、彼らは女性の許《もと》に通い、朝になると帰っていくのである（職場に戻る人もいた）。我々から見ると、とんでもない働き者としか考えられない。

除目——悲喜交々の人間劇

古今東西の通例と同様、平安貴族社会においても、もっとも重要な政務は人事であった。特に官人を官職《かんしょく》に補任《ぶにん》する除目《じもく》の議という、清涼殿東廂《せいりょうでんひがしびさし》でおこなわれた儀式（とりわけ受領《ずりょう》などの地方官を任命する春の外官《げかん》除目）は、強い関心を集めた。

主要な官《かん》は天皇（または摂政）の決定による勅任《ちょくにん》で、関白や蔵人などの職《しょく》も天皇の詔《しょう》や宣旨による任命がおこなわれたが、受領などを推挙する公卿や、中文《もうしぶみ》などの文書を内覧する関白（あるいは内覧）も、場合によっては大きな影響力を持つこともあった。

除目をめぐっては、しばしば悲喜交々《こもごも》の人間劇がくりひろげられている。いくつか挙げてみよう。

たとえば、長徳三年（九九七）七月五日に藤原道綱《みちつな》が大納言に任じられた際には、実資が怒りを露《あら》わにしている（『小右記』）。先にも述べたように、道綱というのは無能で知られた人物であったが、道長はこの十一歳年長の異母兄を「一家の兄」として尊重している。この年、中納言は藤原道綱・藤原懐忠《かねただ》・藤原実資と三人いたのだが、道綱が大納言、懐忠が権大納言に任じられた。すでに六十三歳の懐忠はさておき、前年に参議から一挙に中納言に上ったばかりの道綱が自分を差し置いて大納言に上るということは、実資には我慢がならなかったのであろう。この噂を耳にした六月二十五日の記事では、道綱のことをわざと「通縄」などと表記している。

実資は日記に、つぎのように不満を爆発させた。「万事を推量すると、賢者を用いる世では貴賤《きせん》の者が研精《けんせい》する。ところが近臣《きんしん》（道長）が頻《しき》りに国柄《こくへい》を執り、母后《ぼこう》（詮子）がまた、朝事《ちょうじ》を専《もっぱ》らにしている。無縁の身（実資）は、どう処すればよいのであろうか」。

はからずも摂関政治の本質を端的に語っているところが面白いが、実資は興奮してきたのか、道綱のことを、つぎのように悪し様に記している（『小右記』）。「僅《わず》かに名字《みょうじ》だけを書き、一二を知らない者である。また、上古《じょうこ》の例を勘申《かんじん》して行なわれるのならば、法師（道鏡《どうきょう》）を大臣《だいじん》に任じた例で以て大納言に任じるべきか。どうしてよい例となろうか」。

何もここまで、とは思うが、序列を越えられるというのは、彼らにとっても重大な出来事で、余計に敏感になるのであろう。このまま、この二人は二十三年後の寛仁四年（一〇二〇）に道綱が薨去《こうきょ》するまで、道綱―実資という序列で過ごす。もっとも、その道綱も、後に伊周が「大臣の下、大納言の上」という序列で公卿社会に復帰した際には、それを潔《いさぎよ》しとせず、伊周が参入した際には退出《たいしゅつ》したり欠席したりしているのである。

行成の方にも、こんな例がある。長徳四年、蔵人頭に抜擢されて四年目の行成は、左中《さちゅう》弁も兼任して実務の中核を担っていた。普通、蔵人頭を二、三年も勤めると、参議に任じられて公卿となるのだが、あまりに有能で勤勉なうえに天皇や詮子、道長の信任も厚く、なかなか出世させてもらえなかった。仕方なく行成は、空席のできた右大弁《うだいべん》への昇任《しょうにん》を望むのだが、そこに競争相手が現われた。次席の権左中弁《ごんのさちゅうべん》源相方《すけかた》である。それを知った行成は八月十六日に道長の許に赴き、言葉をきわめて相方を非難した（『権記』）。

相方のことを「受領の吏」と称し、播磨守《はりまのかみ》であったときにもまったく職務の執行はしておらず、公事《くじ》（租税）も未納が多い。格別の私恩《しおん》によって権左中弁となっても功績がなく、この官に留まることもできないはずであると強調している（『権記』）。

ただ、重要なのは、行成がその前に、「私は参議に任じられた際には、また先例も有ることですから、大弁を兼任しようと欲しています」と述べていることである（『権記』）。行成の目標は、あくまで公卿への昇任なのであった。

実直な印象のある行成としては、意外に思われるかもしれないが、中央における官人としての出世だけが、自己の家を後世にまで存続させることのできるただ一つの方策であってみれば、この行成の出世欲を非難することのできる者はいないはずである。行成は希望どおり、右大弁に昇任したが、本来の望みである参議に任じられたのは、さらに三年後の長保三年（一〇〇一）のことであった。

途中で打ち切った除目

寛弘三年（一〇〇六）正月二十八日におこなわれた除目においては、右大臣顕光が推挙した平維衡《これひら》を一条天皇が伊勢守《いせのかみ》に任じようとしたところから、道長との意見の相違が表面化した。この維衡は、長徳四年に伊勢国で合戦をおこない、一条の恩情によって淡路《あわじ》移郷《いごう》（本貫地《ほんがんち》を追われて他郷に移されること）に処せられていた人物であった。また、顕光の家人《けにん》でもあり、一条の女御である元子《がんし》の里邸《りてい》である堀河殿《ほりかわどの》を修造していた。道長が維衡の任官に反対したのは、一条が維衡を伊勢守に任じるということが、それだけ元子を重く見ている証左であったからである（この直後にも、一条は元子を内裏に参入させている）。

道長は、「それは宜《よろ》しくない事です。維衡は伊勢国において事を起こした者です。用いてはなりません。この者を任じられるのは、甚だ奇怪な事です」と烈《はげ》しい憤りを露わにした。それにつづけて、「御門《みかど》（一条天皇）のお考えは、未だよくわからない。不審に思ったことは極まり無かった」と記している（「御門」という表記も何らかの感情の表われであろう）。

そして、「このことは私の本意《ほい》とは相違しているのである」と、除目を打ち切るという挙に出た（『御堂関白記』）。伊勢で打ち切ったということは、畿内《きない》五箇国と伊賀《いが》・伊勢をのぞく、ほとんどの国の任官はおこなわれなかったのである。

なお、維衡は三月十九日に早くも伊勢守を解任《げにん》されている（『日本紀略』）。道長が巻き返しをはかり、一条に圧力を加えて翻意を勝ち取ったものとされる。ただし、維衡は道長に接近して六月には上野介《こうずけのすけ》に任じられ、伊勢に土着して伊勢平氏《いせへいし》の祖となることになる。

この時代、諸国の郡司《ぐんじ》や百姓《ひゃくせい》が上京して、受領の苛政《かせい》を愁訴《しゅうそ》するという事件が頻発した。そのいくつかは「愁訴」のところで取り上げるが、寛弘六年九月十二日には珍しくも、近江国府《おうみこくふ》の雑任《ぞうにん》官人や国分寺《こくぶんじ》僧たちが前司《ぜんじ》藤原知章《ともあきら》の再任《さいにん》を求めた（『御堂関白記』）。道長は、「未だ国の者が京に参上して、旧吏《きゅうり》の善状《ぜんじょう》を申した例を聞かない」と感動し、知章を近江守に再任させた（『御堂関白記』）。よほど立派な治政であったのかと思いきや、この知章は道長の家司《けいし》（家政を掌る職）として、その経済力を支える存在だったのである。雑任の連中や国分寺僧の訴え自体にも、何やら怪しい匂いがするのは、私だけだろうか。

三条天皇と公卿層との乖離

一条のつぎに即位した三条天皇という人は、先にも述べたように人事に関してとかく私情を差し挟みたがる人物であった。強力な外戚を持たない三条としてみれば、致し方ないところではあったのであるが、三条のこの政治姿勢は、公卿層との乖離《かいり》を招くこととなる。

三条は位に即《つ》いた寛弘八年六月十三日に、それまで春宮亮《とうぐうのすけ》を勤めており、妃《ひ》の娍子の異母弟であった藤原通任《みちとう》を、いきなり蔵人頭に抜擢し、ついで十二月十八日には参議に任じたのである。寛弘四年から蔵人頭を勤めていた源道方《みちかた》を差し置いてである。

翌長和元年（一〇一二）十二月十六日の除目で、道方が反撃に出た。道長に、「下臈《げろう》の者（通任）を、不覚《ふかく》（愚か）にも私より前に参議に任じられた」と愁えたのである。道長は、道方の愁いは身に留まるものであり、また、参議には読み書きのできない者（通任のことか）も多くいて、議定をおこなっている際に見苦しく、差し障りのあることが多くあったという理由で、道方の参議昇任を三条に認めさせた（『御堂関白記』）。三条としても、これらを指摘されると、耳の痛いところだったであろう。

長和四年十月二十七日、眼病で政務を執れなくなった三条は、道長に、「摂政に准じて除目や官奏《かんそう》を行なえ」という宣旨を下した。もっとも三条は、「もし左大臣の行なうところに非が有ったならば、必ず天譴《てんけん》に当たるであろうか。これはうまく考えて思い付いたところであって、かえって道長にはよくない結果となって、我の息災《そくさい》となるであろう」などと語っているが（『小右記』）。

道長はさっそく、自分の直廬《じきろ》（宮廷内に与えられた個室）において除目をおこなった。それは大臣も参らなかったということで、「（大納言たちにはかってやればいいのに）独身《ひとりみ》（独断）で意に任せて補任したことは、甚だ不都合であった」というやり方であった（『小右記』）。頼通を左大将《さだいしよう》に任じたのも、その一環であろう。

寛仁元年に摂政を頼通に譲った後も、道長はあいかわらず「大殿《おおとの》」「太閤《たいこう》」として人事権を握りつづけていた。十一月十五日の除目においても、頼通は家司の藤原惟憲《これのり》を何度も道長の許に遣わし、その指示を仰いでいたし（『小右記』）、八月二十一日に行成から中納言に任じるべき人について問われた頼通は、「大殿には別に御意向が有るようである。自分はまったく理非《りひ》を申してはならないのである」と答えている（『立坊部類記《りつぼうぶるいき》』所引『権記』）。

さらに後年、出家した後も、道長はやはり「入道殿《にゆうどうどの》」とか「禅閤《ぜんこう》」などと呼ばれて、権力を行使しつづけていた。寛仁四年十一月二十九日、実資の養子である参議藤原資平《すけひら》は、自分が勘解由長官《かげゆのかみ》・大蔵卿《おおくらきよう》・修理大夫《しゆりだいぶ》・左京大夫《さきようだいぶ》のどれかに任じられるという情報を得た。「皆、不要《ふよう》の官である」ということで、頼通に書状を送って抗議し、道長の許には直接出向いて、これを愁えた（『小右記』）。

この日、頼通からは、「わかった」という旨の返答があったが、道長は、「官職は公家《くげ》（天皇）の御定である。あれこれ申してはならない」と言って突き放した。除目がはじまり、資平がふたたび頼通に書状を送ったところ、「無理に任じるわけにはいかない。任じられる人の本意に従わなければならない。ところが入道殿は、必ず任じるようにということである。その命には背き難い」という返答があった（『小右記』）。

結局、資平は修理大夫に任じられ、道長二女の妍子に辞任の仲介を乞うたりしているが、道長の意向に従うようにとの頼通の勧告を受け入れ、翌年の八月まで勤めている。

とまあ、いくつかの例を挙げてみた。いつもこのように面白い事例が見られるわけではなく、淡々と補任がおこなわれるのであるが、これらの事例からは、道長の権力行使の具体的な有り様や、その源泉がうかがえるものと思う。

除目奉仕辞退の本心

このように重要な除目であったが、道長はその執筆《しゅひつ》（除目の上卿）の奉仕を辞退することを、しばしば申請している。実際には執筆を勤めているのであるが（人事権を道長が自ら放棄するなど、ありえない話である）、いったいどのような事情があったのであろうか。

ことの発端は、つぎのようなものであった。長保二年（一〇〇〇）八月二十日、一条天皇は女御の元子を加階《かかい》した。二十五日、道長はこれに含むところがあるのか、重病を理由に除目への奉仕を辞退し、顕光に執筆をおこなわせるよう奏上した。これに対し一条は、道長の奏上を容《い》れ、顕光に執筆奉仕を命じてしまったのである（『権記』）。

道長が本気で辞退しようとしているわけではなく、一条の自分への信任を再確認しているだけであるということを、若い一条は斟酌《しんしゃく》することができなかったのである。この除目は結局は延引《えんいん》されたのであるが、道長に残った心のわだかまりは大きかった。これ以降の一条朝を通じて、叙位と除目の際には、このようなやりとりが、しばしばくりかえされることになる。

翌長保三年正月十九日、道長は、またもや病悩を理由として除目奉仕を辞退し、顕光におこなわせるよう奏上した。これに対し一条は、道長の病は「特にこといった病が有るわけではない」と答え、奉仕を命じた。除目は二十二日におこなわれている（『権記』）。

寛弘二年（一〇〇五）正月二十二日にも道長は、除目に参らないことを奏上した。「今年で四十歳になった。また、大臣に任じられた後、十一年になる。不肖《ふしょう》の身であって、数年、除目に奉仕してきた。そこで申したものである」との理由であった。翌二十三日、一条が特に道長に除目を奉仕するよう依頼すると、道長は奉仕すると奏した（『御堂関白記』）。

ところが除目当日の正月二十五日、一条からの召しがあっても、道長はなかなか議所に参上しようとはしなかった。道長の方は二十七日の日記に、「今年の除目は、京官《きょうかん》を始め受領に至るまで、道理《どうり》のままに行なわれた」と記している（『御堂関白記』）。

寛弘三年十一月におこなわれた京官除目《きょうかんじもく》では、二十六日に伝えられた一条の意向に対して、道長は、他の人に執筆をおこなわせるよう奏聞《そうもん》した。一条は翌二十七日、道長に除目に奉仕することを命じたが、道長は憚りを奏上した（『御堂関白記』）。

一条からは「やはり奉仕せよ」との命が下り、道長も参内《さんだい》しようとしたが、上表《じょうひょう》後の参内は忌《い》むべきであるとか、帰忌日《ききにち》を忌むべきであるとか言う人がいたとして、参内を取りやめた。そこで顕光を召すことになったのだが、顕光は深夜であったということで、内裏に参らなかった（『御堂関白記』）。愚鈍《ぐどん》な顕光も、さすがに懲《こ》りていたのであろう。

なお、このときの辞退の理由は、「私は初めて除目を奉仕して後、十二箇年になりますが、未だ障《さわ》りを申したことはありません。ところが今回は、辞表を奏聞した後です。すぐに除目を奉仕することには憚りが有ります」というものであった。除目は結局、十二月十五日になっておこなわれ、これには道長も奉仕している（『御堂関白記』）。

寛弘四年正月二日、道長は今度は叙位議に参らないことを奏したが、一条は「やはり奉仕するように」と命じた。翌三日にも、一条は、「汝が参らないのならば、叙位を取りやめとしなければならない」と伝えたが、道長は上卿を顕光に譲ることを提案し、五日に顕光を上卿としておこなわれた（『御堂関白記』）。叙位の方は譲ってもかまわないということであろうか。

このときに道長が重い物忌《ものいみ》を称して上卿を辞退しようとしたのは、嫡妻である源倫子の御産（五日に嬉子を産んでいる）が近づいていたことによるのであろうが、産穢《さんえ》が明けた正月十三日と二十二日に女叙位《おんなじょい》、二十六日に除目の奉仕も辞退しているなど（『御堂関白記』）、なかなか彰子とのあいだに皇子を儲けられない一条に対する苛立《いらだ》ちがあったものかとも考えてしまう。

なお、顕光は正月三日、一上《いちのかみ》の参らなかったときの先例を奏上し、叙位を取りやめさせようとしている。よほど懲りているのであろう。しかし、やはり道長は根に持っているらしく、十三日の女叙位に際しては、「下臈《げろう》の大臣（顕光）が叙位を奉仕し、道長が女叙位を奉仕するという事は、如何《いかが》なものでしょうか。やはり右大臣を召して奉仕させてくださ い」と奏上しているし、二十三日に除目の奉仕を命じられた際にも、「次々の序列の人に、除目も命じられるべきものである」と記している（『御堂関白記』）。

除目は正月二十六日におこなわれたのだが、一条の御前に参入するまでには、道長は何度も参入を辞退している（『御堂関白記』）。一条もさぞや困り果てたことであろう。

寛弘八年にも道長は除目に参らないことを申してきた。顕光は道長に参内を促す書状を遣わしたが、道長の返事は、顕光に除目を奉仕させるというものであった（『御堂関白記』）。

除目は正月二十九日に顕光を執筆としてはじまったが、やはり失錯《しっさく》が多かった。二月一日、参内しようとしない道長に対して、一条は受領の任官について書状を送り、道長から「悉《ことごと》く道理のとおりであって、難点は無い」との返事を得ている。ところが、翌二日になってみると、「京官は、私の意向と頗《すこぶ》る相違していた。宜《よろ》しくない事が有った。これは事前に聞いていないものであって、思いがけない事である」と道長の不興《ふきょう》を買っている（『御堂関白記』）。

道長が顕光に執筆を譲っているのは、正月八日からふたたび金峯山詣《きんぶせんもうで》の長斎《ちょうさい》（数日にわたって戒律《かいりつ》を持し一日一食の精進をつづけること）をはじめていたからである。そして一条との除目奉仕をめぐるやりとりは、この年が最後となる。六月に一条が崩御したためである。一条にしてみれば、やっと道長との交渉から解放されたといったところか。

なお、三条天皇の時代になってからは、道長はこのような奏上をおこなっていない。政務に主体性を出そうとする三条にこのようなことを言い出せば、人事に対する主導権を三条に奪われてしまうとでも思ったのであろう。当然、後一条天皇の時代は、自分が除目を主宰したのであり、このような事態にいたることはなかった。

議定の実態

この時代、太政官《だいじょうかん》の政務手続であった政《まつりごと》と定《さだめ》は、それぞれ、朝政《ちょうせい》・旬政《しゅんせい》・官政《かんせい》・外記《げき》政《せい》、御前定《ごぜんのさだめ》・殿上定《てんじょうさだめ》・陣定となった。定（議定《ぎじょう》）のなかでもっとも実質的な意義を有していたのは陣定であり、月二、三回程度、国政全般にわたる事項が討議された。

陣定復元想像図（京都大学総合博物館蔵）

その式次第を時間順に整理すると、つぎのようになる（『西宮記《さいきゅうき》』による）。

1. 上卿が天皇の仰せを奉じ、外記《げき》をして諸卿に告げ廻らせる。
2. 諸卿が参会する。
3. 上卿が諸卿に議題を伝達する（勘文《かんもん》などの文書があれば、それを回覧する）。
4. 諸卿が下位の者から順に、思う所の理《ことわり》を陳述する。
5. 上卿が参議に諸卿の意見を定文《さだめぶみ》に書かせ、蔵人頭を介し奏聞《そうもん》させる（軽事は口頭で奏上する）。

公卿議定の結果が天皇の最終決定に強い影響力を持ったのか、それとも議定は単なる意見具申《ぐしん》の儀式に過ぎなかったのかは、その時々の政権構造や政治情勢、さらには議題の重要性や性格によって異なってくる。以下にいくつかの実例を挙げてみよう。

長徳三年（九九七）三月二十五日、折から病悩していた東三条院詮子の平癒《へいゆ》を期して、非常赦《ひじょうしゃ》がおこなわれた。そして十日後、「長徳の変」によって、筑紫《つくし》・出雲《いずも》に流されていた藤原伊周と藤原隆家《たかいえ》にこの赦を適用すべきか否かという問題を議す陣定が開かれた（『小右記』）。詮子の病悩と伊周周辺による呪詛《じゅそ》の関連が考えられたためであろう。

議定の結果は、罪を赦《ゆる》すべきであるが召還《しょうかん》については勅定《ちょくじょう》によるべきであるという意見が四人、罪は赦すべきだが召還については明法家《みょうぼうか》（律令の専門家）に勘申《かんじん》させるべきであるという意見が三人、罪は赦すべきであるが本所に留めるべきであるという意見が一人、罪は赦すべきであるが召還については先例を尋ねるべきであるという意見が二人と、公卿の意見は分かれてしまっているが、結果的には一条の勅定によって召還が決定された（『小右記』）。

実資が、「法条《ほうじょう》の指す所は、すでに分明である。ところが敢えて申すわけにはいかない」と記しているように（『小右記』）、陣定に出された公卿の意見は、必ずしも儀式書のいう「思う所の理」とは限らなかった可能性もある。

道長が公卿の意見を定文に記さずに「心に銘じて」（記憶して口頭で）奏聞したこと（『小右記』）からもうかがえるように、陣定が開かれた時点では、問題はすでに解決されていて、陣定が単なる儀礼的存在に過ぎなかったとも考えられよう。

天皇の最終決定と道長の影響力

寛弘二年(一〇〇五)十一月十五日、内裏が焼亡《しょうぼう》し、神鏡《しんきょう》が焼損した。問題となったのは、内裏をどうやって造営《ぞうえい》するか、そして焼損した神鏡をどう扱うかであった。まずは内裏造営について見てみよう。

十二月二十一日、諸卿が造営への受領《ずりょう》の国充《くにあて》を定めていたところ、一条から、「私物では常寧殿《じょうねいでん》と宣耀殿《せんようでん》の二つの殿舎《でんしゃ》を造るので、その成功《じょうごう》によって重任宣旨《ちょうにんせんじ》を賜わりたい」との播磨守《はりまのかみ》藤原陳政《のぶまさ》の申文《もうしぶみ》が給された(『御堂関白記』)。

公益のために裁許《さいきょ》されるべきであるという意見と、功が了《おわ》っていないのに賞するべきではないという意見とが、六対六と対立してしまった(『小右記』)。道長は、「例もないことではないので、公益のために裁許されてはどうか」という意見を述べた後、「此《こ》の由《よし》」を一条に奏聞したのであるが(『御堂関白記』)、それは『小右記』によると、「然《しか》るべき国がない」ということであった。

道長は、両論を併挙して奏聞するという陣定の基本的なルールに則ることなく、自己の意見に有利な事実のみを一条の耳に入れたのである。一条が下した結論は、殿舎を陳政に定め充てて、重任を聴《ゆる》すというものであった（『御堂関白記』）。あるいは一条と道長の二人のあいだには、はじめから合意ができていたのであろうか。

一方、神鏡改鋳《かいちゅう》の可否については、寛弘三年六月十五日に諸道勘文《かんもん》が奉られ（『権記』）、七月三日に一条の御前において議された。そこでは、改鋳すべきではないという意見が七人、諸道の勘文にあるように神祇《じんぎ》の亀占《きせん》や筮《ぜい》の吉凶《きっきょう》の告げによって決定すべきであるという意見が、道長はじめ三人となった。一条が、「いま一度、議定せよ」と命じても、やはり同じであった（『御堂関白記』）。

その後、道長の、「この事は、決定することは難しい。……元の神鏡に禱請《とうしょう》を加えて、安置し奉るべきであろうか」という愚痴まじりの言葉で議定は終わったのである（『御堂関白記』）。そして七月十五日、「一昨の定」によって、道長が主張した通り、結局は御卜《みうら》がおこなわれ（『権記』）、そのまま賢所《かしこどころ》に安置された（『日本紀略』）。

このような決定経緯であっても、議定によって最終決定にいたったとされているところが、公卿議定の本質を示すものである。

もちろん、日常的な議定（公卿の出席率も低く、不熱心であることが多かったが）においては、道長もその意向を押し通すということは少なかったが、重要な事項や、自己の権力に関わる事項となると、天皇の最終決定に大きな影響力を行使することになるのである。

2　儀式について

式次第の確立時期

かつて土田直鎮氏が喝破されたように、この時期の政務は儀式とかけ離れて存在するものではなく、行政事務も儀式の一つであって、先例を守り礼儀作法を整えて事務をおこなっていたというのが、当時の政治であった。

ただ、道長の時代には、いまだ確固たる式次第が確立していたわけではなかった。各人が『延喜式《えんぎしき》』をはじめとする法令や、日記に記された先例にもとづいて儀式を執りおこない、基準を作成しようとしている時期なのであった（三条天皇の即位が大きな契機であったと考えている）。ここでは、儀式における道長の特徴を示す事柄をいくつか取り上げてみよう。

出欠――「指名しておいたのに参らなかった人」

現代でも出欠をひどく気にする人はいるものであるが、道長もまた、自己の主宰する儀式への人びとの出欠を気にして、『御堂関白記』に詳細に記録している。

たとえば長保元年（九九九）二月二十九日、道長が春日詣《かすがもうで》から帰京した際、深夜であったにもかかわらず、多くの公卿が訪問してきた。道長は、「ただ太皇太后宮大夫《たいこうたいごうぐうだいぶ》（実資）一人がやって来なかった」と記している（『御堂関白記』）。道長は、実資の出欠には特に気をかけていたのであった。

寛弘四年（一〇〇七）正月二十日、一条天皇は定子が遺した脩子《しゅうし》内親王を一品《いっぽん》という最高位に叙し、千戸の封戸《ふこ》を加えて准三宮《じゅさんぐう》とした（もちろん、道長は快く思っていない）。二十三日、道長は脩子の外戚《がいせき》である伊周とともに参内して一条に慶賀《けいが》を奏上する予定であったが、物忌《ものいみ》の上に夢想《むそう》が宜しくなかったという理由をつけて参内せず、伊周一人に行かせようとしている（『御堂関白記』）。

自分がこの慶事《けいじ》にあまり乗り気ではないことを皆に知らせる必要があった道長は、これを欠席し、伊周一人で行った場合、はたして「他の人々」が一緒に参内するのかどうか、情報のアンテナを張りめぐらせて、公卿たちの動静を見つめていたのである。もちろん、すでに辛酸《しんさん》を嘗《な》めきってきた伊周は、この日の参内を取りやめ、二十六日に道長を先頭とした藤原氏の公卿・殿上人とともに慶賀を奏上している（『御堂関白記』）。

寛弘六年には、一条第三皇子敦良《あつなが》の産養《うぶやしない》が四夜にわたっておこなわれた。実資はめずらしく、そのすべてに顔を出している。道長の行事というよりも、天皇家の行事と考えたためであろうが、十二月四日の九夜の産養では、道長は実資に対し、「毎夜、参入されたのは、極めて悦《よろこ》びとする」と言って感激している。たびたび、この言葉があったようで(『御産記《ごさんき》〈小右記〉』)、実資の出欠にこだわる道長らしいが、実資の方も、それを見越して計算しているのであろう。

道長が生涯でもっとも出欠を気にした日は、長和元年(一〇一二)四月二十七日にやってきた。三条天皇が娍子立后を強行したこの日、道長は妍子の内裏参入をかち合わせたのである。『御堂関白記』の記事のなかでも特筆すべきは、妍子参入の儀に「指名しておいたのに参らなかった人」の名を挙げ、それぞれ注をつけていることである。

実資については、「『内裏に参っていた。天皇の召しによる』ということだ」と、隆家(伊周の弟)については、「今日、新皇后《こうごう》(娍子)の皇后宮大夫《こうごうぐうだいぶ》に任じられた」と好意的だが、藤原懐平《かねひら》(実資の兄)については、「長年、私と相親しんでいる人であるのに、今日は来なかった。不審に思ったことは少なくなかった。思うところが有るのであろうか」と手厳しい。また、「指名していないのに供奉《ぐぶ》した人々」の名も列挙している(『御堂関白記』)。こちらはありがたい人びとということか。

道長は、娍子立后の儀の方に参入した四人についても、「参入した公卿は、実資・隆家・懐平・通任《みちとう》の四人であった」と、官職名ではなくことさらに実名で特記しているし、侍従や殿上人が参らなかったことも記していることから（『御堂関白記』）、娍子立后の儀への出欠にも大きな関心を持っていたのであろう。

この傾向は、摂政を頼通に譲ってからも変わらなかったのであるが、こうなるともう、出席者とそれへの賜禄《しろく》の細目をつけておくという『御堂関白記』の記録目的を離れて、道長の性格のようにも思えてくるのである。

違例には「弾指」や「咳唾」

先例を重視する儀式運営が当時の政治の主眼であったことは、先に述べた。しかし、道長の時代は、いまだ儀式の基準が確立されていたわけではなく、各人がそれぞれの父祖《ふそ》や自己の日記から事例を引勘《いんかん》してきて、それをそれぞれ「先例」として重視しているという状況であった。「御堂流《みどうりゅう》」などと呼ばれる規範が確立するのは後世の話である。

それにもかかわらず、古記録を見ていると、儀式の際に「違例《いれい》」を指摘されて「弾指《だんし》」（曲げた人差し指か中指の爪を親指の腹にかけて強くはじき、警告の意を表わす所作）されたり、「咳唾《がいだ》」（咳《せき》ばらいをしたり唾《つば》を吐いたりして警告の意を表わす所作）されている例がめだつ。たしかに、律令や式などの法令に違反すれば、誰でも違例と判断できるのであるが、各人が先例と考える式次第と異なる行動を取ったからといって、それを違例と判断するのは、どういった事情によるものなのであろうか。

たとえば長保四年（一〇〇二）二月十七日の申文《もうしぶみ》の儀の際に、上卿が笏《しゃく》を執るかどうかについて、斉信《ただのぶ》は、それは口伝《くでん》によるものであると言ったが、道長は、「まったく聞いたことのない説である」と指摘した。それを聞いた行成は、両説あるということを申している（『権記』）。これなどは、皆で儀式を確認しあっている例である。

その一方では、寛弘二年（一〇〇五）正月一日の元日節会《がんじつのせちえ》において、道長は内弁《ないべん》（承明門《しょうめいもん》内において諸事を取りしきる大臣）を顕光に譲って退出した。顕光は陽病《ようびょう》（仮病）を称したが、皆は顕光には病気がないことを一条天皇に奏上、一条は顕光に内弁奉仕を命じた（『小右記』）。

顕光は実資を招き、この日の式次第を懐紙《かいし》に記していたら見せてくれと要望した。ところが実資は、持っていたにもかかわらず、随身《ずいじん》していないと称し、見せることはなかった（『小右記』）。相手によっては、儀式を教えないこともあるということである。

故実《こじつ》と称される儀式の基準も定まっていたわけではなかった例として、寛弘二年五月七日の右近衛府真手結《まてつがい》を挙げよう。頭中将《とうのちゅうじょう》の藤原実成《さねなり》は、手結《てつがい》（射手を一人ずつ組み合わせて競わせること）の最中に、「近代では蔵人は天皇の召しと称して、手結が終わる前に座を起《た》つ」と言って参内してしまった。先日の蔵人藤原経通《つねみち》も同様であったという（『小右記』）。

実資はそれを、「往古《おうこ》から聞いたことのない事である」として奇怪に思い、一家の故実を尋ね問うべきであるとしたうえで、「近代の人は自説を故実とする。まったく前例《ぜんれい》に背くことである」と慨嘆している（『小右記』）。このような事態は広く見られたのであろう。

九条流・小野宮流の萌芽

家による儀式の流派も、発生しかかっていた。寛弘六年三月十四日、頼通と行成は初参の日に座を起って敷政門《ふせいもん》から退出した。天慶《てんぎょう》元年（九三八）の九条殿《くじょうどの》（藤原師輔《もろすけ》）の例で、「現在の左府《さふ》（道長）の御説」とのことである。行成は、「私は、この一門《いちもん》の者である」ということで、それに倣《なら》ったのである。「九条殿の一家」の斉信と頼通も同様であった。一方、師輔の兄の実頼《さねより》を祖とする小野宮《おののみやけ》家の実資と公任は、この道を用いなかった（『権記』）。

かといって、儀式についての言い争いを重ねるのは、あまり望ましいことではなかったらしい。寛弘七年正月十八日、賭弓《のりゆみ》の後の罰酒《ばっしゅ》の際に、斉信は、なかなか罰酒を受けようとしなかった。「私は元は右衛門督《えもんのかみ》ではあったが、すでに昇進した後であり、あちらの方と云われる謂《い》われはない」と主張したのである（『権記』）。

後に触れるが、右方はいつも負ける方であり、昇進してからもそちら方の人間と言われるのが嫌だったのであろう。斉信は結局は飲んだのであるが、行成は、「一度だけは遠慮しても、早く受けて飲むべきであった」と批判しているし、後にそれを聞いた道長も、「長い間、相論したらしい。極めて便宜《びんぎ》の無いことである」と語っている（『権記』）。

違例の非難からは、天皇も免《まぬが》れることはなかった。寛弘七年十一月一日の御暦奏《ごりやくのそう》では、一条は、「通例によって行なうように」と命じた。行成は、一条は御物忌《ものいみ》なのであるから、そのことを加えて命じるべきであり、これは失儀《しつぎ》であると非難している（『権記』）。

道長は儀式の確立に積極的に関わっていた。寛弘八年正月五日の叙位の議では、宜陽殿《ぎようでん》に議所《ぎしよ》を設営した際、南を上座《じようざ》として対面した座であった。道長は、「大臣は北面《ほくめん》するのではないか」と疑問を呈し、顕光も同調して、「大臣の座が有るべきである」と主張した。公卿たちは、「そのような座はありません」と応じ、数剋、この議論をおこなったとある（一剋は二時間！）。装束司《しようぞくし》を召して問うたところ、「『装束記《しようぞくき》』には北面する座は見えませんでした」と言ったので、道長は不審に思いながらも衆人《しゆうじん》の意見に従って着座《ちやくざ》した（『御堂関白記』）。

翌日、道長が日記（師輔の日記でも見たのであろうか）を引見《いんけん》したところ、大臣が北面する座はあった。道長は、「公卿は僻事《ひがごと》（心得違い）を云ったのである」と得意げに記している（『御堂関白記』）。なお、行成の問いに対して実資が返答したところでも、やはり大臣は北面するとのことであった（『小右記』）。

式と日記の関係で言うと、寛弘八年十月十六日の三条天皇即位式について、内弁を勤めた顕光が遅れたので、式文《しきぶみ》と違うとはいっても、剋限《こくげん》を守らせるために、三条は高御座《たかみくら》に登った。道長は、「このような事は式文にあるとはいっても、時に随った儀は、株《くいぜ》を守る（融通のきかないこと）のはよくないものである」と評価している。「丞相の器量《きりよう》は、すでに朝家《ちょうか》の威儀《いぎ》を助けている。優なるものである」というのが、これを聞いた行成の評である（『権記』）。

また、長和五年九月二日にも、ある人が、「大嘗会《だいじょうえ》の年には、御燈《ごとう》は奉らないものです」と言ったので、道長は式文を見たけれども、そういう記述はなかった。ところが毎年の日記（『御堂関白記』のことか）には、「御燈は行なわれない」とあったので、翌日の由祓《よしのはらえ》を中止させた（『御堂関白記』）。これなども、式よりも日記を優先した例である。

小野宮流のなかでも、儀式の次第が確立していたわけではないことを示す例を挙げてみよう。寛仁二年（一〇一八）三月十九日、季御読経《きのみどきょう》（毎年、春秋二季に各四日間、百人の僧を宮中に招請して『大般若経《だいはんにゃきょう》』を転読《てんどく》させ、国家の安泰と天皇の静安を祈願する行事）の結願《けちがん》に際して、公任は「九条殿の例」を用いた。実資がそれを指摘したところ、公任は、「忘れていました。不思議に思います。先年はうまく行なったのに、今日、それを改めたのは心外の事です。

ただし、故殿《ことの》（公任の父の藤原頼忠《よりただ》）は、両様の儀を記していました」と答えた。これに対し実資は、頼忠殿は故殿（実資の養父の実頼）の口伝《くでん》を用いられたはずである。他人の故実を用いるべきではないと記している（『小右記』）。

さて、ようやく念願の右大臣に上った実資は、除目の執筆《しゆひつ》を勤めることとなった。さすがの実資もはじめてのこと、治安元年（一〇二一）八月二十六日、すでに出家していた道長に作法を問い合わせている。もちろん、道長は適切に返信した（『小右記』）。

その逆に、道長は実資の見識を重んじていた。治安元年十一月九日の官奏《かんそう》の儀では、道長は、五男の教通に参入して実資の作法を見たかどうかを問うた。教通が見ていないと答えると、「私の子孫は上臈《じようろう》の作法を見ることを善《よ》しとする。何の障りが有って参らなかったのか」と不機嫌となった（『小右記』）。

九条流・小野宮流というのは、当時はまだ完全に分離して対立しているわけではなく、お互いに教示し合って、儀式を確立しようとしていたのである。儀式が確立した時代には、すでに儀式があまりおこなわれなくなっていたというのは、皮肉なことである。

奢侈の禁制に対する態度

過差《かさ》（身分による規定を越えた贅沢《ぜいたく》）をはじめとする奢侈《しやし》の禁制《きんせい》というのは、一種の天皇の徳を表わすもので、一条天皇の時代に盛んに出されたものであった。一条を聖帝《せいてい》とする認識も、文芸の盛行と並んで、一つには奢侈禁制を含む新制《しんせい》の発布による部分も大きかったのである。

特に長保元年（九九九）七月の新制十一箇条は、神事・仏事の違例《いれい》、僧尼の京都止住《しじゅう》の禁止、美服《びふく》・調度品・乗車・饗宴《きょうえん》といった過差の禁止、官人の賄賂《わいろ》の禁止に関わるものである（『新抄格勅符抄《しんしょうきゃくちょくふしょう》』『政事要略《せいじようりゃく》』）。この新制は一条の政治意欲の発現であり、従来の新制にない新条項が大部分で、ほとんどは後世の新制に継承されるものであった。

ただし、奢侈の禁令がくりかえし出されているところから見ると、あまり効果はなかったようであるし、道長の性格から考えて、好みの政策ではなかったものと思われる。長保二年五月七日、一条が新制弛緩《しかん》によって検非違使庁《けびいしちょう》を戒めたところ、逆に道長は、中宮彰子の侍人が禁制された絹の袴《はかま》を着用するという新制違反を犯していることを誰が一条に告げたのかを問題にしている。一条はそれには取り合っていない（『権記』）。

一条の方は長保二年七月二十七日に、新調の黄朽葉《きくちば》色の美服を着していた蔵人菅原孝標《すがわらのたかすえ》（『更級日記《さらしなにっき》』の作者の父）に怒り、日頃、用いていた蘇芳染《すおうぞめ》の下襲《したがさね》に改め替えさせるなど（『権記』）、過差の禁制に熱心なのであるが、どうも道長の方は不熱心なのである。

寛弘元年（一〇〇四）二月二十二日に焼尾荒鎮《しょうびこうちん》（新任官人の饗禄《きょうろく》）の風聞《ふうぶん》を聞いた一条が、

その罪名を勘申《かんじん》させようと言い出したのに対し、道長は怠状《たいじょう》（始末書）を提出させた後でよかろうとの見解を示しているし、寛弘七年四月二十四日の賀茂祭《かものまつり》の際にも、「様々な調度《ちょうど》は、頗《すこぶ》る宜《よろ》しく調達した。古い物は無かった」という馬副《うまぞい》の派手な装束《しょうぞく》を詳しく記した後で、「頗る過差であった。ところがこれも、神事によるものであろう」と開き直っている（『御堂関白記』）。

「憲法はただ一人の御心にあるのか」

一条と協調しているあいだはそれでもよかったのであるが、三条天皇との関係となると、過差をめぐって波風の立つ事態がいくつか出来《しゅったい》している。一条の施政を過剰に意識する三条は、一条と並んで同じような政策を施そうとしたのであるが、それはますます宮廷社会との意識の乖離を招くことにつながったのであった。

長和二年（一〇一三）四月十九日、賀茂斎院御禊《かもさいいんどけい》の前駆《ぜんく》（行列の先払い）、および賀茂祭使《かもさいし》の従者《じゅうしゃ》や童《わらわ》の人数と装束の過差の制止が定められた。しかも、人数については道長、装束については三条の発案であるという。しかし当日の二十一日になってみると、「過差の甚しさは、例年よりも万倍するものであった」という状況であった（『小右記』）。

しかも、禁制の装束を着た者たちは、斎院御禊の行事《ぎょうじ》（公事、儀式などにおいて主としてその事を掌った役）であった実資の見物している車の前を通る際には車に乗り込んで隠れて通り過ぎ、実資の前を抜けると車から降りたり、別の道を通ったりして、その目をごまかそうとした。実資は、道長が内では過差を停めるよう三条に奏上し、外では禁制にこだわることもないと言っていると推測し、「憲法《けんぽう》は、ただ一人（道長）の御心にあるのか」と、怒りを露《あら》わにしている（『小右記』）。

翌長和三年の豊明節会《とよのあかりのせちえ》は十一月二十二日におこなわれたが、道長はこのときも、過差の禁制を遵守する必要のないことを命じた。実資は、「王化《おうか》（君主の徳化）の薄いことによるものであろうか。甚だ以て嘆息した。弛張《しちょう》はただ、執権《しっけん》の臣（道長）の心に懸かっている」、「万人は、善に背いて悪に従っている。主（三条）を侮《あなど》って臣（道長）を敬うばかりである。愚のようなものである」と非難の声を高めている（『小右記』）。

ところがその道長も、後一条天皇が即位して摂政の座に就いてからは、事情が変わってくる。やはり天皇大権を代行しているという意識がはたらくのであろう。長和五年四月二十四日には、賀茂祭使の過差を、「検非違使たちで、このような人の衣裳《いしょう》を見たことがない。先日、命じたことと相違している」と厳しく糾弾したうえで、「白物《しれもの》（馬鹿者）のようなものである」と罵《ののし》っている（『御堂関白記』）。

もっとも、さらに派手好きな頼通が政権を譲られると、治安元年（一〇二一）九月二十九日に造営した高陽院《かやのいん》の様子は、「高大荘麗さは、比類《ひるい》すべくも無い」有り様で、「過差の甚しきは、禅門《ぜんもん》（道長）に倍するであろう」と実資を嘆かせている（『小右記』）。そういえば、頼通の過差に関しては、道長もしばしば非難していたものであった（『御堂関白記』）。

勝敗の不思議

古記録を読んでいて、いつも気になるのは、相撲節会《すまいのせちえ》（毎年七月、宮庭において諸国より徴した相撲人がおこなう相撲を天皇が観覧する儀式）をはじめとして、左右に分かれて勝敗を争う儀式においては、つねに左方が勝っているのではないかということである。

すでに道長の曾祖父である藤原忠平《ただひら》の『貞信公記《ていしんこうき》』天慶九年（九四六）七月二十八日条には、右方が勝ったのに、天判《てんぱん》（天皇の判定）が入って左方の勝ちとなったが、これは謂《い》うところの「左論《さろん》」であるという記事がある。また、『江家次第《ごうけしだい》』裏書《うらがき》に、「諺《ことわざ》に云うには、左方を帝王方とする」と見えるし、『江家次第』の本文にも、「古《いにしえ》から帝王は左方に気持が無いわけではない」とある。

長保二年（一〇〇〇）七月二十八日の相撲抜出《すまいのぬきいで》（相撲節会で特に成績のよかった者を選抜し、翌日、さらに取組をさせたこと）でも、一条天皇が行成を召し、「抜出の五番は、左方が皆、負けた。来月上旬、重ねて五番を召すように」と命じている（『権記』）。

してみると、左右に分かれて勝負を競う場合、左方が勝つように終わるというのは、儀式の一環としての予定調和と考えることもできる。なお、当時の相撲は、短時間で勝負が決し勝敗が誰の目にも明らかな現在の相撲とは異なり、土俵や制限時間もないうえに、撲《なぐ》る、蹴る、締める、果ては木に相手の背中を押しつけるなどが許される総合格闘技であり、しかも判定勝負であった。そこに天判が入り込む余地があったということになる。

ここで長和二年（一〇一三）七月二十九日におこなわれた相撲召合《すまいのめしあわせ》について見てみよう。『御堂関白記』によると、左方が勝数で一つ勝っていたので、左方が勝負楽《しょうぶがく》を演奏した後、右方も演奏しようとしたがやめさせた。「右方は引き分けと思ったのであろうか」とある。一方、『小右記』によると、勝敗は、左方六勝、右方六勝、持（引き分け）二番で、引き分けであったが（実資は右大将で、右方の長である）、何故に道長は左方が一つ勝っていたと認識したのであろうか。

どうも十一番が揺れたようである。左方が障りを申したので右方の勝ちとなるはずが、天判によって持となったのみならず、左方の勝ちとなったようである。この判定に納得していない実資は十一番を持に数え、道長は十一番を左方の勝ちと数えたのであろう。

なお、この相撲節会には後日譚《ごじつたん》がある。三条天皇は、「自分の宝位《ほうい》（天皇位）が動くことが無いのならば、左方が一・二・三番と勝つように」と伊勢大神宮《いせだいじんぐう》に祈念《きねん》していたが、その通りに左方が勝ったので喜んだ。実資は、一・二・三番は右方に勝ち目があったのに不思議なことと思っていた。相撲人に聞いてみても、「不覚《ふかく》にも（思わず知らず）、どうしようもありませんでした。厭術《えんじゆつ》によるものでしょう」とのこと。八月四日に三条の祈念を聞き、「相撲の負けを思わず、ただ宝位が久しいことを喜んだ」としている（『小右記』）。

右大将を長く勤めた実資は、いつも負方にならねばならないのであったが、寛仁三年（一〇一九）の相撲召合では、自邸で開いた饗宴に、負けた相撲人が「その恥を思わず進み出てきた」として、追い立てている（『小右記』）。誰よりも儀式を重んじる実資であっても、勝負事となると話は別だったのであろうか。

作文会への意欲

道長は漢詩がいたって好きなようである。自邸や宇治別業《うじのべつぎよう》で作文会《さくもんかい》（漢詩を作る会）を頻繁に開いているのみならず、内裏でおこなわれた作文会も主導しているかのようである。なお、一条朝二十五年間に内裏において開かれた作文会は四十六回、道長主宰で開かれた作文会は三十九回を数える。道長主宰の作文会は、年代別では、一条朝の長徳年間に三回、長保年間に五回、寛弘年間に三十一回である。

ところが三条朝になると、内裏作文会も開かれることはなくなり、道長邸で開かれた作文会も、寛弘八年（一〇一一）後半から長和四年（一〇一五）までで、わずか四回となる。三条天皇との関係は、もはや作文会など開いている場合ではなくなったのであろう。

後一条朝となると、長和五年に一回、寛仁元年（一〇一七）はなし、寛仁二年に二回、寛仁三年に一回となる。そして出家後は、さすがに開かれなくなるようである。一条朝が文芸隆盛の聖代《せいだい》と称されるゆえんである。

ただ、道長自身はあまり作詩は得意ではなかったようで、現在残されている道長製の漢詩（『本朝麗藻《ほんちょうれいそう》』の「宇治別業の即事《そくじ》」「林花、落ちて舟に灑《そそ》ぐ」、『逍遥公答問《しょうようこうとうもん》』の「藤花《とうか》、紫綬《しじゅ》を作る」）も、それほど優れたものとは思えないのであるが、とにかく皆が集まって漢詩を作る場を提供する、あるいはその場に身を置くのが好きだったようである。

いくつか作文会の事例を挙げてみよう。寛弘四年三月三日は、土御門第《つちみかどてい》で曲水《ごくすい》の宴《えん》が催された。東渡殿《ひがしのわたどの》の下から流れている遣水《やりみず》の東西に草墪《そうとん》と硯台《すずりだい》を立て、東対《ひがしのたい》に公卿と殿上《てんじょう》人《びと》の座、南廊《なんろう》の下に文人《ぶんじん》の座を設けた。菅原輔正《すがわらのすけまさ》が出した「流れに因《よ》りて酒を泛《うか》ぶ」が詩《し》題《だい》に決まり、羽觴《うしょう》（盃）が頻りに流れてくるのにしたがって、皆は詩を作った。道長はこれを、「唐《から》の儀《ぎ》式《しき》を移したものである」と記している（『御堂関白記』）。

翌四日に詩ができあがり、清書《せいしょ》した後で詩を披講《ひこう》した（『御堂関白記』）。いつも読むたびに感動するのだが、彼らは大量の酒を呑む饗宴の後に徹夜で漢詩を作り、翌朝に披講した

曲水の宴（城南宮）

後に帰っていくのである。真面目な行成などは、そのまま仕事に行ったりしているから、平安貴族の体力と意欲は、信じられないくらいである。

寛仁二年十月二十二日の土御門第行幸に際しての作文会も、道長の意欲と能力をよく示すものである。まずは文人を召して作文をおこなわせたのであるが、擬文章生試《ぎもんじょうしょうし》（大学寮《だいがくりょう》の文章博士《もんじょうはかせ》を志望する擬文章生を選抜する試験）の詩題は道長が献上するよう、人びとが催促した。そこで道長が出した詩題は、「翠松《すいしょう》、色を改むること無し」というもので、貞を韻《いん》とし、七言四韻《しちごんしいん》であった（『御堂関白記』）。

道長の和歌の素養と機知

これに対し、和歌の方はどうだったのであ

ろうか。道長の勅撰集《ちょくせんしゅう》への入集は、『拾遺集《しゅういしゅう》』二首をはじめとして四十三首であるが、これらは歌人としての道長が評価されたというよりも、摂関家の祖として入集したものであろう（藤原定家《さだいえ》の祖先でもある）。

それでは、古記録に記されている道長の和歌と、詠まれた状況を見ていくことにしよう。まず長保二年（一〇〇〇）二月三日、東宮居貞親王の許で射儀《しゃぎ》がおこなわれた。道長が退出しようとしたとき、梅樹の南枝が、もう開いていた。居貞が、「花の色は、新たに開いている。空《むな》しく過ぎてはならない」と呼びかけると、道長は跪《ひざまず》いて花の下に進み、ねじって一枝を折り、これを献上した。居貞が、「君折れば匂ひ勝れり梅の花（君が折ったので色も勝っている。この梅の花は）」と詠むと、道長はすぐに、「思ふ心の有ればなるべし（君を思う心が有るからでしょう）」と下の句を継いだ。また、「栽《う》え置きし昔の人の詞《ことば》にも君が為とや花に告げけん（この梅を栽えておいた昔の人の詞にも、「君の為」と花に告げたのでしょう）」と詠んだ（『権記』）。後年の居貞（三条天皇）と道長の関係を考えると、信じられない話であるが、道長の和歌の素養と機知も、素晴らしいものである。

つぎは寛弘元年（一〇〇四）二月六日の公任《きんとう》・花山院との贈答である。二人とも、歌人としても高名な人物である。頼通が勅使《ちょくし》となった春日祭《かすがのまつり》当日のこの日、道長は『御堂関白記』の裏書《うらがき》に和歌をまとめて記している。表にまだ余白があるにもかかわらず紙背《しはい》に記している点から、和歌をまとめて紙背に記そうとした意図がわかる。

六日。雪が深い。早朝、左衛門督（公任）の許へこのように云って送った。

若菜摘む春日の原に雪降れば心遣《こころづか》ひを今日さへぞやる

（若菜を摘む春日の原に雪が降ったので、若君が難儀なことであろうと、今日も気遣われることだ）

その返り事は、

身をつみておぼつかなきは雪やまぬ春日の原の若菜なりけり

（我が身にあてても心配されますのは、雪の降りやまぬ春日の原で若菜摘みができるかどうかと案じておられますあなた様のお気持ちです）

花山院から仰せを賜わった。女房《にょうぼう》を遣わして贈られた。

我すらに思ひこそやれ春日野のをちの雪間をいかで分くらん

（この私でさえも案ぜられますよ。春日野の遠い雪間を若君がどのように踏み分けていくことかと）

私の返り事は、

三笠山《みかさやま》雪や積むらんと思ふ間に空に心の通ひけるかな

（三笠山に雪が積もっているだろうと思っている間に、空に心が通ったことであろう）

翌寛弘二年の四月一日、道長はまた公任と和歌の贈答をおこなっている。道長の方から贈ったもので、「谷の戸を閉ぢやはてつる鶯の待つに声せで春も過ぎぬる（谷の戸を閉じ果ててしまったのだろうか。鶯を待っていたのに声もしないで春も過ぎてしまった）」というものである。公任の返歌《へんか》は、「往き帰る春をも知らず花さかぬ御山かくれの鶯の声（往き帰る春も知らない。花が咲かない御山隠れの鶯の声は）」というものであった（『小右記』）。

ここでも公任との贈答をおこなっているのが特徴的である。寛弘七年三月十五日にも、石清水臨時祭《いわしみずりんじさい》に際して公任に和歌を送っている（『御堂関白記』）。

長和四年（一〇一五）十月二十五日、道長五十歳の算賀《さんが》の法会《ほうえ》が営まれた。宴飲《えんいん》の後、公任が賀心《がしん》の和歌を詠み、行成がこれを書いた。道長も返歌を詠んでいる（『御堂関白記』）。

相生《あいおい》の松を糸とも祈るかな千歳《ちとせ》の影に隠るべければ
（相生の松を糸のように祈るばかりです。私は千歳の影に隠れるに違いないので）

私の歌は、次のようなものであった。

老いぬとも知る人無くはいたづらに谷の松とぞ年を積まゝし
（老いたとしても、それを知ってくれる人がいなかったならば、いたずらに谷の松のように年を積むだけであろう）

「人々は、この歌を褒誉《ほうよ》してくれる様子が有った。度々、吟詠《ぎんえい》した」というのは(『御堂関白記』)、後年の「この世をば」と考え併せると興味深い。

寛仁元年(一〇一七)三月四日には頼通を内大臣に任じた。摂政を譲る前提措置である。その任大臣大饗《にんだいじんだいきょう》において道長が詠んだ和歌が、『御堂関白記』に残されている。

木の下《もと》に我は来にけり桜花春の心ぞいとど開くる

(木〈子〉の下〈許〉に私は来た。桜花に春の心がたいそう開いた)

木と子を掛けたものであり、あまりうまい歌ではないが、感情はよく表現されている。

「この世をば」の経緯

そしてもっともよく知られた「この世をば」である。この歌が詠まれたのは、寛仁二年十月十六日におこなわれた威子立后の本宮《ほんぐう》の儀の穏座《おんのざ》であった。『御堂関白記』には、賜《し》禄《ろく》の儀の後、「私は和歌を詠んだ。人々は、この和歌を詠唱《えいしょう》した」としか記されていない。

しかし、実資がめずらしくこの宴に参列し、この歌を記録した『小右記』の記事が散逸《さんいつ》せずに広本《こうほん》（抄略《しょうりゃく》せずに原本を多く伝えた写本）で残っているおかげで、道長が歌を詠んだ経緯や、摂関期を代表するこの歌が今日まで伝わっているのである。一般的な道長や摂関政治に対する後世のイメージも、この歌とともに語られているのではないだろうか（それがいいことだったかどうかは別の問題であるが）。

太閤《たいこう》（道長）が下官《げかん》（実資）を招き呼んで云ったことには、「和歌を詠もうと思う。必ず和《わ》すように」ということだ。答えて云ったことには、「どうして和し奉らないことがありましょう」と。また、云ったことには、「誇っている歌である。但し準備していたものではない。この世をば我が世とぞ思ふ望月の欠けたる事も無しと思へば（この世を我が世と思う。望月が欠けることもないと思うので）」と。私が申して云ったことには、「御歌は優美《ゆうび》です。酬答《しゅうとう》することもできません。満座《まんざ》がただ、この御歌を誦《ず》してはどうでしょうか。元稹《げんしん》の菊の詩に、白居易《はっきょい》は和すことなく、深く賞嘆《しょうたん》して、一日中、吟《ぎん》詠《えい》しました」と。諸卿は私の言葉に響応《きょうおう》して、数度、吟詠した。太閤は許してくれて、特に和すことを責めることはなかった。

一般には、実資が道長の拙《つたな》い歌に和す気になれなかったとか、傲《おご》りたかぶった道長の態度に嫌気がさして和さなかったとか考えられているようであるが、『小右記』を虚心《きよしん》に読むかぎりでは、別にそういったわけではなさそうである。

また、この和歌の意味を、道長が自らの栄華の翳《かげ》りを予測したものという考えも出されたが、それはとんでもない誤解である。「次の夜からは欠ける満月」などという発想が、道長の脳裡《のうり》に浮かぶはずもないであろうことは、『御堂関白記』を少し読めば容易に理解できるところである。

3 贈与と貸与

賜禄――道長の人心掌握術

物品の流通というのは、歴史学における重要なテーマである。ここでは、道長を回転軸とする物品の贈与と貸与について、いくつかの興味深い事例を考えてみよう。

道長が出欠を気にしていたことへの一つの解答例として、賜禄《しろく》を考えてみたい。簡単な記事の多い『御堂関白記』にあって、儀式に出席した人に対する賜禄の記事の量と細かさは、特徴的である。賜禄に関する記事だけを裏書として紙背に記すことも多い。

これはおそらく、物品の出納を記録することが、日記を記す主要な目的であったことによるものと思われる。どのような儀式に、どのような人に、どのような物をどれだけ下賜したかを記録することは、自身への備忘録だったのであろう。もちろん、摂関を継ぐべき子孫への先例となるとも考えていたにちがいない。

禄として下賜する繊維製品には、いくつかの種類と格が存在した。それをさまざまに組み合わせ、量に差異を儲けることで、道長は身分ごとに下賜していたのである。

たとえば、寛弘五年（一〇〇八）十一月一日におこなわれた敦成親王五十日《いか》の儀では、大臣に女装束《おんなしょうぞく》（唐衣《からぎぬ》・裳《も》・袴《はかま》からなる一組）に織物《おりもの》の袿《うちき》を添え、大納言に織物の袿と袴、中納言に綾《あや》の袿と袴、宰相《さいしょう》（参議《さんぎ》）に綾の袿、殿上人に疋絹《ひっけん》を下賜している。別に大臣二人に馬を引き出して下賜しているが（『御堂関白記』）、これが引出物《ひきでもの》の本来の意味である。

また、寛弘六年十二月二日におこなわれた皇子敦良七夜の産養《うぶやしない》は、朝廷主催のもので、蔵人所《くろうどどころ》が大袿《おおうちき》十七・白い絹百二十疋《ひき》・綿五百屯《とん》・信濃布《しなののぬの》五百端《たん》・紙六百帖《じょう》を調達した。ところが道長は、「公《おおやけ》（一条天皇）から賜わった紙は、甚だ劣った物であった」というので、自ら陸奥紙《みちのくがみ》を出している（『御堂関白記』）。下賜物の品質にもこだわる道長であったが、ここからはむしろ、公私を弁別しないという、道長の基本的な姿勢が読み取れよう。なお、紙は攤《だ》というさいころを使った遊技の賭物《かけもの》として用いられるものである。

この日は大臣以下殿上人に加え、諸大夫《しょたいふ》や主殿寮《しゅでんりょう》の立明《たちあかし》（松明《たいまつ》を持たせた者）、諸司《しょし》の女房《にょうぼう》や采女《うねめ》にも疋絹を下賜し、道長は絹を全部で五百疋ほど支出したとある。また、別に「女方《にょうぼう》」（源倫子）から禄を下賜したとも見える（『御堂関白記』）。倫子の政治的立場と経済力を示す例である。

寛弘七年閏二月六日の敦良親王百日《ももか》の儀では、御乳母《めのと》・典侍《ないしのすけ》・掌侍《ないしのじょう》・命婦《みょうぶ》・女蔵人《にょくろうど》・得選《とくせん》・采女《うねめ》などの女房や、長女《おさめ》や御刀自《とじ》など、さらに下位の者に下賜した禄の明細を記録している。「申してくるのに随って疋絹少々を下賜した」というのも（『御堂関白記』）、人の上に立つ者の心得であろう。

下賜したのは繊維製品だけではない。寛弘七年十月二十二日の敦成親王着袴《ちゃっこ》の儀では、女房に白藤の大餌袋《おおえぶくろ》四口を下賜し、それに綾五疋と絹五十疋を入れ、上に菓子《かし》を入れたとある（『御堂関白記』）。こういう細やかな心配りも、道長の特徴である。

長和元年（一〇一二）四月二十七日、娍子立后にかち合わせて、道長は妍子の内裏参入をおこなった。冷泉院崩御による諒闇《りょうあん》（天皇が父母などの死にあたり喪に服する期間）であったので、前例《ぜんれい》によって禄を下賜しなかった。ところが諸衛府《えふ》の尉以下《じょういげ》という下部《しもべ》たちは、それでは寂しい（「寂然」）と申してきたので、道長は臨時に禄を下賜した（『御堂関白記』）。

この諸衛府の下級官人たちは娍子立后の儀には参入せず、妍子参入の方に供奉《ぐぶ》してきたのである。このような者の人心を把握することもまた、道長の得意とするところであった。

長和二年正月十日、妍子は懐妊によって東三条第に退出した。中宮妍子付きの女房たちには禄を下賜した道長であったが、内裏女房たちも御供に供奉していたということを後で聞きつけた。彼女たちへの禄の準備がなかったので（土御門第とちがって、東三条第には備蓄がなかったのであろう）、道長は十日にはその名を問い、翌十一日、内裏女房十人に禄を贈っている（『御堂関白記』）。三条天皇に仕えるべき内裏女房たちも、道長の気配りには、さぞや心を動かされたことであろう。

寛仁二年（一〇一八）三月二十五日には、女御となった四女威子の御在所に後一条天皇が渡御した。こうした場合の機嫌が、道長は一番いいのであるが、この日も大盤振る舞いであった（実際に食物を盛った垸飯《おうばん》も運び入れている）。

「女官《にょうかん》たちは、必ずしも賜うべき者ばかりではなかったのであるが、事のついでが有って、多く参入した。そこで絹を下賜した」として、あわせて絹三百疋におよぶ禄を下賜している（『御堂関白記』）。これならついでがなくとも参入したくなるというものである。

これらの例からうかがえるように、急な下賜であっても、たいていはきちんと揃えている。どこか土御門第の内部か近辺に、大量の物品を備蓄している倉があったことは、まちがいなかろう。これについては、牛馬の項でまた触れることとなる。

装束と装飾の最大の借り出し先

当時の貴族は、儀式に際して必要な装束や装飾を、互いに貸し借りしていた。その最大にして最高の借り出し先が道長であったことは言うまでもない。このような貸し借りが人間関係の構築に寄与した影響は大きかったであろう。いくつか挙げてみよう。

寛弘六年（一〇〇九）三月四日、権中納言に昇進した行成に対し、道長は下簾《したすだれ》と下襲《したがさね》を下給した（『権記』）。下簾というのは牛車《ぎっしゃ》の箱の前後の簾の内に懸けて外部に垂らす絹布で、男では納言以上が用いる。下襲は束帯《そくたい》の下着で、半臂《はんぴ》の下に着け、背後の裾《すそ》を長く引く。昇進した行成の喜びもひとしおと言ったところであろう。なお、道長は、長保三年（一〇〇一）に行成が参議に上ったときにも、牛車と牛、笏《しゃく》を下賜《かし》している（『権記』）。

同じように、寛弘八年四月の賀茂斎院御禊に際しても、十五日に行成の子の実経《さねつね》に随身の装束と馬を送り、十六日に行成が帯・釼《たち》・鞍具、二十一日に大江清通《おおえのきよみち》が巡方瑪瑙《じゅんぽうめのう》の帯・唐鞍具《からぐらのぐ》・引馬の具、藤原公信《きんのぶ》と源朝任《あさとう》が巡方瑪瑙の帯・平緒《ひらお》・唐鞍・引馬の鞍を返しに来たとあるから（『御堂関白記』）、かなり多くの官人に装束を貸していたのであろう。

長和四年（一〇一五）四月二十四日の賀茂祭でも、「皇太后宮使《こうたいごうぐうし》（藤原）兼綱《かねつな》・中宮使《ちゅうぐうし》

（源）雅通《まさみち》・東宮使《とうぐうし》（藤原）資業《すけなり》たちは、その装束が他の使よりも頗《すこぶ》る宜《よろ》しかった。然《しか》るべき物の具を、我が家から借用していた」と記している（『御堂関白記』）。

道長が貸し出したのは、装束だけに限らない。長和二年十一月二十一日の賀茂臨時祭では、祭使の源雅通が馬・鞍・帯・雑具《ぞうぐ》を請うてきたのに加え、「人々が随身《ずいじん》を請うたので、これも下賜した」とある（『御堂関白記』）。道長にとっては、人間も貸借の対象だったのである。

華麗な装飾品の数々

また、これは「奢侈」の項目に入れた方がいいのかもしれないが、当時の装飾品には、想像しただけで感動するような素敵なものが存在した。これもいくつか紹介しよう。

尚侍《ないしのかみ》（内侍司《ないしのつかさ》の長官。この頃は后妃に准じる地位）である妍子が寛弘元年十二月二十七日に叙位を受けた際、一条天皇から衣の筥《はこ》二合《ごう》が贈られた。白い綾《あや》の細長《ほそなが》各一重《かさね》を筥に入れ、それを青織《あおおり》の唐織物《からおりもの》各二疋に包み、五葉《ごよう》の枝に付けられたというものであった。また、彰子からは紫の織物が贈られたが、香壺《こうご》の筥を包み、銀枝に付けられたものであった（『御堂関白記』）。

寛弘七年正月十五日には敦良親王の御五十日《いか》の儀がおこなわれたが、一条の膳の打敷《うちしき》は白い羅《ら》の織物《おりもの》で、春野《はるの》の松・桐・柏樹《かしわぎ》の模様を縫い取ってあり、本物の木の上に作り物を据えてあった。桐立の鳳凰《ほうおう》一双《そう》に箸を置き、松立の鶴に窪器《くぼき》の物を盛った。他に大葉《おおば》が刺《し》繡《しゅう》されていた。御酒《みき》の台の上には鸚鵡《おうむ》の御酒盃を置き、瑠璃《るり》の壺に唐草《からくさ》の葉の御匙《さじ》を立てた（『御堂関白記』）。頭のなかで想像していただきたい。

三条天皇の時代になり、長和元年（一〇一二）閏十月二十七日におこなわれた大嘗会《だいじょうえ》御禊では、道長は従者《じゅうしゃ》の内訳と装束を詳細に記している。「従者は三十六人いた。この内、車《くるま》副《ぞい》は十四人であった。青の布衣《ほい》・葡萄《ぶどう》の下重《したがさね》・末濃《すえど》の袴《はかま》を着していた」からはじまり、下《しも》仕《づかえ》女房《にょうぼう》は麴塵《きくじん》（青色の黄ばんだ色）の五重の唐衣《からぎぬ》・紅の袙《あこめ》（表衣《うえのきぬ》と肌衣との間に着る衣）・打袴《うちばかま》・蘇芳染《すおうぞめ》（蘇芳の木の煎汁で紅の紫がかった色に染めたもの）の袙・山吹《やまぶき》の袙、東宮付舎人《とねり》は褐衣《かちえ》・蘇芳の末濃の袴、笠持童《かさもちわらわ》は青色尻《あおいろじり》の狩衣《かりぎぬ》・同じ色の末濃の袴・山吹の袙・蘇芳染の重《かさね》袴《ばかま》、四位の前駆《ぜんく》は葡萄の下重・瑪瑙《めのう》の帯・鴾毛《ときげ》の馬、五位の前駆は桜色《さくらいろ》の下重・斑犀《まだらさい》の帯・鹿毛《かげ》の馬、六位の前駆は躑躅《つつじ》の下重・葦毛《あしげ》の馬、などと延々とつづく（『御堂関白記』）。どれほどきらびやかな色彩と装束に彩られていたのであろう。

この日、公卿たちが出してくれた六両の車には華麗な装飾が施されていたようで、道長は、「未だ見たこともないものであった。目が耀《かがや》き、心は惑った。書き記すことはできない」と記している。道長が準備した車にも、乗口に螺鈿《らでん》の香炉《こうろ》を据えたり、廂《ひさし》に香嚢《かおりぶくろ》を懸けたりと、派手な趣向が凝らされていた（『御堂関白記』）。それは新時代に立ち向かい、儀式を確立しようとする公卿層の熱意が発現した行事だったのであろう。

牛馬の流通センター

従来、受領《ずりよう》が自分の人事を有利にしてもらうための賄賂として、道長に牛馬を貢進《こうしん》してきたと説かれてきた。しかし、受領たちは必ずしも除目の前に貢進してきたわけでもないし、貢進の結果がすぐさま除目に有利にはたらいたわけでもない。

じつは道長は、貢進されてきたと記録されている四百二十五疋余の馬のうちの三百四十九疋余を、皇族や他の貴族、寺社に分与している。しかも、そのうちの七十七疋は、当日もしくは翌日に分与したものである。同様、貢進されてきた六十三頭余の牛のうちの六十一頭余を分与している。これもそのうちの三十八頭は、当日もしくは翌日に分与したものである。

しかも多くの場合、賀茂祭や御禊、行幸、大嘗会など、特定の行事の前に貢進されてくることが多い。つまり道長は、あらかじめ分与先と使途を把握したうえで、受領に貢進を求めていたのであり、貢進されるとすぐに、その用途に充てているのである。

たとえば、長保元年（九九九）十月十九日、武蔵守《むさしのかみ》藤原寧親《やすちか》が道長に馬六疋を献上してきたが、ちょうど実資が来ていたので（彰子の入内について聞きに来たのである）、上機嫌の道長は、実資に一疋を贈った（『御堂関白記』『小右記』）。

ところが十一月九日、寧親はふたたび馬一疋を道長に献上している（『御堂関白記』）。実資に贈った分の補塡《ほてん》ということであろう。道長はどうしても六疋の馬が、何らかの用途で必要だったのである。また、この短時日で武蔵国からふたたび馬がもたらされるはずはなく、寧親は京都近辺のいずれかの地、各国の京庫《きようこ》に相当するような場に馬を備蓄していたか、どこかで買い求めたのであろう。

長保二年九月十三日、出羽守《でわのかみ》藤原義理《よしまさ》は、道長への貢馬六疋とは別に、行成に馬二疋を送ってきた。行成はその二疋のうち、一疋を道綱《みちつな》の許に遣わし、一疋を預けて飼わせたうえで、十九日に道長に奉献《ほうけん》している（『権記』）。道長が貢馬を集積している様子がわかる。

同様の例は、寛弘八年（一〇一一）正月二十一日にも見られる。道綱が公季の孫である公《きん》成《なり》の元服式の加冠を勤めた際の引出物である馬二疋を、道長の許に持って来て、「あなたの厩《うまや》に立てなさい」と言った。道長は一疋を留めている（『御堂関白記』）。

道長に分与される立場から見てみよう。先に登場した寧親の遺族が、寛弘三年十月三日に牛五頭を引いてきた。道長は、「帥《そち》（藤原伊周）が来られた」というので、一頭を奉っている。また、藤原斉信《ただのぶ》が来て、一頭を取っていったとある。長和元年（一〇一二）十月三十日にも、大宰大弐《だざいのだいに》平親信《ちかのぶ》から牛十頭を献上してきた。「まああの牛である」とのことであるが、すべて公卿が取って行ってしまった（『御堂関白記』）。

はたして彼らは、偶然に道長の許を訪れたのであろうか。それよりも、この日に道長の許に牛が献上されるという情報が広く知れわたっていたと考えるべきではないだろうか。『小右記』寛仁元年十月二十二日条には、「貢馬があるということを聞いて、上臈《じょうろう》の卿相《けいしょう》が馳せ参った。古体《こたい》の作法ではない。恥辱を忘れた世である」という批評がある。

道長の記憶力のよさがうかがえる例もある。寛弘五年四月十六日、賀茂斎院御禊がおこなわれるというので、道長は馬十一疋を人びとに下賜した。驚くべきはその後に、「馬を請わなかった人も、他所の馬に乗っているといっても、皆、これは元々は私の馬であったものである」と記している点である（『御堂関白記』）。道長は分与した馬を覚えていて、何年か経っても行列を見ると、あれは自分がかつて与えた馬だとか認識できたのである。

こんな興味深い例もある。寛弘二年十月十四日、天台座主《てんだいざす》覚慶《かくぎょう》・法務《ほうむ》僧都《そうず》済信《さいしん》・法性寺《ほっしょうじ》の僧が、門を見るために解脱寺《げだつじ》を訪れたのであるが、道長は引出物として馬一疋を送った。僧に馬が必要かどうかはさておき、その後に、「連絡は無かったのではあるが、何とか用意したものであろうか」と記している（『御堂関白記』）。

つまり、道長が馬を備蓄している施設では、道長の指示がなくても、こういった場合には馬を送るのであると認識し、勝手に馬を送っているのである。かなり自律的な牛馬流通システムが存在し、自己回転をおこなっていることが想定できるのである。

再分配システム

さて、道長が貢上された馬をどのように備蓄していたかがうかがえる例を挙げてみる。道長は長和二年二月二十日に石清水詣《いわしみずもうで》を予定していたが、前日の十九日、土御門第の馬場では、「所々において飼養《しよう》させていた馬五十疋ほどを馳せて、それらを見た」とある（『御堂関白記』）。よい馬を見極めようといったところであろう。道長があちこちで馬を飼養させていたこともわかる。また、土御門第の馬場は、競馬《くらべうま》などの儀式をおこなう他に、各所に分与する馬を馳せて検分するためのテストコースという役割もあったのである。

長和五年十月二十四日には、「日頃から人々が献上してきていた馬の中から選んで、牧に出立《しゆつたつ》させた」とある（『御堂関白記』）。馬寮《めりよう》が所管する近都牧《きんとのまき》とは別に、道長が馬を飼養させるための牧を保有していたことがわかる。後に殿下渡領《でんかのわたりりよう》となる河内《かわち》国の樟葉牧《くずはのまき》は長和四年九月八日条に見えるが、さらに京に近い場所にも所在していたとなると、桂山荘《かつらのさんそう》の近辺が想定できよう。

これらの例からはもう、道長が自分の懐に入れるべき賄賂というよりも、王朝社会全体における牛馬の集配センターと再分配システムを想定した方がよさそうである。もしかしたら絹や布といった繊維製品など他の物品も、同様だったのではないだろうか。

4　国際関係

つづけられた中国との交流

もう学問の世界では常識なのだが、寛平《かんぴょう》六年（八九四）の遣唐使《けんとうし》発遣《はっけん》中止（廃止ではない）によって、日本と中国との交流が断絶したわけではない。

その後も「唐海商《かいしょう》」と「入唐僧《にっとうそう》」によって、日本と唐および宋《そう》とは、積極的な交流がつづけられていたのである。ここでは、唐海商がもたらした唐物《からもの》、入唐僧（入宋僧）、および数少ない国際的緊張である入寇《にゅうこう》に関して、主に道長の時代について述べてみよう。

もたらされた唐物

古記録や文学作品を少しでも眺めれば、平安貴族が唐物と呼ばれる中国船来品に囲まれて生活していたということは、容易に察せられるところである。なお、中国で唐が滅亡した後にも、何故に中国や外国全般を指して「唐」と呼ぶのか、また何故にそれを「から」と訓むのかは、興味深い問題である（私は、「から」は「加羅」ではないかと考えている）。

延喜《えんぎ》十一年（九一一）、唐海商の来航間隔を十年以上とする年紀《ねんき》制が定められたが、年紀を無視して来航する者や、廻却《かいきゃく》処分を受けるまでの期間に民間貿易をおこなう者が現われた。海商が来着《らいちゃく》すると、大宰府《だざいふ》の鴻臚館《こうろかん》に安置《あんち》され、蔵人所から唐物使《からもののつかい》が派遣されるのが通例であったが、これを大宰府に委任することもおこなわれた。

道長執政期には、長徳元年（九九五）に朱仁聡《しゅじんそう》・林庭幹《りんていかん》、長保元年（九九九）に曾令文《それいぶん》、長保四年に用銛《ようせん》、長保五年にふたたび用銛、寛弘二年（一〇〇五）にふたたび曾令文、寛弘六年に仁旺《じんおう》、長和元年（一〇一二）に周文裔《しゅうぶんえい》が、それぞれ来着している。

これらのうち、曾令文がもたらした唐物の代金三千両が大宰府管内の官物《かんもつ》から米で支払われることとなり、金と米の価直《かちょく》（交換レート）をめぐって問題が起こっている。金一両に米一石《こく》というのが京の定価であったが、令文は三石に充てるよう申請し、長保二年七月十四日にいたって、「二石を定価とせよ」という道長の裁定で決着した（『権記』）。

なお、この長保二年の八月二十四日には、皇后定子が朱仁聡から買い求めた唐物の代金が支払われていないということが、仁聡から大宰府に訴えられていることが見える（『権記』）。どうもあちこちで不正がおこなわれていたことをうかがわせる事件である。

長保四年に来着した用銛は、翌年、「帰化《きか》したい」などと称して、また来着してきた。陣定では、さすがに諸卿が一致して、ふたたび廻却という処分に決している（『権記』）。

曾令文の方も寛弘二年八月にふたたび来着した（『権記』）。二十一日には令文を安置するか否かを定める陣定が開かれた。年紀を重視するかぎり、これを廻却することは、実資の言うとおり「道理《どうり》」であった。諸卿の意見も、道長をのぞく九人すべてが、追却《ついきゃく》を主張していた。しかし、一条の意見は「安置せよ」であり、それに沿って宣旨が下された（『小右記』）。

「内裏が焼亡したので、唐物がすべて焼失してしまった。然《しか》るべき物を選んで交易させることは問題ないであろう」というのが、密かに語られた事情であった（『小右記』）。

曾令文はまんまと貿易の益にありついた。翌寛弘三年十月九日に朝廷が買い上げた唐物を天皇が覧《み》る唐物御覧《からものごらん》がおこなわれたほか、二十日にはそれとは別に、道長に蘇木《そぼく》と茶碗《ちゃわん》（陶磁器全般）、それに『五臣注文選《ごしんちゅうもんぜん》』と『白氏文集《はくしもんじゅう》』を献上している（『御堂関白記』）。

さて、寛弘六年九月に来着した仁旺は廻却とされたはずなのであるが、寛弘七年十月二十日に道長の許に種々の贈物がもたらされた。長和元年五月二十日にも唐物御覧がおこなわれている（『御堂関白記』）。これらは別の宋商から買い取ったものであろうか、それとも仁旺が大宰府に居座って貿易活動をおこなっていたのであろうか。

長和元年九月、これとは別に周文裔が来着した。二十二日の陣定では、廻却するべきではあるが、天皇の代替わりがあったので安置することとし、唐物使は路次《ろじ》の国の愁いがあるので取りやめ、大宰府を介して然るべき物を召し上げることとした（『御堂関白記』）。大宰府が和市《わし》（合意のうえでの売買）した唐物は、翌長和二年二月二日に進上《しんじょう》され、四日に唐物御覧がおこなわれた。三条天皇は唐物を彰子をはじめとする後宮《こうきゅう》、敦明をはじめとする皇子女、そして道長に頒賜《はんし》した。道長は、錦《にしき》・綾《あや》・丁子《ちょうじ》・麝香《じゃこう》・紺青《こんじょう》・甘松《かんしょう》を賜わっている。また、三条は十月八日、諸所に茶碗や蘇芳を下賜《かし》している（『御堂関白記』）。このようにして唐物は、貴族社会に浸透していくのである。

入宋僧たち

遣唐使に随行する留学僧《るがくそう》や請益僧《しょうやくそう》が絶えても、海商《かいしょう》の船を利用しての僧の渡航はおこなわれた。もちろん、天皇の勅許《ちょっきょ》を得ての話である。道長の時代に入宋《にっそう》したのは、永観元年（九八三）の奝然《ちょうねん》と永延二年（九八八）の奝然の弟子嘉因《かいん》、長保五年（一〇〇三）の寂照《じゃくしょう》と長和四年（一〇一五）の寂照の弟子念救《ねんぐ》である。

東大寺《とうだいじ》僧奝然は俗姓秦《はた》氏。天禄三年（九七二）に入宋を決意し、勅許を得た永観元年に宋の商船に乗って入宋、台州《だいしゅう》（現在の浙江省《せっこうしょう》）に到着した。時に四十六歳。天台山《てんだいさん》（国《こく》清寺《せいじ》）、ついで五台山《ごだいさん》に赴いた。太宗《たいそう》に謁見《えつけん》し、日本の風土・地理に関する質問に答えている。インド伝来の釈迦《しやか》如来像《にょらいぞう》を模刻《もこく》し、寛和二年（九八六）、宋商の船で台州から帰朝した。翌永延元年に入京し、愛宕山《あたごやま》に清涼寺《せいりょうじ》を建立する勅許を得たが、長和五年に死去した。

公卿たちも、実資が天元五年（九八二）に自邸に招いて法華《ほつけ》奥義《おうぎ》を問うたり（『小右記』）、行成が長徳三年（九九七）に自邸で宣旨の趣旨を問うたりと（『権記』）、奝然と交流をもった。道長との関わりでは、死亡後の寛仁二年（一〇一八）に弟子が一切経《いっさいきょう》を道長に献上し、栖霞寺《せいかじ》（後の清涼寺）から二条第《にじょうてい》に移している（『御堂関白記』）。

寂照は、俗名は大江定基《おおえのさだもと》。任国三河《みかわ》で妻（遊女《あそびめ》という伝えもある）の死に遭って発心《ほつしん》、寂心《じやくしん》（慶滋保胤《よししげのやすたね》）を師として出家、源信《げんしん》に天台《てんだい》教、仁海《にんかい》に真言密教《しんごんみつきょう》を学んだ。永祚《えいそ》元年（九八九）に入宋を奏請《そうせい》し、十四年後の長保五年に勅許を得て宋の商船に乗り入宋、海外交流の中心である明州《めいしゅう》（後の寧波《ニンポー》）に到着した。時に四十四歳前後。中国天台宗門の中興《ちゆうこう》と称された知《ち》礼《れい》に源信の『天台宗疑問二十七条』を提出し、その答釈《とうしやく》を得て帰国しようとしたが慰留され、弟子の念救を帰朝させた。真宗《しんそう》に謁見した後、天台山や五台山を巡礼し、長元《ちょうげん》七年（一〇三四）に死去した。

道長は寂照と関わりが深く、積極的に後援していたようである。寛弘二年（一〇〇五）十二月十五日には寂照から道長の許に書状がもたらされたが、道長はこれを「万里《ばんり》往来《おうらい》の書状を大切にすべきであろう」と記している（『御堂関白記』）。

寂照からの書状は、長和元年九月二十一日にも届いた。天竺《てんじく》風の観音像《かんのんぞう》と大遼《だいりょう》の作文《さくもん》を添えてあった。長和二年九月十四日には寂照が遣わした念救も道長の許を訪れた。道長には『白氏文集《はくしもんじゅう》』と天台山の図が贈られている。国清寺から延暦寺《えんりゃくじ》には、天台大師《てんだいだいし》（智顗《ちぎ》）の画像と天台大師存生《ぞんじょう》時の袈裟《けさ》・如意《にょい》・舎利《しゃり》壺《つぼ》が贈られたが（『御堂関白記』）、延暦寺の座《ざ》主《す》院源《いんげん》はこれらを隠匿《いんとく》し、道長の怒りによって出すという一幕もあった（『小右記』）。

念救は長和四年七月十五日、ふたたび宋に向かった。道長は念救に書状を託し、寂照に木槵子《むくろじ》の念珠《ねんじゅ》を贈ったほか、一切経論《いっさいきょうろん》と諸宗の章疏《しょうしょ》の代金を送った。また、国清寺に膨大な知識物《ちしきぶつ》を施送《せそう》しているが、道長は「日本国左大臣家《にっぽんこくさだいじんけ》」を差出人とし、家司《けいし》全員が署名《しょめい》した施物《せもつ》の目録を記録している。道長が施送したのは、木槵子の念珠（四連は琥珀《こはく》、二連は水《すい》晶《しょう》）、螺鈿蒔絵《らでんまきえ》で二扉の厨子《ずし》、蒔絵の筥《はこ》、海図《かいず》蒔絵の衣箱、屏風形《びょうぶがた》の軟障《ぜじょう》、貂《てん》の毛皮の衣、七尺の鬘《かずら》、砂金《さきん》百両《りょう》（蒔絵の丸筥に入れる）、大真珠《しんじゅ》、橦華《とうか》の布であった（『御堂関白記』）。

寂照は万寿四年（一〇二七）にも道長に書状を送ったが、この年に道長は薨去してしまっていた。長元五年に頼通が返事を送ったが、はたして寂照に届いたのであろうか。

なお、寂照の後は延久《えんきゅう》四年（一〇七二）に密航した成尋《じょうじん》まで、入宋僧は史料では確認できない。入宋についても、一条と道長の時代が一つのピークを形成していたのであろう。

高麗への警戒感と奄美海賊

一見すると平安そうにみえる平安時代であったが、国際関係に波風の立つ事態も、数少ないながら存在した（それでも他の時代にくらべると「平安」ではあるが）。

長徳三年（九九七）の六月十三日、高麗《こうらい》の牒状《ちょうじょう》に日本国を辱《はずかし》める文言があったとして公卿議定が開かれた（『小右記』）。この牒状は高麗国内における日本人犯罪の禁圧を求めたものであるが、これでももともと敵国視していた高麗に対する警戒感が強まったとされる。

この長徳三年、十月一日の孟冬旬《もうとうのしゅん》の宴飲《えんいん》の最中、大宰府《だざいふ》が海賊《かいぞく》の九州乱入を飛駅言上《ひえきごんじょう》（古代駅制の緊急連絡）してきた（『権記』『小右記』）。取り次いだ近衛《このえ》官人が高麗の来寇《らいこう》を叫んだのは、六月の一件があったことによる。上下の者は驚愕《きょうがく》し、三丞相《じょうしょう》（道長・顕光・公季）は度を失なって紫《し》宸殿《しんでん》の東階《ひがしのきざはし》を降り、大宰大弐《だざいのだいに》藤原有国《ありくに》の書状を読んだ（『小右記』）。飛駅言上は安和《あんな》二年（九六九）以来とされるから、驚いたのも無理はない。

書状によると、賊は奄美《あまみ》の者で、肥前《ひぜん》・肥後《ひご》・薩摩《さつま》・壱岐《いき》・対馬《つしま》国にいたり、人や物を劫奪《ごうだつ》して侵犯《しんぱん》してきたということであった。道長は、旬政が終わった後に議定をおこなうことを一条天皇に奏上した。その際、「今日は朔日《ついたち》であるので凶事《きょうじ》を奏上する事は便宜《びんぎ》が無い」と言った顕光の感覚は、特筆すべきものである。もちろん、「飛駅言上は至急の大事である。時を隔ててはならない」という実資の一喝で議定が開かれた（『小右記』）。

議定の結果、要所の警固《けいご》や賊の追討《ついとう》、神仏への祈禱《きとう》、奉幣使《ほうべいし》の発遣《はっけん》、仁王会《にんのうえ》、太元帥法《たいげんのほう》、戦功者の褒賞《ほうしょう》などが定められた。また、事は頗《すこぶ》る軽事のようであるから、勅符《ちょくふ》ではなく官符《かんぷ》を下すべきであるという結論にも達した（『小右記』『権記』）。行成はその結論を一条に奏聞《そうもん》しようとしたが、一条はすでに眠っていたので奏聞することはできず、翌二日になって奏聞し、一条はこれを裁可《さいか》した（『権記』）。一条の感覚も、なかなかである。

五箇国の沿岸が襲われて三百人の住民が拉致《らち》され、さらには高麗国の兵船五百隻が日本に向かっているという風聞を伝える解文《げぶみ》の内容を考えれば、彼らの対応における危機感の欠如は驚くべきほどである。七世紀の白村江《はくすきのえ》以来、長く外国と戦争をした経験のない彼らにとってみれば、「平和ボケ」も致し方ないところではあるが。なお、十一月二日にいたって、四十余人を捕獲したとの飛駅使が到来している（『日本紀略』）。

この後も南蛮《なんばん》人による九州襲撃はつづくのであるが、それらは交易をめぐるトラブルであったと考えられている。このような感覚の国に対して、本物の侵攻がおこなわれたらどうなるか、二十二年後の刀伊《とい》（ツングース系の女真族《じょしん》）の入寇《にゅうこう》で証明されることになる。

第三章　道長と家族

道長の権力の源泉が、自己の女《むすめ》を天皇の後宮《こうきゅう》に入内《じゅだい》させ、皇子を儲けることによって、ミウチとして一体化した王権を構築することにあったことは、言うまでもない。道長と家族とはいっても、その実質はすぐれて政治的な色彩を持つものだったのである。

1 入内する姫たち

藤原彰子――入内を急いだ理由

当時としては晩婚であった道長の最初の子は彰子であった。彰子が嫡男の頼通よりも四歳年長であったことは、詮子が道長よりも年長であったことと同様、後に大きな意味を持つことになる。ただし、道長が政権を獲得した長徳元年（九九五）の時点では、彰子は数えで八歳。当時の女性の発育は現代よりも遅かったはずであるし、彰子自身も小柄であったとされているから、その肉体が成熟するのは、かなり後のことだったであろう。

しかし、病によって上表をくりかえしていた長徳四年、道長は彰子の入内に向けて動きはじめた。三月二十日、蔵人頭の行成に密事《みつじ》を伝え、八月十四日にも行成を通じて一条天皇に秘事《ひじ》を奏上させた（『権記』）。十一歳に達した彰子の入内に関わることなのであろう。

翌長保元年（九九九）二月九日、彰子は着裳《ちゃくも》の式を迎えた。いまだ十二歳ながら、これで大人ということになったわけである。詮子から装束が届いているのは、国母《こくも》が道長の女をキサキとして期待していることを示すものである。そして三月十六日の一条院行幸において、彰子は一条の御前に出され、対面を果たしている可能性がある（『御堂関白記』）。

道長は、九月二十五日にはじめて彰子入内について定め（『御堂関白記』）、十月二十三日には入内調度としての屛風《びょうぶ》和歌を諸卿に課して、実資を「上達部《かんだちめ》（公卿）の役《えき》は、荷物持ちや水汲《く》みに及ぶのか」と怒らせている（『小右記』）。

定子の御産の日が間近に迫るなか、十一月一日、彰子は入内した。公卿の多くが入内の行列につきしたがったというのも（『小右記』）、彰子の入内が宮廷に安定をもたらす要因として、公卿社会から歓迎された結果によるものであろう。

一条は、彰子を女御とするという宣旨を十一月七日に下した。公卿たちは、「左府《さふ》の気《け》色《しき》」によって彰子の直廬《じきろ》に参り、一条は、はじめて彰子の直廬に渡御したものの、すぐに還御《かんぎょ》した。道長は実資の手を取って彰子の直廬に引き入れ、その装束を見せている（『小右記』）。装束には、あの屛風も含まれていたことであろう。

いまだ数えで十二歳に過ぎない彰子と一条とのあいだに懐妊の「可能性」がなかったこ

とは、誰の目にも明らかであった。平安中期のキサキの入内年齢は、平均して十六・四歳、最低では十二歳（彰子）という若さであるのに、はじめて皇子女を出産したときの年齢は、平均すると二十一・四歳であり、最低でも十九歳に達しないと出産しえていない。肉体の成熟という問題以前の、懐妊の機会の「可能性」の問題であろうかと思われる。

彰子が当時の初産《ういざん》最低年齢である十九歳に達したのは寛弘三年（一〇〇六）、初産平均年齢の二十一歳に達したのは寛弘五年であり、この年、実際に初産している。寛弘三年頃にいたって、ようやく彰子と一条とのあいだに皇子懐妊の「可能性」が生じたのであろう。

それにもかかわらず、道長が彰子の入内を急いだのは、定子への一条の「寵愛」に対抗するためであった。定子から第一皇子が生まれでもしたら、またもや中関白家《なかのかんぱくけ》が一条の最強のミウチとなってしまう。そうなった場合、円融皇統《えんゆうこうとう》の存続を願う一条や詮子が、そちらを支持する可能性も残されていたのである。

ところが何という偶然か、彰子が女御となったのと同じ十一月七日の早朝、定子は一条の第一皇子敦康《あつやす》を出産した（『小右記』）。一条はその喜びを隠そうとはせず、詮子からも御《み》劒《はかし》が奉献《ほうけん》されており（『権記』）、その期待のほどがうかがえる。一方、道長の『御堂関白記』は彰子を女御とする旨の記事ばかりで占められ、敦康についての記述はない。

道長としては、皇子を産んだ定子に対して、彰子の後宮における存在意義を低下させないために、その立后を急がなければならなかった。十二月七日、道長は、詮子に一条を説得させるよう、行成に依頼した。行成は参内《さんだい》して詮子の書状を一条に奏覧《そうらん》し、ついで道長の意向を奏上した。一条は立后について「然《しか》るべし」と勅答《ちょくとう》したが（『権記』）、これが全面的な許諾というわけではなかった点が、後に問題となってくる。

詮子は十二月二十四日に参内し、彰子立后に関して一条との直接交渉に乗り出した。その会談における一条の態度や言葉のなかに、詮子も立后承諾を読み取った（『権記』）。ところが、十二月二十九日、行成は一条から、立后については、しばらく披露《ひろう》してはならないとの命を受けた（『権記』）。行成は、一条がいまだ立后に逡巡《しゅんじゅん》していることを知り、彰子立后を正当化する理屈をたびたび一条に説いている。東三条院詮子・円融皇后遵《じゅん》子《し》・中宮定子と三人いる藤原氏出身の后は出家しており、氏の祭祀《さいし》を勤められない。彰子を后とし、氏祭を掌《つかさど》らせるのがよろしかろう、というものである（『権記』）。行成は定子の廃后《はいこう》の可能性にまで言及している（『冊命皇后式《さくめいこうごうしき》』『立后雑事抄《りつごうざつじしょう》』所引『権記』）。

道長の方は、一条の勅許が下ったと思い込み、長保二年正月十日、安倍晴明《あべのはるあきら》を召して立后の雑事《ぞうじ》を勘申《かんじん》させたところ、二十□日という日付が宜《よろ》しき日と出た。その結果を詮子、ついで一条に献じたところ、一条は道長に対してもストップをかけたのであろう。道長は、『御堂関白記』の長保二年正月十日条の彰子立后勘申に関する部分のみを、めずらしく一生懸命に抹消している（「序章」写真参照）。

この間にも行成の説得はつづき、正月二十八日に一条は立后を許可した。そして二月二十五日、彰子立后の儀がおこなわれ、「中宮職（定子）を皇后宮職とし、新后宮《きさいのみや》（彰子）を中宮職とする」という宮司《みやづかさ》が定められた。その年の十二月十五日、定子は皇女媄子《びし》を出産したものの、翌十六日に崩じてしまう（『権記』）。

長保三年二月頃から、行成は一条に、彰子に敦康を養育させることを提言していたが、八月三日に敦康は彰子の上直盧《うえのじきろ》に移御《いぎょ》し、彰子の後見《こうけん》を受けることになった（『権記』）。道長の方も、彰子に皇子懐妊が期待しえなかったこの時期においては、敦康の後見に努めていた。定子の産んだ敦康を養育させられることになった彰子の心情は、知る由《よし》もないが。

物怪のわめきたてる声のなかの出産

寛弘三年（一〇〇六）頃、十九歳に達した彰子と二十七歳の一条とのあいだに、ようやく皇子懐妊の「可能性」が生起したものと思われる。それを知らされたであろう道長は、寛弘四年八月十一日に金峯山《きんぷせん》に詣で、性欲を解放する思想を説くという理趣分《りしゅぶん》などの経巻《きょうかん》を埋納し、子守三所《こもりさんしょ》に参っている（『御堂関白記』）。

そして寛弘四年の十二月頃、彰子はついに懐妊したが、それは厳密に秘された（『御産部《ごさんぶ》

土御門第行幸模型（風俗博物館蔵）

類記《るいき》』所引『不知記《ふちき》』）。外に漏れて呪詛《じゅそ》でもされてはたいへんだということなのであろう。

寛弘五年九月十一日の昼頃、「御物怪《もののけ》がくやしがってわめきたてる声などの何と気味悪いことよ」（『紫式部日記《むらさきしきぶにっき》』）という状況のなか、彰子は「平安《たいらか》に」皇子敦成《あつひら》を出産した。道長は諸卿に、「たまたま仏神の冥助《めいじょ》によって平安に遂げた。喜悦《きえつ》の心は、喩《たと》えようもない。気持は、敢えて云うこともできない」と、その喜びを語った（『小右記』）。

これで敦康は、道長にとってまったく無用の存在となったのである。そればかりか、外孫を早く立太子させたいという願望によって、やがて一条との関係も微妙なものとなる。

寛弘六年二月、彰子はふたたび懐妊し（『御産部類記』所引『小右記』）、十一月二十五日、第三皇子敦良《あつなが》を出産した。「喜悦が殊《こと》に甚し」かった道長は、参入した実資に、「今般にいたるまで男女を顧《かえりみ》ず、ただ平安を祈っていた。ところが平安に遂げられたうえに、また男子の喜びが有る」と語っている（『御産記〈小右記〉』）。

寛弘八年五月二十二日、一条は病に倒れた。道長はさっそくに譲位工作を開始し、一条に敦康立太子を諦《あきら》めさせ、敦成立太子を実現した。その際、道長は一条との交渉を彰子には隠秘《いんぴ》したが、敦康に同情し、一条の意を体《たい》していた彰子は、その意志が道長に無視されたことに対し、「丞相《じょうしょう》（道長）を怨《うら》み奉られた」という（『権記』）。

六月十三日に一条が譲位し、三条天皇が践祚《せんそ》した。二十一日、一条は身を起こし、彰子も側に候じるなか、辞世《じせい》の句を詠み、ふたたび臥《ふ》すと人事不省となった（『御堂関白記』）。

露の身の風の宿りに君を置きて塵を出でぬる事ぞ悲しき
（露の身のようにはかないこの身の風の宿であるこの世にあなたを残し置いて、塵の世を出てしまうのは悲しいことよ）

という歌の歌意からは、「君」はまだ生きていて、しかもこの歌を聞いている彰子のこととしか考えられない。しかし、行成はこの歌を、「その御志は、皇后に寄せたものである」と、定子に対して詠んだものと解している（『権記』）。かつて彰子を中宮とした、つまり定子を皇后とした際に決定的な役割を果たした行成であればこそ、その思いは複雑だったのであろう。翌二十二日、一条は崩御した。

長和元年（一〇一二）六月九日、重病に罹《かか》った道長は、一条が崩じて以来、哀傷《あいしょう》の心が休まらず、非常の深き心神《しんしん》を催している彰子のことを、心残りなこととして心痛し、涙している（『小右記』）。一条が崩じてから、彰子はこのような状態であったのである。

この年に皇太后宮《こうたいごうぐう》となった彰子の許を、道長は頻繁に訪れている。円融皇統天皇家の長として、彰子は尊重されていたのであろう。長和二年正月頃には、実資も養子である資平《すけひら》の任官をめぐって、彰子に渡りをつけている。なお、実資は、彰子との連絡を「越後守為時《えちごのかみためとき》の女」つまり紫式部を介しておこなっていたことが、『小右記』からうかがえる。

二月二十五日には、彰子は一種物《いっすもの》という饗宴を取りやめた。妍子がしきりに饗宴を催して諸卿を煩《わずら》わせていたことに配慮したものである。「相府《しょうふ》（道長）がおられるので諸卿《きょう》は饗応《おう》しているが、退出してから誹謗《ひぼう》しているのではないか」という理由である。実資は彰子のことを、「賢后《けんこう》と申すべきである」と賞賛している（『小右記』）。

長和五年正月二十九日には、いよいよ敦成が即位し（後一条天皇）、彰子は国母となった。二月七日には即位式が大極殿《だいごくでん》でおこなわれ、彰子は高御座《たかみくら》に登り（『御堂関白記』）、後一条を挟んで、西幔《まん》に彰子、東幔に道長と(『小右記』)、三者が並んで百官《ひやつかん》を見降ろした。

寛仁元年(一〇一七)八月六日に三条皇子の敦明親王が東宮の地位を降りるという希望を表明すると、道長は彰子からの書状によって、彰子の許に参り、報告をおこなった(『立坊部類記』所引『権記』)。「皇太后宮(彰子)のご様子は、云うべきではない」というのは(『御堂関白記』)、いまだに敦康の立太子を望んでいた彰子の対応(おそらくは怒り)を指しているのであろうか。当然ながら、道長は新東宮に敦良を立てている。

彰子は寛仁二年に太皇太后宮《たいこうたいごうぐう》となり、万寿三年(一〇二六)に落飾《らくしょく》入道《にゅうどう》(髪を剃りおとして仏門に入ること)し、上東門院《じょうとうもんいん》の称号を受けて二人目の女院となった(『院号定部類記《いんごうさだめぶるいき》』所引『野《や》右記《ゆうき》〈小右記〉』『権記』)。

翌万寿四年に道長が薨《こう》じると、彰子は天皇家の長・藤原氏の長として、まさに国の頂点に立った。後一条・後朱雀・後冷泉《ごれいぜい》・後三条《ごさんじょう》・白河《しらかわ》天皇までの治世を見届け、承保《しょうほう》元年(一〇七四)十月三日、道長と同じ法成寺《ほうじょうじ》阿弥陀堂《あみだどう》において崩じた。八十七歳であった。

藤原妍子――両睨みの皇位継承構想

道長二女の妍子が誕生したのは正暦五年(九九四)三月のことであった。長保五年(一〇〇三)二月二十日に十歳で着裳、寛弘元年(一〇〇四)十一月二十七日に尚 侍《ないしのかみ》に任じられた。道長は当然、早くから妍子を東宮居貞親王の妃《ひ》にと考えていたのであろう。

しかし、居貞は一条よりも四歳年長の東宮であり、彰子よりも六歳年少の妍子を妃にするのは、何としても不自然であった。妍子は居貞王子の敦明と同年なのである。彰子が居貞、妍子が一条と結婚していたら、いったいどのような結果となっていたであろうか。

そして寛弘七年二月二十日、妍子は居貞の妃となった。道長は円融《えんゆう》・冷泉《れいぜい》両皇統に自己の外孫を擁することを期したのである。円融皇統で決着しかかっていることの時期におよんでも、両皇統を懐中に収めたいという道長の意志は、やはり特筆に値する。自己の女《むすめ》を妃として、他の公卿が女を居貞に入れることを抑止しようとしたとも考えられるが。

妍子は当時、十七歳。三十五歳の居貞よりも十八歳年下、当時としては親子ほども年の離れた妃であった。すでに女性としては成熟のときを迎えていたではあろうが、王子女を懐妊するには、今しばらくの時間を要したはずである。

寛弘八年に居貞が即位すると（三条天皇）、八月二十三日、三条は妍子に女御宣旨《にょうごせんじ》を下した。ただし、すでに四人の皇子を産んでいながらも後見《こうけん》のない娍子と同時であった。

長和元年（一〇一二）の正月三日、妍子を立后《りつごう》せよとの三条の宣旨が道長にもたらされ、二月十四日に立后の儀がおこなわれた。これで道長は女二人を中宮に立てたことになる。

道長としてみれば、妍子が三条の皇子を産めば、敦明以下の娍子所生皇子を排して、敦成の後にその皇子を立太子させ、両統迭立《てつりつ》（交互に位に即《つ》くこと）を継続させることになるし、妍子から皇子誕生がなければ、冷泉皇統を終わらせたうえで一条皇統を確立し、敦成の後に敦良を立てるという、両睨《にら》みの皇位継承構想を持っていたものと思われる。

しかしながら、三月に入って、三条が娍子を皇后に立てるという、とんでもない提案を道長におこなったことから、事態は悪化した。道長は、娍子立后の日と決まっている四月二十七日に妍子を内裏に参入させることを決定した。妍子の内裏参入の前後に饗宴がつづき、娍子立后の儀式に参列する公卿や官人が少なくなることを見越してのことである。

その四月二十七日に娍子立后の儀に参列するために参内した公卿は、わずか四人であった。立后宣命《せんみょう》の作成に際しては、土御門第で草案《そうあん》を内覧した道長は、二度にわたって熱心にその文言の不備を訂正し、正式な后妃《こうひ》が妍子であることを確認させている（『小右記』）。

しかし、翌四月二十八日には多数の公卿が中宮妍子の御在所に伺候《しこう》し、饗饌《きょうせん》が設けられた。集まったのは実資はじめ十四人（『御堂関白記』）。前日、娍子立后の儀に参入した四人の公卿のうち、通任をのぞく三人が馳せ参じている点に注目すべきである。彼らを完全な反対派の立場に置くことを避けるための、道長の配慮と考えるべきであろう。

十月八日、妍子がついに懐妊したことが発覚した（『御堂関白記』）。これが道長と三条の二人にとって、心を通じ合わせることのできる最後の機会となったのである。

そして長和二年七月六日、妍子は出産した。後に禎子《ていし》と名づけられ、後朱雀《ごすざく》天皇（敦良）の中宮として尊仁《たかひと》親王（後の後三条天皇）を産んだ皇女である。尊仁の即位によって、摂関政治は決定的な打撃を蒙《こうむ》ることになるのであるが、それは後の話である。

皇女が生まれたことで、道長は「悦《よろこ》ばない様子が、甚だ露《あら》わであった」という。報を受けた実資は、「女を産まれたことによるのであろうか。これは天の為すところであって、人事（人間に関する事）は、どうしようもない」と記している（『小右記』）。

二回目の懐妊が期待されたはずの妍子であったが、どういうわけか、道長はなかなか妍子を内裏に参入させず、ようやく参入させたのは長和三年正月十九日のことであった。しかし、その直後の二月九日には内裏も焼亡してしまった。

長和四年九月二十日、新造内裏への遷御がおこなわれたが、道長は妍子を内裏に参入させなかった。すでに病悩している三条とのあいだに皇子誕生が望むべくもなかったことによるものであろう。しかもその内裏も、十一月十七日に焼亡してしまう。三条の有名な、

心にもあらでうき世に長らへば恋しかるべき夜半《よわ》の月かな

（本意に反して、この辛い世の中に生きながらえるならば、そのときにきっと恋しく思うにちがいない、この夜半の美しい月であるよ）

の歌が詠まれたのは、十二月のこととされる。ただし、妍子の返歌は伝わっていない。

翌長和五年正月二十九日に三条が退位すると、二人は枇杷殿《びわどの》の北対《きたのたい》で暮らしたが、妍子の御在所は同じ北対でも東殿《ひがしどの》であり、三月二十三日に三条が寝殿《しんでん》に遷《うつ》ると、妍子は枇杷殿東対《ひがしのたい》、四月十五日に西対《にしのたい》へと、三条を避けるかのようにめまぐるしく遷御している（『御堂関白記』『左経記』）。これはいったい、いかなる事情によるものなのであろうか。

その後も、六月二十二日の夜に妍子が枇杷殿寝殿の上曹司《うえのぞうし》に上ったという記事が『御堂関白記』にあるが、これくらいしかこの二人は会うことはなかったのであろうか。そして九月二十四日、二人が御在所としていた枇杷殿が焼亡した。十月二十日、三条は高倉第《たかくらてい》から新造の三条院《さんじょういん》に遷御したが、妍子はこのときには高倉第に留まった。十二月二十日にようやく三条院に遷御したが（『御堂関白記』）、三条は翌寛仁元年（一〇一七）五月に崩御《ほうぎょ》した。

その後、妍子は万寿四年（一〇二七）四月に病悩し、「瘦せ衰えることは、殊に甚しい」状態となった。顕光の霊も加わって、七月には手足が腫《は》れ、九月十四日に出家した後、道長に三ヵ月先立って崩じた（『小右記』）。三十四歳であった。

考えてみれば、皇子二人を産んで一条皇統を確立し、国母として権力をふるう姉の彰子をいつも後ろから見ながら、自身は皇女しか産めずに嫡流《ちゃくりゅう》であったはずの冷泉皇統を終わらせてしまうことになった妍子というのは、不幸なキサキであったと言えるかもしれない。しかも三条の心はつねに、娍子の方にあったかもしれないのである。

藤原威子——永久政権を視野に

道長四女の威子は、倫子を母として長保元年（九九九）十二月二十三日に生まれた。長和元年（一〇一二）八月二十一日に尚侍に任じられ、十月二十日に着裳の儀を迎えるなど、東宮敦成親王との婚姻の準備は着々と整っていった。

寛仁二年（一〇一八）三月七日、二十歳の威子は十一歳の後一条天皇（敦成）に入内し、四月二十八日に女御となった。七月二十八日には、国母である彰子が、威子の立后を道長と頼通に提案した。積極的な頼通に対し、道長は遠慮したのだが、彰子の説得もあって立后が決定した（『御堂関白記』）。

十月十六日、威子の立后がおこなわれた。その本宮の儀の穏座《おんのざ》において詠まれたのが、有名な「この世をば」の歌である（『小右記』）。道長がこの世を「我が世」と認識したのが、政権を取った時点でも、外孫が生まれた時点でもなく、長女の産んだ外孫に三女が入内して立后した時点であるという指摘は重要である。これで永久政権が視野に入ってきたのである。

しかし、九歳年少の後一条の中宮に、叔母にあたる威子が立つというのは、いかにも不自然であった。威子が後一条の後宮《こうきゅう》に他の女性を入らせなかったとされることとあわせ（女数千人が宮中に入ってきた夢を後一条が見たくらいである〈『小右記』〉）、これが摂関政治の命運に大きな影を落とすこととなったのである。

結局、威子は章子《しょうし》内親王・馨子《けいし》内親王という皇女しか残すことができず、皇統は後朱雀天皇（敦良）の子孫に伝えられた。そして長元九年（一〇三六）九月六日、四月に崩御した後一条につづいて、三十八歳で威子も崩じた。

藤原嬉子——敦良親王妃

嬉子は倫子所生としては四女、道長の女としては六女となる（あいだに源明子《めいし》所生の寛子《かんし》と尊子《そんし》がいた）。寛弘四年（一〇〇七）正月五日、倫子四十四歳のときの子として誕生した。道長はこの子を「千子《ちこ》」と呼称したが、『御堂関白記』を読むと、病悩の記事が多い。それでも寛仁二年（一〇一八）十一月十五日に尚侍に任じられ、寛仁三年二月二十八日に着裳の儀を迎えるなど、三人の同母姉と同じ道を歩んだ。

そして治安元年（一〇二一）二月一日、頼通の養女として東宮敦良親王の妃《ひ》となった（『改元部類記《かいげんぶるいき》』所引『権記』）。嬉子十五歳、敦良十三歳の年であった。同じ叔母・甥の関係ではあっても、威子と後一条天皇よりは、自然な年回りと言えよう。

しかし、万寿二年（一〇二五）八月三日に十九歳で親仁《ちかひと》親王（後の後冷泉天皇）を出産した後、五日に薨去してしまう。敦良が即位して後朱雀天皇となる十一年前のことであった。

なお、先に述べたように、皇統は後朱雀の子孫に伝えられた。ただし、後朱雀の後に皇位を継いだのは、嬉子と後朱雀とのあいだに生まれた後冷泉ではあったが、皇統は後冷泉の子孫ではなく、三条皇女の禎子内親王と後朱雀とのあいだに生まれた後三条天皇、さらに公季の子孫である茂子《もし》と後三条とのあいだに生まれた白河天皇によって継承されていった。こうして摂関政治の時代は、終焉を迎えることとなったのである。

2　二人の妻と子女たち

道長の妻たち

つぎに道長の妻について述べよう。平安貴族というと、妻問婚《つまどいこん》による一夫多妻を思い浮かべる人も多いと思うが、実際には彼らは嫡妻《ちゃくさい》と同居していたのであり（というより、その女性の家に婿入りしたのである）、一時期には妻は一人しかいなかった人が多いのである。

道長ほどの権力者であっても、正式な妻は源倫子と源明子しか確認できない。源重《しげ》光《みつ》女《のむすめ》や藤原為光《ためみつ》四女・同五女の名が挙がるが、日常的な夫婦関係にあったわけではない。また、かつては、古代には妻と妾の区別はなく、すべての配偶者は同格に扱われたと考えられていたが、それは誤りである。特にその所生の子女の地位に大きな較差が存在したのであるが、以下に倫子と明子、および二人の産んだ子女について述べることとする。

源倫子と六人の子女

道長の嫡妻である源倫子は、道長より二歳年上で、左大臣源雅信《まさのぶ》の長女、宇多《うだ》天皇の三世孫にあたる。結婚したのは永延元年（九八七）十二月十六日とされる（『小右記』）。道長二十二歳、倫子二十四歳と、当時としては二人とも晩婚であった。

倫子は、永延二年に彰子、正暦三年（九九二）に頼通、正暦五年に妍子、長徳二年（九九六）に教通、長保元年（九九九）に威子、寛弘四年（一〇〇七）に嬉子と、二人の男子と四人の女子を出産した。嬉子を産んだのは、何と四十四歳のときのことであった。男子が少ないことによって次世代の後継者争いを最小限に食い止め、女子が多いことによって入内する「后がね」を多く擁することができたことになる。

このうち、男子二人は、昇進も明子所生の男子より早く、二人とも関白にいたっている。また、道長から邸第《ていだい》を譲られるなど、あきらかに優遇を受けている。女子四人も、先に述べたように天皇、または東宮のキサキとなっており、早くに死去した嬉子をのぞいては、いずれも立后している。そしてこの四人も、道長から邸第を譲られているのである。

倫子自身も位階を進められ、寛弘五年にはついに従一位に達した。道長以下の公卿の最高位が正二位であったときに、日本でただ一人、一位を帯していたのである。

そして長和五年（一〇一六）、道長とともに三宮《さんぐう》に准じて年官年爵《ねんかんねんしゃく》（官職と位階の推薦権。給主は任料・叙料を得る）・封戸《ふこ》三千戸を賜わった。長暦三年（一〇三九）に出家し、天喜《てんぎ》元年（一〇五三）、九十歳の長寿を得て薨《こう》じた。

その間の過程で、倫子と所生の子女に関わる記事をいくつか並べてみよう。長徳四年十月二十九日、倫子が従三位に加階された際には、蔵人頭の行成は、「大臣の室家《しつか》の御名」を知らなかったので、道長邸に参り、その名を問うた。道長は、「名は倫子。元は従五位上である」と答えている（『権記』）。貴族層の妻の名は、案外に知られていないのである。

また倫子は、所生の女の入内や立后、出産に際して、頻繁に内裏の御在所を訪れ、あれこれと世話をしている。男の道長では目の行き届かない点を担当していたのであろう。

一方、所生の男子の方は、頼通（鶴君《たづぎみ》）が長保五年に元服して正五位下に叙された（『権記』）。右少将《うしょうしょう》に任じられ、寛弘元年二月五日に十三歳で春日祭使《かすがさいし》として下向《げこう》した（『御堂関白記』)。

道長も長男の頼通を当初から嫡子《ちゃくし》として扱っていた。寛弘二年正月には頼通が病を患い、道長は叙位の議に参らなかった。「病はすぐには平癒《へいゆ》できない。慎しむべきようなものである」との占いを得た道長は、深く嗟嘆《さたん》したという(『小右記』)。

寛弘三年には教通(せ君《ぎみ》)も元服して正五位下に叙された。寛弘四年十月には春日祭使が穢《え》に触れ、他の中少将《ちゅうしょうしょう》も祭使を勤められないというので、一条は教通を権少将《ごんのしょうしょう》に任じて、祭使を奉仕させることとした(『御堂関白記』)。道長の意を承けたものであろう。

頼通はこの寛弘三年に十五歳で従三位に叙されて公卿に列し、十八歳で権中納言、二十二歳で権大納言、二十六歳で内大臣に上るなど、破格の昇進をつづけた。一方の教通も、寛弘七年に十五歳で従三位に叙され、十八歳で権中納言、二十四歳で権大納言、二十六歳で内大臣に上るなど、頼通とほぼ同じ歩みをつづけた。

倫子の呼称

なお、道長は『御堂関白記』において、倫子のことを主に「女方《にょうぼう》」という語で表記している。『御堂関白記』に「女方」という語は四百六十一回見られるが、そのうち倫子を示すものが三百七回である。年上で天皇三世孫、しかも自分より高位の倫子に対して、宮仕え女房《にょうぼう》と同じ呼称をするとは、まさに道長の面目躍如といったところであろう。

後に述べるが、いま一人の妻である明子のことは、「近衛御門《このえみかど》」「堀河辺《ほりかわあた》り」などと地名で表記することが多い。ところが、寛弘六年三月二十七日に明子所生の寛子《かんし》が着裳の儀をおこなった記事では、道長は明子の許でその儀に参列しているのだが、そのとき、倫子からも装束の使が遣わされた。その際には、倫子のことを「土御門《つちみかど》」と表記している。明子の許にいる場合には、倫子のことも邸第の所在地で呼称していたのである。

また、外孫敦成親王が誕生した寛弘五年の記事から、倫子を「母（母々・波々）」とも記しはじめているのは、倫子に対する道長の意識の推移をうかがうことができて興味深い。

もう一つ、道長は倫子に対して、尊敬語を使うことがままある。たとえば『御堂関白記』長和元年十一月六日条では、「明日、土御門第の馬場《ばば》を修理しなければならないので、女方（倫子）は一条第《いちじょうてい》に移られた」と記している。

このような記述は、倫子の家柄・年齢・位階、そして何より道長の栄華の形成に果たした役割によるものであろう。倫子が公卿に禄を下賜している例も多い。独自の経済力と政治力を備え、それを行使する倫子は、やがて「北政所《きたのまんどころ》」と称されるようになる。

長和五年二月七日の外孫後一条天皇の即位式は、道長と倫子の権力が一つのピークを迎えたときであった。彰子と同じ青色の唐衣《からぎぬ》に地摺《じずり》の裳《も》を着した「母々」（倫子）は、髪を後ろで一本に束ねていたという（『御堂関白記』）。何歳になっても若々しい倫子であった。

翌寛仁元年（一〇一七）三月、道長は頼通への権力継承をおこなった。これも道長が末子であったことによって、弟に権力を伝えずに済んだという幸運によるものである。まず四日に頼通を内大臣に任じ、十六日に摂政を辞して二十六歳の頼通を摂政としている。それは摂関家という家格《かかく》の形成の端緒でもあった。

寛仁二年三月七日、威子が入内した際には、倫子は二人に御衾《ふすま》（寝るときに身体の上に掛ける夜具）を供している。十月十六日に威子が立后し、二十二日に後一条の土御門第行幸と東宮（敦良親王）の行啓《ぎょうけい》がおこなわれた。彰子・妍子・威子の対面があり、倫子は妍子所生の禎子内親王や嬉子と並んで坐した。それを眺めた道長の感慨は、先に述べたところである（『御堂関白記』）。

政治的にも重きをなしていた倫子であったが、この年の六月十五日、一時でも大臣に上りたいという野望を持つ道綱《みちつな》は、その願望を異母弟の道長に告げ、その後、倫子にも懇請するという事件が起こった。倫子はすぐに道長に伝え、道長は望みどおり道綱を大臣に任じようとの返事をしている（『小右記』）。この人事は結局は破綻しているが。

以上、一緒に参内《さんだい》したり候宿《こうしゅく》したり、寺社に参詣したりと、倫子はその生活のほとんどにおいて、道長と行動をともにし、その権力を支えつづけている。別の邸第に居住している明子とは、意識のレベルにおいても大きな差異が存在したのである。ただし、道長のそれぞれに対する愛情とは、また別次元の問題であることは、言うまでもない。

なお、倫子は長徳三年十月十六日にも男子を出産している。二十二日には七夜の産養《うぶやしない》もおこなっているが（『小右記』）、その後は史料に見えないことから、早世《そうせい》したのであろう。この教通の弟が成長していたら摂関家はどうなっていたかと思うと、興味は尽きない。

付け加えると、道長死後の話になるが、頼通から教通への権力継承は、円滑にはいかなかった。頼通が五十一年間も摂関の座に居座りつづけ、その間、教通の昇進を抑えつけたのである。教通は内大臣に二十六年間も留められ、ようやく五十二歳で右大臣、六十五歳で左大臣に上った。頼通が七十七歳となった治暦《じりやく》四年（一〇六八）に、おそらくは彰子の裁定によって七十三歳の教通に関白の座を譲った際にも、将来に自分の男である師実《もろざね》に譲ることを条件としたのである。しかし、二人とも外戚《がいせき》の地位を得ることができず、すでに摂関政治の時代ではなくなっていた。

後見のない源明子

いま一人の妻である源明子は醍醐《だいご》天皇の孫で、父は左大臣源高明《たかあきら》であるが、明子が五歳であった安和二年（九六九）、高明が大宰権帥《だざいのごんのそち》に左遷されるという事件が起こった（安和の変）。明子は叔父の盛明《もりあきら》親王に養われ、「宮の御方」とか「明子女王」とも呼ばれた。盛明の死後は詮子に引き取られた。道長よりも一歳年上である。

道長との結婚も、詮子の縁であることが推定される。その時期は、道長と倫子の結婚の少し後であったと思われる。ただし、倫子との婚姻が正式な婿取りであったのに対し、後《こう》見《けん》のない明子との結婚は、当初から異なる様相を呈していたはずである。

明子は、正暦四年（九九三）に頼宗《よりむね》、正暦五年に顕信《あきのぶ》、長徳元年（九九五）に能信《よしのぶ》、長保元年（九九九）に寛子《かんし》、長保五年に尊子《そんし》、寛弘二年（一〇〇五）に長家《ながいえ》と、四人の男子と二人の女子を出産した。これも長家を産んだのは四十一歳のときのことであった。

正暦三年に倫子が頼通、正暦四年に明子が頼宗を産んで以来、二人の妻はほぼ交互に子女を出産しており、道長はこの二人を、少なくとも子女を産む配偶者としては、同格に扱っていたことがわかる。

ただし、倫子所生の子女とは異なり、頼宗が右大臣に上った以外は、能信と長家は権大納言にとどまり、顕信は右馬頭《うまのかみ》で出家している。女子も、寛子が東宮の地位を降りた小《こ》一《いち》条院《じょういん》（敦明親王）の女御、尊子が源師房《もろふさ》室となっていて、明らかな差異が見られる。『小右記』では頼通たちのことを「当腹」、頼宗たちのことを「外腹」と称したりしているが、まさに物語に見える「むかひ腹」と「ほか腹」の差異が見られたのである。

私は、もしも倫子が男子もしくは女子しか産まなかったならば、明子所生の子女のなかから摂関、あるいは中宮が出ていたのではないかと考えている。なお、明子所生の子女には、道長は邸第《ていだい》を伝領させることもなかった。

『御堂関白記』では、明子のことを「女方《にょうぼう》」と呼称した例は一例しかなく、たいていは「堀河辺り《ほりかわあた》」とか「近衛御門《このえみかど》」など、居住していた邸第の所在地で呼称している。同居していない明子については、わざわざその邸第まで出向かなければ会えないのであり、所在地で認識しているのは、当然といえば当然ではある。だいたい、『御堂関白記』には明子は三十六回と、倫子の三百五十三回のおおよそ十分の一くらいしか登場しないのである。

もっと意外なことは、『御堂関白記』に明子がはじめて登場するのは、寛弘二年八月二十日条、明子にとっての最後の子である長家が生まれた日の、「堀河辺りに産事が有った。男子」という記事なのである。その記述の素っ気なさもさることながら、それまでに五人の子を成《な》している明子について、まったく記載がなかったとは、信じられない思いである。

明子についての記事が増えてくるのは、所生の寛子が成人したり、小一条院と結婚したりしたことが、その契機となっているようである。『御堂関白記』に明子のことが記されている記事は、明子所生の子女の着裳や婚儀などの儀式に関わる打ち合わせや準備のために、明子の許に赴いたといったものが多い。寛弘六年七月十九日条のように、明子が病悩したので見舞いに行ったなどというのは例外的なものである。

やはりこれは、道長が『御堂関白記』を記す具注暦《ぐちゆうれき》が、倫子も居住する土御門第《つちみかどてい》に置かれていたということと関連したものなのであろうか。明子の居住していた近衛御門にも具注暦が存在し、道長がそこにも日記を記していたとしたら(「もう一つの『御堂関白記』」ということである)、道長はそこにどのような記事を記していたのであろうか。

明子の許を訪れたという記事が、彰子所生の後一条天皇が即位した長和五年(一〇一六)頃からしばしば見られるようになるのも、明子が倫子にとって安心できる存在となったことによるものなのであろう。

突然の出家――明子の子女

明子所生の子女に関わる記事を見てみよう。まず、寛弘元年十二月二十六日に、頼宗(巌君《いわぎみ》)と顕信(苔君《こけぎみ》)が元服し、叙位《じょい》を受けた(『権記』)。兄弟二人が同時というのは、やはり倫子所生の男子とくらべると、扱いの差が感じられる。しかも、叙された位階は従五位上と、頼通や教通とは差をつけており、彼らは庶子《しょし》として扱われたのである。

これは寛弘三年十二月五日に元服を迎えた能信も同様で、同日に元服した教通が正五位下に叙されたのに対し、能信は従五位上に叙されている（『権記』）。寛仁元年に元服した長家にいたっては、「正五位下では如何《いかが》でしょうか」と言ってきている摂政頼通に対し、道長は、「従五位上が宜《よろ》しいであろう」と答えている（『御堂関白記』）。

寛弘八年十二月の除目《じもく》では、三条天皇が顕信を蔵人頭に補すことを道長に伝えたものの、道長はそれを固辞した（『権記』）。すると年が明けた長和元年正月十六日、十九歳の顕信が、比叡山《ひえいざん》に登って突然出家するという事件が起こった。道長は冷静に対処しているが、心神不覚《しんしんふかく》となった明子に接すると、自らも不覚となっている（『御堂関白記』）。これが倫子の産んだ子が出家したのであったなら、どのような反応を見せたのであろうか。

顕信の出家の背景は判然としないが、前年暮れの蔵人頭就任をめぐる道長の対応が一つの引き金となったであろうことは、まちがいのないところである。明子腹の顕信にとってみれば、やっとのことで出世の展望が開きかけた矢先に、あろうことか父の道長によって、その道が閉ざされてしまったとでも思ったのであろう。

明子所生の男子の昇進の遅さは、ときを経るとともにますます拡大していった。長和四年には三条の内裏遷御《だいりせんぎょ》にともなう叙位において、道長は、「他の子たちは、皆、すでに位が高い」という理由で、能信をやっと正三位に叙させている（『御堂関白記』）。やがてこの能信を中心とする明子所生の道長子息が頼通や教通と対立し、摂関家を生母に持たない尊仁親王《たかひと》（後の後三条天皇）の即位に尽力して、倫子腹の摂関家の権力を失墜させることになる。

さて、長和五年十月二十三日、後一条の即位にともなう大嘗会御禊《だいじょうえごけい》がおこなわれたが、その女御代《にょうごだい》には寛子が選ばれた。翌二十四日、道長は明子の許に赴き、「昨日の女御代の様子を語り合った」とある（『御堂関白記』）。二人の心が通い合った記事である。

寛仁元年十一月二十二日には、八月に東宮の地位を降りた敦明を、道長は寛子と結婚させ、近衛御門に婿として迎えた。二十四日には露顕《ところあらわし》の儀（結婚を披露する儀式）がおこなわれたが、明子はその陪膳《ばいぜん》を勤めている（『御堂関白記』）。道長の圧力によって遜位《そんい》した、しかも何かと素行に問題のある敦明と自分の女を結婚させるに際し、明子はどのような感慨を持ったのであろうか。

万寿元年（一〇二四）には尊子が源師房と結婚したが、その婚礼は道長家司《けいし》の藤原惟憲《これのり》の家という地味な場所でおこなわれ、しかも道長や頼通、および頼宗・能信は、無量寿院《むりょうじゅいん》（後の法成寺《ほうじょうじ》）の柱石《ちゅうせき》を曳《ひ》かせる方に出向いてしまっている（『小右記』）。

明子は治安元年（一〇二一）、倫子と同年に出家している。万寿二年に寛子、万寿四年に顕信と道長が死去し、寂しい晩年となったが、明子自身は永承《えいしょう》四年（一〇四九）までの長命を保っている。倫子の九十歳にはおよばないものの、八十五歳であった。

第四章　道長の空間

つぎに道長の生きた空間について述べることにする。平安貴族が活動した「場」の雰囲気を、古記録によって伝えられればと思う。

1　内裏

政治の舞台としての平安宮内裏

まずは政治や儀式の主たる舞台である平安宮内裏《へいあんきゅうだいり》である。平安宮内裏は現在の京都御所（十五世紀初頭の里内裏《さとだいり》である土御門東洞院《つちみかどひがしのとういん》内裏が近世に整備・拡充されたもの）よりも直線距離にして二キロメートル弱、西南西にあった。千本丸太町の交差点が大極殿《だいごくでん》にあたるから、その北東、現在の上京区田中町の地下に紫宸殿《ししんでん》や清涼殿《せいりょうでん》が眠っている。東西七〇丈（約二一二メートル）、南北一〇〇丈（約三〇三メートル）の区画であるから、政務や儀式もおこなわれ、後宮《こうきゅう》も含まれることを考えれば、君主の居処として、それほど広いものではない。

平安宮内裏は桓武《かんむ》天皇の延暦《えんりゃく》十三年（七九四）前後に造営されたが、村上天皇の天徳《てんとく》四年（九六〇）をはじめとして、円融天皇の貞元元年（九七六）、天元三年（九八〇）、天元五年

平安宮内裏故地（中央付近が清涼殿故地）

に焼亡《しょうぼう》している。道長執政期になると焼亡は増加し、一条天皇の長保元年（九九九）、長保三年、寛弘二年（一〇〇五）、三条天皇の長和三年（一〇一四）、長和四年に焼亡した。

内裏焼亡のたびに造営がおこなわれ、朝廷の財政を圧迫したうえに、その都度、さまざまな政治的な思惑が顕在化する。以下、五回にわたる道長執政期の内裏焼亡について述べよう。

あいつぐ焼亡

一条朝を通じて幾度も見舞われた内裏焼亡の最初の例は、長保元年六月十四日であった。一条は腰輿《たごし》に駕して出御《しゅつぎょ》（避難）し、十六日に一条院《いちじょういん》に遷御《せんぎょ》した（『日本紀略』）。

七月十一日に御前定《ごぜんのさだめ》（臨時の大事を天皇の御前

において議定《ぎじょう》する儀）をおこない、内裏造営について議したが、同時に新制《しんせい》についても議している（『権記』『小右記』）。攘災《じょうさい》（災難をはらうこと）の手段として過差《かさ》禁制が重視されたのである。なお、八月十八日に大江匡衡《おおえのまさひら》が則天武后《そくてんぶこう》の故事《こじ》を行成に語り、内裏焼亡は、出家した中宮定子の内裏参入のせいであるとの見解を示している（『権記』）。

ところが、長保二年十月十一日に還御《かんぎょ》したばかりの内裏が、長保三年十一月十八日、またもや焼亡した。一条は職曹司《しきのそうし》（内裏の北東に位置した中宮職《ちゅうぐうしき》の一局）に移御《いぎょ》し、道長が供奉《ぐぶ》して小安殿《しょうあんでん》に移った（『権記』）。

このあいつぐ内裏焼亡は、十一月七日の彰子入御、あるいは十三日の敦康親王の着袴《ちゃっこ》（幼児がはじめて袴を身に着ける儀式）の直後であることを考えると、もはや災害の域を超え、すぐれて政治的な問題と考えねばならない。二十五日の陣定では内裏造営と過差禁止を議しているが、そこでは殿舎《でんしゃ》の数や寸法を減らすべきことや、嘉祥寺《かしょうじ》・醍醐寺《だいごじ》などにある内裏の「古殿」を移築すべきかということ（『百練抄《ひゃくれんしょう》』）、造宮の時期を急がないことを定めている（『権記』）。

長保四年三月十九日の陣定では、陰陽師《おんみょうじ》に「禁中《きんちゅう》に頻《しき》りに火事が有るのは何故か」を勘申《かんじん》させたが、結果は、「多くは倹約を以て災いを消すべし」というものであった（『権記』）。

もっとも深刻な焼亡は、寛弘二年十一月十五日のものであった。内裏の温明殿《うんめいでん》と綾綺殿《りょうきでん》の間から出た火は、瞬《また》く間に内裏を包み込んだ。一条は彰子とともに徒歩で出御した。

道長は一眠りした後、「西の方角に火事が有ります」という声に起きて見てみると、火事は内裏と見えたので、馳せ参って朔平門《さくへいもん》に到り、天皇の御在所を問うた（『御堂関白記』）。ついで神鏡《しんきょう》を奉置してある賢所《かしこどころ》（温明殿の南の神殿）を守護すべしとの意向を示したが（『御堂関白記』『小右記』）、火元に近いこともあって、もはや手遅れであった。

夜が明けた後、賢所のあたりを捜索してみると、はたして灰の中の瓦の上に、焼損《しょうそん》した神鏡が発見された。わずかに帯を残すものの、残りは焼損してしまい、すでに鏡の形を失なっていた。道長は神鏡焼損を深く嘆いていたという（『小右記』）。

内裏造営、および神鏡改鋳に関する議定については、先に述べた。寛弘三年二月十七日に造営始《ぞうえいはじめ》がおこなわれ、三月十日に立柱《りっちゅう》上棟《じょうとう》がおこなわれるなど、内裏造営は着々と進んだ。そして完成した新造《しんぞう》内裏に十二月二十六日に還御することが、いったんは十一月二十五日に決まり（『御堂関白記』）、当日の十二月二十六日には新造内裏の額を懸けたものの（『権記』）、結局は沙汰止みとなり、一条が内裏に戻ることはなかった。

寛弘六年には里内裏としていた一条院内裏も焼亡したにもかかわらず、である。道長は、新造内裏は新帝居貞《おきさだ》のためのものと認識していたのであろうか。一条の側が、内裏還御によってつぎなる内裏焼亡が起こることを恐れた可能性もある。

三条天皇の心労

二十五年にもおよぶ東宮生活の後に、寛弘八年六月十三日に即位した三条は、さっそく二十五日、内裏遷御を命じた。一条の服喪《ふくも》期間中の内裏遷御には、道長をはじめとする公卿層は疑問を感じている（『御堂関白記』『権記』）。一日も早く正式な内裏に入りたいという三条の思いと、一条の服喪中であるという公卿社会の思いとのあいだに、微妙なずれが生じていることをうかがわせる。しかも遷御と決まった八月十一日は、一条の四十九日の正日《しようにち》に当たっていたのである（『御堂関白記』）。そしてその遷幸《せんこう》には、道長が供奉することはなかった。実資は、「思うところが有るのであろうか」と記している（『小右記』）。

長和三年二月九日、その内裏も焼亡し、焼死者や圧死者も数多く出た。人気《ひとけ》のなかった登華殿《とうかでん》の上から出火したものである。道長は馬を馳せて陽明門《ようめいもん》から参入したが（『小右記』）、その念頭には東宮敦成親王と妍子のことがあったであろう。道長室の倫子も手輦《たごし》に乗って妍子と敦成の許を訪ねているのは（『小右記』）、さすがと言うべきか。

三条の心労は重かった。すでに朝堂院《ちようどういん》において、「迷惑《めいわく》（どうしてよいかわからず途方にくれること）」の様子を語っていたのであるが（『小右記』）、よほど堪《こた》えたようである。この心労が、やがて重い眼病につながることになる。

内裏の造宮定《ぞうぐうさだめ》は五月二十四日におこなわれ、十二月二日に立柱をおこなったが、内裏造営はなかなか進捗《しんちょく》しなかった。新内裏は新帝敦成に入ってもらいたいという道長の思いを忖度《そんたく》する向きもあったのであろう。長和四年六月十二日、道長は十九日の期日以前の造営は難しいことを三条に奏上した。三条は、紫宸殿と清涼殿だけでも造ったら還御すると答え、造宮行事《ぞうぐうぎょうじ》の公卿と国司《こくし》の怠慢を責めている（『小右記』）。

三条としてみれば、天皇権威の再構築と内裏居住とが過度に結びつき、しかも一条にくらべると道長の邸第《ていだい》に居住することを潔《いさぎよ》しとしない性分であったためであろう。

三条は、八月十九日、「道長が頻りに譲位を促してくるが、内裏に還御しなければ譲位を行なうつもりはない。やはり来月、内裏に還御するということを、道長に命じておいた」と語ったが、「内裏に還御した後、なお目が見えなければ、道長の志に従うしかない」とも語っている（『小右記』）。そして九月二十日、いよいよ待望の新造内裏への遷御がおこなわれた（『御堂関白記』『小右記』）。三条は動作が不覚でままならず、道長をはじめとする公卿が支えるという有り様であった。三条は十一月五日、明春の譲位を道長に語った（『小右記』）。

しかし二ヵ月後の長和四年十一月十七日の深夜、あれほど三条が還御を望んだ内裏が焼亡してしまった。主殿寮内侍所《とのもりようないしどころ》から発した火は、北西風に煽《あお》られて、たちまち内裏を包んだ（『小右記』）。三条は冠もない状態で脱出し、後涼殿《こうりょうでん》の西で敦明と敦平《あつひら》に寄りかかっていた（『御堂関白記』）。火勢が迫るなか、手輿に乗って松下曹司《まつもとぞうし》へと移御した（『小右記』）。

道長は敦成を探して駆けつけたが、玄輝門《げんきもん》の下において出会い、心神を安んじている（『御堂関白記』）。道長は実資に、「自分は先日、言ったことが有る。この時に当たって、思い出したところである」と意味深長なことを語った（『小右記』）。性急な内裏還御をおこなおうとする三条の姿勢に対して、道長が批判的であったことと、この内裏焼亡とを結びつけたのであろう。なお、『百練抄』には、世人が「世間滅亡の時」と言ったとある。

今回の内裏焼亡については、道長一派による工作と考える向きもあるようであるが、内裏には東宮敦成もいるのであって、その生命をも危険にさらすことになる焼亡を、道長自身が望むはずはない。ただし、内裏焼亡が三条の精神状態に決定的な打撃をもたらすこともまた、疑いようのないところである。道長の意を迎えようとした愚かな連中が、後先も考えずにこの焼亡を起こしてしまった可能性も考えられる。

何事も自分の有利な条件として使いこなす道長は、翌十一月十八日、この内裏焼亡を理由として、三条に譲位を責めたてた。万策尽き果てた三条が、ふたたび道長に明年正月の譲位を申し出たのは、十二月十五日のことであった（『小右記』）。

新帝後一条天皇が即位した後の寛仁元年（一〇一七）二月二十一日に内裏の立柱上棟がお

こなわれ、寛仁二年四月二十八日に新造内裏に遷御した（『御堂関白記』）。

ただし、閏四月二十七日に実資がはじめて新造内裏に参って巡見《じゅんけん》したところ、これまでのたびたびの造営には似ず、きわめて不都合なものであった。殿舎や廊の傾きは特に甚しく、なかでも紫宸殿は御帳の上に当たる虹梁《こうりょう》に木を打ち付けたり、敷政門《ふせいもん》の内には通例の鴨柯《おうか》がなかったりと、大いに見苦しく、言うに足らない状況であったという（『小右記』）。

この内裏が焼亡したのは、後朱雀天皇の長暦《ちょうりゃく》三年（一〇三九）六月二十七日のことであった。

里内裏としての一条院

平安宮の内裏が焼亡した場合、天皇は里内裏に遷《うつ》ることになる。外戚《がいせき》の摂関の邸第であることが多いが、その場合は家主は他所に移り、天皇と摂関が同居するわけではない。

累代《るいだい》の後院《ごいん》である冷然《れいぜい》（泉）院《いん》をのぞけば、円融天皇の堀河院《ほりかわいん》や一条天皇の一条院・東《ひがし》三条第《さんじょうてい》、三条天皇の枇杷殿《びわどの》が、その先蹤《せんしょう》と言えよう。ここでは一条院を取り上げる。

一条院は、大宮《おおみや》大路の東、一条《いちじょう》大路の南一町であるが、猪隈《いのくま》小路を隔てた東町の別納《べちのう》と呼ばれる一町が付属する。現在の西陣《にしじん》の南、晴明《せいめい》神社の南南西にあたる。

長徳四年（九九八）十月二十九日、東三条院詮子が一条院に遷御した。この一条院は、佐伯公行《さえきのきんゆき》が故藤原為光《ためみつ》女《のむすめ》から八千石《こく》で買い取って詮子に献上した邸第である（『権記』）。左京《さきょう》の北西辺、大内裏《だいだいり》の北東に接するこの邸第が、後に一条の里内裏や後院となる。

長保元年（九九九）六月十四日、内裏が焼亡し、一条は十六日に一条院に遷御した（『日本紀略』）。このときが、一条が一条院に居住したはじまりである。その一条院内裏においては、北対《きたのたい》が清涼殿《せいりょうでん》、北二対《きたのにたい》が定子の御在所として使われた（『権記』）。『枕草子』において、一条院内裏の北対と北二対を結ぶ西・東の渡殿を、一条が渡り、定子が上る道とし、東の渡殿の廂《ひさし》で一条が吹いた笛を、北二対で聞いた定子付き女房《にょうぼう》が感激し、現状の暗澹《あんたん》たる境遇をしばし忘れる様子が描かれているが、これはまさにこの場における風景だったのである。

なお、一条院を里内裏として使用する際には、左右を逆にして儀式をおこなった。また、本来は南北棟の清涼殿は東西棟の北対を使用しているので、九〇度回転していることになり、余計に複雑である。当時の人は、こういうのも頭のなかで変換できたのだろうか。本来の内裏では清涼殿の南廂にあった殿上間《てんじょうのま》は一条院では北対の西廂にあったし、紫宸殿《ししんでん》の東廊にあった左近陣座《じんのざ》は一条院では寝殿《しんでん》の西廊に充てられた。こういうのも古記録では「左仗座《さじょうのざ》」と記したり「右仗座《うじょうのざ》」と記したりするから、ますます厄介である。

平安宮内裏には長保二年十月十一日に遷御したが、翌長保三年十一月十八日に、またもや焼亡した。定子は長保二年十二月十六日に崩御しており、一条は彰子と敦康親王をともなって、二十二日に一条院に遷御している（『権記』）。なお、彰子と敦康の御在所は東北対《とうほくのたい》に定められ（道長の直廬《じきろ》も東北対に置かれた）、定子がかつて御在所としていた北二対は、この後も使われることなく残された。一条の想いによるものであろうか。

寛弘二年（一〇〇五）十一月十五日の内裏焼亡に際しては、一条と彰子は東三条第に遷御したが、翌寛弘三年三月四日に花の宴を催したうえで、一条院に遷御している。『紫式部日記』に見える、寛弘五年の大晦日《おおつごもり》の夜、彰子の御在所に引剝《ひきはぎ》が押し入って女房二人の装束《しょうぞく》を剝《は》いで行くという事件が起こったのも、今回の遷御の際のことであった。

その一条院内裏も、寛弘六年十月五日に焼亡した（『御堂関白記』『権記』）。新造内裏はすでに三年前の寛弘三年十二月には完成していたのであるが、十月十九日、一条はなぜか道長の枇杷殿に遷御している。道長は一条院焼亡の日以来、慌《あわ》ててこの邸第を造営しており、「内裏の体裁を頗《すこぶ》る写すことができた」と自讃《じさん》している（『御堂関白記』）。

焼亡した一条院内裏の造作始は寛弘七年四月五日におこなわれた。寛弘三年に完成した新造内裏ではなく、一条がそのまま退位後の後院とするつもりで、一条院に還御することを望んだのであろう。道長の方も一条院の造営に積極的で、頻繁にその作事を巡見している（『御堂関白記』）。新造内裏は新帝に使わせるつもりだったのであろう。なお、このときの造営で、一条院は内裏に似せて南庭《なんてい》を回廊《かいろう》で閉じる構造に改変されたらしい。

十一月二十八日、一条と彰子は新造一条院内裏に還御した（『御堂関白記』『権記』）。道長は、「頻《しき》りに笑う様子があった」と上機嫌であったようである（『遷幸部類記《せんこうぶるいき》』所引『野記《やき》〈小右記〉』）。ここが半年後に一条の終焉の場となろうとは、誰が予想したであろうか。

長和元年（一〇一二）四月五日、実資は一条院を見に行き、「懐旧《かいきゅう》の心は、殊に切なるものがあった」と、一条の時代を懐かしんでいる（『小右記』）。大方の宮廷人にとっても、一条院は摂関政治と宮廷文化の最盛期であった一条朝を象徴する場だったのであろう。

なお、道長は寛弘八年八月十一日に、二条第《にじょうてい》を敦康に献上している。道長自身は、「人々は必ずしもそんなことはしなくてもよいと言っているが、先院《せんいん》（一条天皇）に受けた恩《おん》顧《こ》に報いるために奉献したものである」と行成に述べている（『権記』）。しかし、隆家が実資に語ったところでは、これは一条院を東宮御領にするための謀略であるという（『小右記』）。あるいは道長には、一条院は一条皇統嫡流の後院といった認識があったのであろうか。

長和五年正月に即位した後一条天皇は、六月二日に一条院に遷御した（『御堂関白記』）。二十年後に崩じた後一条には、「後一条」という院号《いんごう》が奉呈《ほうてい》され、一条にも「前一条院《さきのいちじょういん》」とか「一条院」という院号が定着していく。一条には院号の奉呈はおこなわれず、それまでは『小右記』では「大宮院《おおみやいん》」とも呼ばれていたのである。

2 邸第と別業

邸第、別業、牧、荘園……

道長は、数多くの邸第《ていだい》を保有していた。自分でも、「先院（一条天皇）の御代に、厚く御恩顧《おんこ》を受け、入手した家が、すでに何箇所も有る」と言っている（『権記』）。

土御門第をはじめ、東三条第・一条院・一条院別納《べちのう》・一条第・枇杷殿・小二条殿《こにじょうどの》・三条院・高倉第《たかくらてい》・山井殿《やまのいどの》などが知られる。その他、別業《べつぎょう》（別荘）として宇治別業《うじのべつぎょう》・桂山荘《かつらのさんそう》・白河院《しらかわいん》があり、他にも牧《まき》や荘園《しょうえん》を領有していた。ここでは、主要な邸第として土御門第（小《こ》南第《みなみてい》を含む）と東三条第、別業として宇治別業と桂山荘を取り上げよう。

土御門第（附小南第）

土御門第は土御門《つちみかど》大路（上東門《じょうとうもん》大路）の南、東京極《ひがしきょうごく》大路の西に位置していた。上東門院《じょうとうもんいん》とか京極殿《きょうごくどの》とも称されるのは、このためである。現在の仙洞御所《せんとうごしょ》の北池が、位置的に土御門第の池とほぼ重なっている（北池は改めて掘り直したのか、それともそのままであろうか）。

京都迎賓館を建設する際の発掘調査で平安時代後期の池状遺構が確認された。十一世紀前半の土器が出土したが、洲浜《すはま》や景石《けいせき》など庭園を構成する施設は検出されなかった。土御門第の北東の隅に近い場所であったことから、土御門第の池への導入水路であろうか。

もともとは右大臣源重信《しげのぶ》（左大臣《さだいじん》源雅信《まさのぶ》とも）の邸第であったが、正暦二年（九九一）以前に道長の所有するところとなった（『院号定部類記』所引『後小記《ごしようき》〈小右記〉』）。重信が道長嫡妻の倫子の叔父にあたる関係で、道長が土御門第を引き継いだのであろう。

本来は左京《さきよう》一条四坊十六町の一町四方の邸第であったが、この正暦二年の十一月三日に東三条院詮子が遷御してきた。正暦三年以降、一条はしばしば土御門第の詮子の許に朝覲《ちようきん》行幸《ぎようこう》（年初に天皇が上皇や皇太后の御所に行幸すること）をおこなっている（『権記』）。そのため道長は、南側の十五町も邸内に組み入れて南北二町とし、改築もおこなった。長徳二年（九九六）から三年の頃とされる。

長保元年（九九九）二月二十日には土御門第の新しい馬場《ばば》にはじめて馬を馳せたという記事、翌長保二年正月三十日には土御門第の中島《なかじま》に石を立てたという記事が見えるが（『御堂関白記』）、その頃には改築が完成していたものと思われる。長保四年三月一日には新しい仏堂《ぶつどう》も完成し、仏像を安置している（『権記』）。なお、長和二年（一〇一三）十二月十六日の土御門第仏堂の仏像供養《くよう》の記事では、招請《しようせい》した三十一人の僧は、「これは、我が家中の僧である」とある（『御堂関白記』）。土御門第には僧が常住《じょうじゅう》していたのである。南側には馬場と馬場殿《ばばどの》、文殿《ふどの》が設けられたが、小南第と呼ばれる小邸が造られたことも特徴的である。方違《かたたがえ》や物忌《ものいみ》などの際に使われたのであろうが、構造は不明である。自邸のなかにこのような邸第があれば、さぞかし便利だったことであろう。

行幸に酔い泣き

寛弘三年（一〇〇六）八月二十九日、一条は、「昔は、大臣の家に天皇が行幸するのは、恒例《じょうれい》の事であった。そして汝《なれ》の家には馬場が有る。行幸を行なって御馬を馳せ、それを覧《み》るのは如何《いかが》であろう」と、土御門第行幸を提案した。道長は九月五日に馬場の修築をはじめ、二十一日に寝殿《しんでん》の室礼《しつらい》（屏風・几帳・障子などの調度品で間仕切をすること）をおこなった。二十二日に行幸がおこなわれ、一条と彰子、東宮居貞親王は競馬《くらべうま》を見ている（『御堂関白記』）。道長の感慨は、想像にあまりある。

しかし、さらに強い感激に包まれる日がやって来た。「御懐妊五月」となった中宮彰子が、寛弘五年四月十三日に土御門第に退出してきたのである（『御堂関白記』『権記』）。

彰子は九月十一日に土御門第寝殿で敦成を出産したが、二十五日、参内した道長に対し、一条は皇子の内裏参入の日を問うた。「十一月十七日」と答えた道長に対し、一条は

「参入することになっている日は遠い。私が土御門第に行幸することにしよう」と仰せ、異例の土御門第行幸がおこなわれることとなった（『御堂関白記』）。

行幸は十月十六日におこなわれ、皇子敦成への親王宣下《しんのうせんげ》、行幸叙位がおこなわれ、管弦《かんげん》の遊びに移った（『御堂関白記』、『小右記』、『御産部類記』所引『不知記』）。『紫式部日記』には、「ああ、これまでの行幸《みゆき》を、どうして名誉あることと思ったのでしょう。今日のような光栄なこともありましたのにね」と酔い泣きする道長の姿が描かれている。

三条天皇の代になり、長和二年七月六日に妍子は土御門第で皇女禎子を産んだ。道長は落胆したが（『小右記』）、関係悪化を避けたい三条も道長も、表面的には慶賀《けいが》を装わなければならない。こうしてまた、土御門第行幸がおこなわれることとなったのである。

道長は九月四日に中島に土橋《つちはし》を架け、五日に馬場に馬出《うまだし》の屋を建てたりして、その準備をおこなった。行幸は十六日におこなわれ、競馬を見ている（『御堂関白記』）。

内裏造営と同じ方式

長和五年に後一条天皇が即位すると、一条院に移御するまでのあいだ、土御門第が内裏として使われたが、その土御門第は長和五年七月二十日の大火で全焼した。道長は、慌てて氏長者《うじのちょうじゃ》のシンボルである朱器《しゅき》と、文殿の書籍・文書を取り出させているが（『御堂関白記』)、自邸の焼亡そのものについて、大きく嘆いている様子とも見えない。

翌日からは実資をはじめとする諸卿が続々と見舞いに駆けつけ、七月二十四日からは諸国の受領《ずりょう》たちが、連日、見舞いに訪れている(播磨《はりま》・伊勢《いせ》・越前《えちぜん》・尾張《おわり》・美濃《みの》・備前《びぜん》・備中《びっちゅう》と、近国《きんごく》から順々に駆けつけている)。なお、この年は摂政道長邸の焼亡によって、相撲節会が取りやめとなったというのは(『御堂関白記』)、道長の権力を考えるうえで重要である。

そして早くも八月十九日には造営始《ぞうえいはじめ》、十月二十九日に礎石《そせき》を据え、十一月二日には寝殿・対屋《たいのや》などの殿舎《でんしゃ》の立柱 上棟《りっちゅうじょうとう》がおこなわれている。この後も道長は、長和五年に十一回、寛仁元年(一〇一七)に十九回、寛仁二年に三十回と、建設現場に赴いて、頻繁に造営を検分している(『御堂関白記』)。よほど建築の様子を見るのが好きだったのであろう。

この折の造営では、諸国の新旧受領に寝殿の柱間《はしらま》一間ずつの造営を割り充てるという、内裏造営と同じ方式を採っている。道長としてみれば、天皇の内裏と摂政の土御門第という公私の別は、それほど厳密に認識していなかったのである。庭の造作にあたっても、連日、数百人の人夫《にんぶ》が市中で巨石を引いたり、民家に乱入して戸や支え木を外したり、田の用水を庭の池水として引き入れたりして、実資を憤慨させている(『小右記』)。

新造《しんぞう》土御門第は寛仁二年六月に完成し、二十七日に移徙《わたまし》(住居を移動し、他家に渡ること)をおこなった。源頼光《よりみつ》が家具調度のいっさいを献上し、その品々を見るために人垣ができたというのは、この折のことである。

このときには実資も見物に出かけて調度の色目《しきもく》を詳しく記し、「現在の太閤《たいこう》（道長）の徳は帝王のようである。世の興亡は、ただ自分の心にある。その志は呉王《ごおう》と同じである」と慨嘆している（『小右記』）。しかし、六月十二日に頭に熱物《ねつもつ》を患《わずら》った道長は、二十日条以降、『御堂関白記』を記しておらず、彼自身の感慨をうかがい知ることはできない。

なお、このときに再建された土御門第は、長元四年（一〇三一）に焼亡している（『左経記』）。わずか十四年の命脈であった。その後も二度にわたって再建されたが、天喜二年（一〇五四）の火災によって終焉を迎えた。その荒廃を見た吉田《よしだ》兼好《かねよし》が『徒然草《つれづれぐさ》』に感慨を記したのは、はるか後世のことである。

東三条第——摂関家本邸の地位

つぎに平安京の代表的邸第である東三条第に触れたい。

東三条第は藤原良房《よしふさ》によって創建され、基経《もとつね》・忠平《ただひら》・重明《しげあきら》親王・兼家・道隆・道長へと伝領された。里内裏となったほか、大饗《だいきょう》・立后・立太子・元服など、摂関家の重要な儀式の際に用いられた。

二条《にじょう》大路の南、西洞院《にしのとういん》大路の東、三条坊門《さんじょうぼうもん》小路の北に位置したが、この近辺には西から

東三条第復元模型（国立歴史民俗博物館蔵）

堀河院、閑院《かんいん》、東三条第と、南北二町の邸第がつづき、まさに平安京の一等地であった。

『大鏡』に見える、兼家が東三条第から兼通の臥せる堀河院を素通りして内裏に向かったという説話も、堀河院の故地にあるホテルから望むとよく実感できる。道長の時代でいうと、右大臣顕光、内大臣公季、左大臣道長邸が並んでいたことになる。

東三条第の本院《ほんいん》の南側一町には、南院《なんいん》と呼ばれる独立した邸第が造営された。道隆はこちらに居住したようである。その後、冷泉院や三条院など、主に藤原氏と外戚関係にある冷泉系の人びとによって用いられている。国立歴史民俗博物館や京都府京都文化博物館にある東三条第の模型は、この南院をのぞいた本院（の中心建物）だけのものである。

詮子は天元三年（九八〇）、東三条第で懐仁《やすひと》親王（後の一条天皇）を出産し、正暦二年（九九一）には東三条第に因《ちな》んで院号を東三条院と定められた（『後小記〈小右記〉』）。

道長は東三条第を入手した後、寛弘二年（一〇〇五）に大規模な改築をおこない、二月十日に陰陽師の安倍晴明に新宅《しんたく》の作法をおこなわせて移徙をおこなっている（『御堂関白記』）。

この年の十一月十五日に内裏が焼亡すると、一条と彰子は二十七日に東三条第、東宮居貞親王は南院の東対に遷御した（『御堂関白記』）。実資はこれに対し、東三条第は仮の御在所であるという見解を示している（『小右記』）。実際、一条と彰子は、翌寛弘三年三月四日に東三条第内裏で花の宴を催したうえで、一条院に遷御している（『御堂関白記』）。

三条天皇は寛弘八年六月十三日に践祚《せんそ》すると東三条第に入ったが、早期に内裏へ入ることを熱望し、八月十一日には内裏に遷御した。

さて、懐妊した三条中宮の妍子は、長和二年（一〇一三）正月十日に東三条第に退下したが、十六日にはもう焼亡してしまった。南院に避難した妍子は鼻引《はなひき》を患っており（『御堂関白記』）、自分と娍子をめぐる複雑な情勢を実感したことであろう。妍子は結局、土御門第に移り、そこで禎子を出産している。

この後、東三条第が『御堂関白記』に見えるのは、毎年十一月末の神楽《かぐら》の記事だけになる。しかし、摂関家の宝器である朱器《しゅき》台盤《だいばん》や長者印《ちょうじゃいん》・渡《わたり》領券文《りょうけんもん》が東三条第の東隣の御倉《みくら》町《まち》に置かれ（『水左記』『兵範記《ひょうはんき》』『台記《たいき》』）、摂関の大饗が朱器台盤を用いて東三条第でおこな

宇治上神社拝殿

われるようになるなど、東三条第は摂関家本邸の地位を占めていった。

宇治別業——乱痴気騒ぎの遊宴

道長の宇治別業《うじのべつぎょう》は、源融《とおる》から源重信《しげのぶ》へと伝領され、道長が長徳四年（九九八）に重信未亡人から購入したものである。道長はたびたびここで遊宴を催しており、後にこれを伝領した頼通は、末法《まっぽう》の世に入るとされた永承七年（一〇五二）、敷地内に平等院《びょうどういん》を建立した。

近年、発掘調査によって、方格地割を施した宇治の都市的景観が復元されつつある。また、平等院の対岸にある宇治上神社《うじがみじんじゃ》の拝《はい》殿《でん》は、この時期の住宅建築様式をよく伝えている。

『権記』の長徳四年十月二日条に、「この

日、左丞相《さじょうしょう》（道長）は宇治の山荘に遊覧《ゆうらん》を行なった」というのが、道長が宇治で遊覧をおこなった初例である。

長保元年（九九九）八月九日には、御産が近づいた定子が平生昌《なりまさ》邸（竹三条宮《たけさんじょうのみや》）に退出することになったが、行啓の上卿《しょうけい》を命じられた公卿は、ことごとく故障《こしょう》を申して参入してこなかった。道長が宇治別業に遊覧してこれを妨害したのである（『権記』『小右記』）。

その後も道長は、長保五年、寛弘元年（一〇〇四）、寛弘七年、長和二年（一〇一三）、長和三年、長和四年、寛仁元年（一〇一七）、寛仁二年、治安三年（一〇二三）と、宇治別業に遊覧して作文会《さくもんかい》や和歌会《わかかい》を催したほか、奈良や木幡《こはた》との往復の際には、ここで饗宴を開いている。寛弘七年以降は、頼通も単独で宇治に赴いている。

これらのうち、長和二年の例を挙げよう。十月三日に公卿を連れて大井《おおい》（大堰）川《がわ》にいたると、皆が、「このついでに宇治へ行くことに決まりました」と言ってきた（驚くべきことに、庚申待《こうしんまち》の徹夜の作文会の後である）。舟は頼通が用いていて残っておらず、桂川《かつらがわ》下流の石《いし》原《はら》に行ったが、そこにも舟はなかった。仕方なく、「大いに空手《からて》に終わった遊覧であった」などとぼやきながら土御門第に還ってきたのであるが、あらためて宇治に行くことに決めたらしく、六日に鴨川《かもがわ》の河尻《かわじり》において舟に乗り、宇治にいたっている。舟中では管弦・連句《れんく》・和歌の興がおこなわれ、宇治でも作文をはじめた。一行は七日に帰京しているが、その舟中でも同様の遊びをおこなっているのであるから（『御堂関白記』）、彼らの意欲は底なしである。

長和三年十月二十五日には、道長は敦康親王をともなって宇治別業で遊宴をおこない、公卿・殿上人《てんじょうびと》は皆、追従《ついしょう》した。一行の出立《しゅったつ》の様子を、実資は密々に見物している。道長は敦康に、衣を脱いで遊女《あそびめ》に賜うよう勧め（淀川《よどがわ》や宇治川《うじがわ》は、遊女の本場であった）、布衣《ほい》に烏《え》帽《ぼ》子《し》という俗人姿になった同行の連中にも衣を脱いで賜うよう求めた。結局、遊女四十余人には、数多くの衣と、絹百疋《ひき》・米百石《こく》が与えられるという乱痴気《らんちき》騒ぎであった。三条天皇も、「極めて善《よ》からざる事である」と憤慨している（『小右記』）。

それを知ってのことか、道長は翌長和四年の十月五日には、実資を宇治遊覧に誘ったのだが、実資は、「遠処の逍遥《しょうよう》には、老者の自分は堪えられない」と答えた。道長は十二日に宇治に向かったが、実資は、「維摩会《ゆいまえ》の間は、氏長者《うじのちょうじゃ》は魚狩の興を行なうべきではない」と、不快の意を記している（『小右記』）。

このように、政治的な色彩も帯びた宇治別業であったが、これらの遊覧によって、文化はもちろんのこと、交通や流通の発展に寄与することとなったのである。

桂山荘――交通の要衝

西国への交通の要衝である風光明媚な桂の地には、『源氏物語』松風巻の桂院《かつらのいん》に象徴されるように、数多くの別業が営まれた。

すでに兼家《かねいえ》の時代には、大井（大堰）川遊覧が盛んにおこなわれていた。『小右記』には、永延二年（九八八）以来、しばしば遊覧に赴く兼家の記事が見える。永延二年十月六日には紅葉を葺《ふ》いた舟に乗って遊ぶ様子が記されている。

道長は、長保五年（一〇〇三）八月十九日に大井川に遊覧しているが（『権記』）、寛弘七年（一〇一〇）六月三日には、「涼を追うために」藤原経国《つねくに》の桂の家にいたっている（『御堂関白記』）。

これが契機となったのか、道長も山荘の造営に乗り出した。長和二年（一〇一三）十月十三日に、桂山荘の造営を源雅通《まさみち》に指示している（『御堂関白記』）。

その場所は不明であるが、舟から下りてすぐに到着している記事があることから、桂川に沿った地、現在の桂離宮《かつらりきゅう》の近辺であったことが想定されている（当時の桂川は今よりも西側を流れていた）。

桂山荘は長和三年には完成していたと思われるが、『御堂関白記』は長和三年の記事をすべて欠いている。長和四年八月からは、道長は倫子や公卿たちをともなって、しばしば桂山荘に赴いている。たいていは日帰りであったようである。

先に述べたが、長和四年に実資を宇治に誘って断わられた際に、実資は、「桂のような所ならば命に随おう」と風聞させるために近習《きんじゅう》の卿相《けいしょう》に談《かた》っている。それを承けて、道長は寛仁元年（一〇一七）に実資を桂に誘い、十月十二日、実資は、「希有《けう》の命に依って」、物《もの》忌《いみ》を破って桂に同行した。餌袋《えぶくろ》と破子《わりこ》を随身《ずいじん》し、屋《や》形船《かたぶね》二艘と橋船《はしぶね》を連ねた一行は、船中で酒を飲み、山荘にいたった。実資は、「頗《すこぶ》る軽々である」と批判している（『小右記』）。

寛仁二年九月二日には、道長は代用倉《だいようぐら》を検分するために桂に行っている（『御堂関白記』）。桂山荘が単なる山荘ではなく、倉や牧をともなう施設であったことがわかる。なお、これは婿取りした小一条院《こいちじょういん》（敦明親王）を遊覧させる準備のためであった。

道長の別業の交通性

このように、道長の別業は、東に向けた白河院、南に向けた宇治別業、西に向けた桂山荘と、平安京から地方に向かう交通の要衝に配置され、流通の重要な一翼を担った。後世、これらのいくつかに政治権力の中心が営まれるのも、故のないことではないのである。

3　寺社

都鄙間の交通が盛んに

寺社というのは信仰に関わる問題でもあるのだが、ここでは道長が深く関わった寺社について述べよう。それはすぐれて交通の問題となるのであり、逆に言えば、道長をはじめとする有力貴族の参詣によって、京都と地方とのあいだの交通が盛んになる契機となったのである。

もちろん、院政期の上皇のように、毎年のように物詣をおこなっていたわけではないが、道長が参詣した寺社は、後に述べる春日社《かすがしゃ》・興福寺《こうふくじ》、浄妙寺《じょうみょうじ》、法性寺《ほっしょうじ》、延暦寺《えんりゃくじ》、法成寺《ほうじょうじ》、金剛峯寺《こんごうぶじ》のほか、賀茂社《かもしゃ》、長谷寺《はせでら》、解脱寺《げだつじ》、住吉社《すみよししゃ》、四天王寺《してんのうじ》、雲林院《うりんいん》、法興院《ほこいん》、石清水八幡宮《いわしみずはちまんぐう》、北野社《きたのしゃ》、松尾社《まつのおしゃ》、平野社《ひらのしゃ》、笠置寺《かさぎでら》、大安寺《だいあんじ》、橘寺《たちばなでら》、壺坂寺《つぼさかでら》、現光寺《げんこうじ》（世尊寺《せそんじ》）、金峯山寺《きんぶせんじ》、東大寺《とうだいじ》、法隆寺《ほうりゅうじ》、道明寺《どうみょうじ》、関寺《せきでら》など、多数に上る。

なお、実資は、執政者である道長が京都を離れて遠隔地に赴くことを、「布衣《ほい》の一上《いちのかみ》が平安京の外に出る例は、そもそも前例を調べても聞いたことのないことである。事毎《ごと》に軽

興福寺（五重塔・東金堂）

率である。いまだに比べるところを知らない」と非難している（『小右記』）。

興福寺・春日社――藤原氏の氏寺・氏神

興福寺（山階寺《やましなでら》）は奈良に所在する法相《ほっそう》宗大本山で、藤原氏の氏寺《うじでら》である。藤原鎌《かま》足《たり》の念持仏《ねんじぶつ》であった釈迦丈六像《しゃかじょうろくぞう》を本尊《ほんぞん》として不比等《ふひと》が発願《ほつがん》し、奈良時代前半の霊亀《れいき》・養老《ようろう》の頃に創建された。天平《てんぴょう》時代に七堂伽《が》藍《らん》が整い、弘仁《こうにん》四年（八一三）に冬嗣《ふゆつぐ》が南《なん》円堂《えんどう》を創め、これによって摂関家が開運したと言われる。また、天平宝字《てんぴょうほうじ》元年（七五七）に仲麻呂《なかまろ》が維摩会《ゆいまえ》を興し、これが御斎《ごさい》会《え》・最勝会《さいしょうえ》と並んで三会《さんえ》に列せられた。後に春日社との神仏習合《しんぶつしゅうごう》を進めた。

春日社は藤原氏の氏神《うじがみ》と祖神《そじん》を合祭した

神社。神護景雲《じんごけいうん》二年（七六八）に春日御蓋山《みかさ》麓に創建された。摂関家は春日社を拡充し、その祭祀を確立した。永祚元年（九八九）に一条天皇がはじめて春日行幸をおこなったが、これには道長も権中納言として供奉《ぐぶ》している。二月・十一月の上の申《さる》の日に春日祭《かすがのまつり》がおこなわれ、祭使《さいし》が発遣《はつけん》された。

道長は長徳元年（九九五）五月十一日に政権の座に就いたのであるが、七月八日には早くも興福寺僧が慶賀のために参っている（『御堂関白記』）。立后などの藤原氏の慶事に際しては、このように僧が上京してくるのである。

道長も春日祭に際して、朝廷からの祭使とは別に幣帛《へいはく》を奉献《ほうけん》する奉幣使《ほうべいし》や神馬《じんめ》を奉献する神馬使《じんめし》を出立《しゅったつ》させている。長保元年（九九九）には思い立つところがあったのか、倫子や六人の公卿を従えて春日詣《かすがもうで》をおこなっている。二月二十七日の早朝に出立した道長は、宇治別業で饗宴をおこなった後、深夜に佐保殿《さほどの》に到着した（『御堂関白記』）。佐保殿とは氏長者の奈良における宿舎であり、大和国《やまと》にある荘園の管理も統轄していた。

寛弘元年（一〇〇四）二月の春日祭では、嫡男の頼通が春日祭使となり、五日に盛大な出立の儀をおこなった後に出立した。翌六日の春日祭当日における道長の和歌の贈答は、先に述べた。これ以降、摂関家子息の春日祭使がしばしば見られることになる。

道長は寛弘四年二月にも春日詣をおこなっている。このときは十人の公卿がつきしたがっている。二十九日に社頭《しやとう》に参り、神馬と十列《とおつら》を廻《めぐ》らせ、東 遊《あずまあそび》と神楽《かぐら》が奉納され、餺飩《はくとん》女の打った餺飩（小麦を練って延ばした麺類。『枕草子』に見える「はうたう」、つまりうどんの原型）が供された（『御堂関白記』）。寛弘八年からは頼通、寛仁元年からは教通も春日詣をおこなうようになり、この面からも後継者が育っている。

寛仁元年六月二十二日に雷電の声と雷光が有った。道長は、「南方に雲を隔てて高い火が有ったが、何処かはわからなかった」と記しているが、それは興福寺であった。五重《ごじゆう》塔《のとう》・東金堂《とうこんどう》・地蔵堂《じぞうどう》が焼亡したことを告げられると、命が明年におよんだならば、造営することを発願《ほつがん》し、翌寛仁二年七月十一日には早くも五重塔の造作始がおこなわれている（『御堂関白記』）。

浄妙寺——藤原氏の菩提所

宇治の北端にある木幡は、六地蔵駅から黄檗《おうばく》駅にかけての東側の山腹にあたる。現在では住宅地になっているが、もともとは藤原基経《もとつね》が一族の埋骨地として墓所を集結した地であった。道長の時代にはすでに荒廃していたので、道長はここに菩提所《ぼだいしよ》としての浄 妙寺《じようみようじ》の造営を思い立ち、寛弘二年（一〇〇五）に三昧堂《さんまいどう》が完成、寛弘四年に多宝塔《たほうとう》が造られた。近年の発掘調査によって、木幡小学校の校庭に三昧堂と多宝塔の遺構が確認された。

なお、現在、宮内庁が治定《じじょう》している「宇治陵」は、明治十年(一八七七)に藤原氏出身の皇室関係者十七陵三墓を定めたものであるが、多くは古墳時代後期の円墳《えんぷん》である。当時の墳墓は他所で火葬した遺骨を埋葬しただけのものであるから、大きな墳丘《ふんきゅう》は必要ない。

道長は、寛弘元年二月十九日に三昧堂を建立する地を選定するため、木幡に赴いた。「木幡の山の辺りに到ったところ、鳥居の北の方から河に出た。その北の方に平らな所が有った。街道の東である」ということで、寺地が定まったのである(『御堂関白記』)。

その後、造営がはじまり、道長はしばしばそれを検分に出かけている。寛弘二年の六月二十一日には三昧堂供養の際の経を準備、九月二十八日には鐘の鋳造《ちゅうぞう》をおこなった。銅が足りなかったので、不足分の銅を焼いて鐘に加鋳し、二十九日には完成したようである(『御堂関白記』)。行成などは銅の不足を補うために、一尺の鏡を奉献《ほうけん》している(『権記』)。

そしていよいよ、十月十九日に三昧堂供養がおこなわれた。早朝に出立《しゅったつ》した道長と倫子は、まず鐘を打った。「鐘の声は思ったとおりであった」というのは、さすがに不安だったのであろう。午後、百人を越える僧や右大臣顕光・内大臣公季をはじめとする十六人の公卿が参列して、供養がはじまった。「法会《ほうえ》の指図《さしず》は別に在る」というのは(『御堂関白記』)、『御堂関白記』としては珍しく、指図を別に残しておいたのであろう。

その後の三昧会《さんまいえ》では、道長は燧石《ひうちいし》を取って、仏に啓白《けいびゃく》した。「この願《がん》は、現世《げんせ》の栄耀《えいよう》や寿命福禄《じゅみょうふくろく》のためではありません。ただ、この山にいらっしゃる先考《せんこう》（藤原兼家）や先妣《せんぴ》（藤原時姫《ときひめ》）、および昭宣公《しょうせんこう》（基経）を始め奉って、諸《もろもろ》の亡き先祖の霊の無上の菩提《ぼだい》のためであります。そして今から後は、未来にわたり、一門の人々を極楽《ごくらく》に引導《いんどう》しようというためであります。心中《しんちゅう》は清浄《せいじょう》にして、願わくは釈迦《しゃか》大師《だいし》や普賢菩薩《ふげんぼさつ》が、自ら証明なさることを。燧石を打つのは、これは清浄の火を用いようというためであります。早く火が付いたならば悦《よろこ》びとし、遅く付いたとしても恨みとはしません。祈り請うには、燧石を打つこと二度に及ばずに火が付くことを」と（『御堂関白記』）。

一度にして火がつくと、道長は感涙《かんるい》を数行、流した。「見聞していた道俗《どうぞく》が涙を流したことは、雨のようであった」とあるが（『御堂関白記』）、『権記』にも、「香火《こうか》は大臣が請い誓って、燧石を叩《たた》いた。一度にして火が付いた。衆人《しゅうじん》は感嘆した」とある。

また、堂僧《どうそう》が時剋《じこく》を告げる法螺《ほら》を吹いたところ、新しい法螺の声は未だ調律《ちょうりつ》しておらずに不快であった。道長が法螺を取って試みに吹いてみたところ、法螺の声は長大であった。「万人はこのことに感悦した」というので（『御堂関白記』）、よほど参列者の心は感動に満ちていたのであろう。「京には雪や雨が降った。浄妙寺では雪も雨も無かった」という天候の記事（『御堂関白記』）も、何やら道長の心性を表わしているようである。

寛弘四年におこなわれた多宝塔供養も盛大なものであったが、感動的な出来事は起こっていない。「詳しい次第は式文《しきぶみ》に見える」という『御堂関白記』の記事は、道長が暦記《れきき》とは別に式文（法会の式次第を記したものか）を保存していたことを示すものである。

その後は道長は、じつは寛仁元年（一〇一七）二月二十七日まで十年間、浄妙寺には参詣していない。寛仁元年の参詣は頼通への摂政委譲の布石とされるが、まったく道長の面目躍如といったところであろう。

道長自身の墓も、浄妙寺の東に営まれた。「ジョウメンジ（「浄妙寺」の転訛《てんか》したもの）墓」と通称されていた茶畑のあたりが有力視されている。後世、浄妙寺は藤原氏が五摂家《ごせっけ》に分立したことに加えて、戦乱や一揆《いっき》にも遭い、室町時代に廃絶した。

法性寺——藤原北家結集の場

法性寺《ほっしょうじ》は山城《やましろ》国紀伊《きい》郡に藤原忠平《ただひら》が建立した広大な寺である。現在の東福寺《とうふくじ》の寺地とほぼ重なる。実頼《さねより》の東北院《とうほくいん》、道長の五大堂《ごだいどう》、公季の三昧堂《さんまいどう》など、境内に子院《しいん》が建立され（他に道綱《みちつな》も）、家の結集の場となった。

方三町（約三六〇メートル四方）規模の寺域を有したが、九条道家《くじょうみちいえ》が延応《えんおう》元年（一二三九）に法性寺の東に東福寺を造営して、法性寺もしだいに寺領を移し、一条経通《いちじょうつねみち》の代になってすべて東福寺に移管された。

なお、明治になって元の観音堂《かんのんどう》に旧名法性寺を復し、尼寺とされた。伏見《ふしみ》街道の東側である。本尊《ほんぞん》の三面千手観音像《さんめんせんじゅかんのんぞう》は、創建当初の作と推定される。

道長は、寛弘二年（一〇〇五）十二月二十一日に丈六五大尊像《じょうろくごだいそんぞう》の造作をはじめ、寛弘三年七月二十七日に五大堂の立柱上棟《りっちゅうじょうとう》をおこない、八月七日に五大堂に五大尊像を移したう

同聚院不動明王坐像

えで、十月二十五日に五大尊像の開眼供養《かいげんくよう》、十二月二十六日に五大堂供養をおこなった。法性寺には、その時点では寺額《じがく》を懸けていなかったようで、道長は依頼に応じ、南門《なんもん》の寺額を揮毫《きごう》している。その際の言い訳については、すでに述べたところである。なお、西門《にしもん》は行成が書いている（『御堂関白記』）。

その後も道長は、頻繁に五大堂を訪れて、修正月会《しゆしようがつえ》や修二月会《しゆにがつえ》に五壇修法《ごだんしゆほう》（真言密教で不動明王《どうみようおう》を中心とする五大明王を祭っておこなう祈禱《きとう》）を修《しゆ》させているほか、参籠《さんろう》（祈願のために籠ること）もしばしばおこなっている（『御堂関白記』）。

ちなみに、現在、東福寺塔頭《たつちゆう》の同聚院《どうじゆいん》の本尊である丈六不動明王坐像《ふどうみようおうざぞう》（一木造り彩色。像高二六六・八センチ）は、道長が建立した五大堂の中尊《ちゆうそん》で、仏師康尚《ぶつしこうじよう》の作である。

延暦寺——天台密教の総本山

延暦寺《えんりやくじ》は近江《おうみ》・山城《やましろ》国境の比叡山《ひえいざん》にある寺院で、天台宗《てんだい》の総本山である。東塔《とうとう》・西塔《さいとう》・横川《よかわ》の三塔からなる。天台密教の総本山として朝廷や貴族の崇敬を集めたほか、源信《げんしん》が浄土《じようど》信仰を説いて、比叡山仏教の民衆化の基礎をつくり、鎌倉仏教の母体となった。

道長は、長保三年（一〇〇一）五月十日に天台舎利会《てんだいしやりえ》（『権記』）、寛弘元年（一〇〇四）八月十七日に不断念仏会《ふだんねんぶつえ》（『御堂関白記』『権記』）、寛弘七年二月二十九日に薬師法《やくしほう》（『御堂関白記』）

を供養《くよう》するなど、延暦寺に深く帰依《きえ》していたが、より深く関わるようになった機縁は、長和元年（一〇一二）正月十六日の三男顕信の出家であった。顕信は行願寺《ぎょうがんじ》にいたり、皮聖《かわひじり》（行円《ぎょうえん》）によって剃髪《ていはつ》し、東塔の無動寺《むどうじ》に入って出家している。

道長は四月五日に比叡山に登って顕信に会い、入道装束《にゅうどうしょうぞく》や小物を贈っている（『御堂関白記』）。五月二十三日にも比叡山に登り、顕信の受戒《じゅかい》の儀に参列したのであるが、その際、道長や公卿の馬列に僧が放言《ほうごん》や投石をしている（『御堂関白記』『小右記』）。飛礫《ひれき》は藤原広業《ひろなり》や大江清通《きよみち》に当たり、一石は道長の前に達したという（『小右記』）。

「殿下《てんが》（道長）が参られているのだぞ。何者が非常の事を致すのか」という制止に対し、僧が叫んだ放言の言葉というのは、「ここは檀那院《だんないん》だぞ、下馬所《げばしょ》だぞ。大臣や公卿は物の道理《どうり》は知らない者か」、「前々は、馬に騎《の》って山に登ることは、まったくなかった。たとえ大臣や公卿であっても、髪を執って引き落とせ」というものであったという。天台座主《ざす》も、「飛礫は三宝《さんぼう》（仏教）の行なったところでしょうか」と語っている（『小右記』）。

顕信を見送った際に挙哀《こあい》（死者を悼《いた》むために声を挙げて泣くこと）に異ならないほど涕泣してしまった（『小右記』）道長としては、とんだ一日となってしまったことになる。

さて、その道長自身も、寛仁四年（一〇二〇）十二月十三日に、廻《え》心菩《しんぼ》薩戒《さつかい》を受けるために諸卿を従えて比叡山に登り、二十一日に西坂《にしざか》から下山している（『小右記』）。現在の雲母《きらら》

法成寺・土御門第模型（京都市平安京創生館展示、京都市歴史資料館蔵）

坂《ざか》であり、修学院《しゅうがくいん》から音羽川《おとわがわ》沿いに延暦寺根《こん》本中堂《ぽんちゅうどう》にいたる険しい山路である。

法成寺——仏教界を統合する総合寺院

法成寺《ほうじょうじ》は、道長が晩年、土御門第の東に隣接して造営した寺院である。東京極《ひがしきょうごく》大路の東、鴨川の堤防の西に方二町の寺域を有した。現在の府立医大病院から府立文化芸術会館、鴨沂《おうき》高校グラウンドまでの地にあたる。なお、法成寺の中軸線と兼家の建立した法興《ほこ》院《いん》を結ぶ道は、後に東朱雀《ひがしすざく》大路と呼ばれることになる。

最新の浄土信仰に傾倒していた道長は、寛仁三年（一〇一九）に九体阿弥陀像《くたいあみだぞう》を安置する阿弥陀堂《あみだどう》の建立を発願し（『小右記』）、寛仁四年三月二十二日に、三后《さんこう》（彰子・妍子・威子）

の行啓を迎えて阿弥陀堂の落慶供養《らっけいくよう》を盛大に挙行した（『御堂関白記』）。間口十一間の阿弥陀堂は無量寿院《むりょうじゅいん》と呼ばれた。なお、道長は十一月十三日、無量寿院の門に「召しの無い人は参ってはならない」という札を立てて、人の推参《すいさん》を禁じている（『小右記』）。

治安二年（一〇二二）七月には、大日如来像《だいにちにょらいぞう》を本尊《ほんぞん》とする金堂《こんどう》と密教の五大尊像《ごだいそんぞう》を本尊とする五大堂《ごだいどう》が竣工した。はじめ道長は、法界寺《ほうかいじ》か法身寺《ほうしんじ》という寺号とする意向であったが、九日に法成寺と改定し、行成に扁額《へんがく》を書くことを命じた。落慶供養には、天皇・東《とう》宮《ぐう》・三后が参列している（『諸寺供養類記《しょじくようるいき》』所引『権記』）。現世《げんせ》の栄耀《えいよう》をきわめた道長は、これで臨終正念《りんじゅうしょうねん》を迎えることができ、来世《らいせ》についても心配の種はなくなった、はずであった。

その後も講堂《こうどう》、薬師堂《やくしどう》、十斎堂《じっさいどう》、経蔵《きょうぞう》、僧房《そうぼう》、五重塔《ごじゅうのとう》、東北院《とうほくいん》、西北院《せいほくいん》などがつぎつぎに落成し、定朝《じょうちょう》を中心とする仏師《ぶっし》たちによって造作された莫大な数の仏像が安置された。これでこの寺は、鎮護国家《ちんごこっか》や国土・万民の平穏を願う寺院として、仏教界を統合する総合寺院としての性格を有することとなったのである。金堂や講堂を擁する大伽藍《がらん》の造営は、平安時代では東寺《とうじ》・西寺《さいじ》以来のこととされる。

その間、治安三年六月十一日には礎石《そせき》とするために、諸卿に羅城門《らじょうもん》・豊楽殿《ぶらくでん》・神泉苑《しんせんえん》・諸司《しょし》・諸寺の石を曳《ひ》かせ、万寿二年（一〇二五）八月十二日には豊楽殿の鴟尾《しび》（屋根の棟の両端の飾り）を取らせて、「万代の皇居は、一人（道長）の自由か。悲しいことよ、悲しいことよ」と実資を嘆かせている（『小右記』）。

道長自身は、万寿四年十二月四日、阿弥陀堂の九体阿弥陀像の前で極楽《ごくらく》（『栄花物語』によると九品の最下位の下品下生《げぼんげしょう》だとか）に旅立っている（『小右記』）。

法成寺は康平《こうへい》元年（一〇五八）の大火で伽藍ことごとくが焼失したものの、頼通は直ちにこれを再建し、師実《もろざね》へと引き継がれた（『法成寺塔供養願文《ほうじょうじとうくようがんもん》』）。しかし、鎌倉時代に入ると伽藍は荒廃し、たび重なる大火や地震、兵火に遭遇して、鎌倉末期に廃絶した。『徒然草』には、土御門第（京極殿《きょうごくどの》）と法成寺の様子がつぎのように記されている。

> 京極殿や法成寺などを見るにつけて、建てた人の願いは今に残っているのに、その遺業はこんなに変わって面影をとどめていないのは、まことに感慨深いものである。御《み》堂殿《どうどの》（道長）が、立派に造営なさって、荘園をたくさんご寄進《きしん》なされ、自分のご一族だけが、天皇のご後見《こうけん》役、天下の重い鎮《しず》めとして、将来までと考えておかれたとき、たとえどのような世になっても、これほど変わり果てようと思われたであろうか。

金剛峯寺への参詣

金剛峯寺《こんごうぶじ》は紀伊《きい》国伊都《いと》郡に所在する真言《しんごん》宗の根本道場である。弘仁七年（八一六）に空《くう》

高野山奥の院（この建物の奥に大師廟堂がある）

海《かい》が嵯峨《さが》天皇に上表し、山林修行の道場として高野山《こうやさん》を賜わって金剛峯寺を建立したのにはじまるが、延喜十七年（九一七）以来、金剛峯寺は東寺の末寺《まつじ》に列せられた。

　正暦五年（九九四）に大火に見舞われ、ふたたび衰退するが、治安三年（一〇二三）の道長の参詣を契機として、寺は隆盛した。なお、高野山への納骨《のうこつ》や納髪《のうはつ》は、万寿三年（一〇二六）の上東門院《じようとうもんいん》彰子の納髪が文献では一番古く（『高野春秋《こうやしゆんじゆう》』）、鎌倉時代に全国的に広まった。

　道長が金剛峯寺参詣に出立《しゆつたつ》したのは、五十八歳となった治安三年、十月十七日の暁方のことであった。往路は南京《なんきよう》や飛鳥《あすか》の寺々、帰路は法隆寺、河内《かわち》国の道明寺、摂津《せつつ》国の四天王寺などを参拝して宝物を拝観し、十一月一日に帰京している（『扶桑略記《ふそうりやつき》』）。

金剛峯寺では法華経《ほけきよう》と理趣経《りしゆきよう》を供養した後、大師《たいし》（空海）廟堂《びようどう》において、廟堂の扉が自然に開き、扉の鉾立《ほこだて》が倒れるという「瑞相《ずいそう》」（めでたいしるし）が起こった。大僧正済信《さいしん》は、「進み寄って拝み奉られよ」と道長に進言し、道長が礼盤《らいばん》の上に登って廟堂の内部を見ると、白土を塗った高さ二尺余りの墳墓《ふんぼ》のような物があったという（『小右記』『扶桑略記』）。道長と空海の対面である。これを契機に空海入定《にゆうじよう》伝説（大師は入滅《にゆうめつ》したのではなく入定したのであって、いまなお坐禅《ざぜん》をつづけているのだという信仰）が説かれ、金剛峯寺は霊場として確立した。

これらの諸寺にとっては、道長の参詣は格好の宣伝となった。そしてこのような巡礼によって、新たな信仰や伝説が生まれるとともに、随分と都鄙《とひ》間の交通（陸上交通も河川交通も）が盛んになったであろうことは、言うまでもない。道長自身にも、後世には聖徳太子《しようとくたいし》や空海と結びつける伝説まで付加されていく。

第五章　京都という町

京都という町は、実際に過ごしてみると、いまでも魔界の集合体のような雰囲気があるが、その禍々《まがまが》しさは、道長の時代に熟成されたように思えてならない。ここでは京都を襲った災害、そして京都を舞台として起こった数々の事件について紹介しよう。

1 災害

有益な災害記録

古記録や六国史《りっこくし》など日本古代の史料には、災害に関する記述が、精確に記録されている。じつはこれらは世界規模における気候や災害の史料として、きわめて有益なものなのである。

海面変動による気候の歴史を示したフェアブリッジ曲線によると、全体的に温暖であった平安時代のなかで、西暦一〇〇〇年前後は一時的に気温が低下した時期であった。そしてさまざまな災害が、京都および日本列島を襲ったのである。

頻発する地震

この時代、地震の頻発する周期に当たっていたようである。『御堂関白記』『小右記』『権記』を見ても、長徳三年(九九七)に三例、寛弘二年(一〇〇五)に一例、寛弘三年に一例、寛弘四年に一例、寛弘七年に三例、寛弘八年に一例、長和元年(一〇一二)に一例、長和二年に五例、長和四年に一例、寛仁元年(一〇一七)に一例、治安三年(一〇二三)に三例、万寿元年(一〇二四)に一例、万寿二年に一例、万寿四年に一例、地震の記事が記されている。もちろん、これは京都近辺だけの話である。

これらのうち、寛弘三年二月二日、寛弘四年十二月二十一日、長和二年八月八日、長和四年五月二十八日、治安三年七月五日の地震は、かなり大きなものだったようである。寛弘三年のものは、『御堂関白記』には、「辰剋《たつ》(午前七時から九時)に地震があった。音が無くて、揺れた時間は長かった。大地震と云うべきであろう」と記されている。

不思議なのは、地震の大きさや時剋《じこく》については記録しているのに、被害の記録がないという点である。彼らにとっては、それは興味の範囲外だったのであろうか。その点、地震や津波の被害を詳細に記録している六国史とは、史料としての性格が異なるのであろう。

寛弘三年二月二日、寛弘四年十二月二十一日、長和二年八月十日、長和四年五月二十八日の地震については、天文博士《てんもんはかせ》による地震勘文《かんもん》が載せられている。地震勘文というのは、中国の占書《せんしょ》を引用して吉凶《きっきょう》を論じるものである。平安貴族にとっては、地震というのは災害というよりは天による災異《さいい》として認識されていたのであろう。

中国では後漢《ごかん》以降、地震は后妃《こうひ》・宦官《かんがん》・外戚《がいせき》の専横《せんおう》によって起こるという観念が生まれ、それが導入されたという考えもある。日本の陰陽寮《おんみょうりょう》において教科書とされた『晋書《しんじょ》』では、地震（特に音をともなうもの）は君主が暗愚で后妃や臣下の専制《せんせい》によるとされていた。何人もの后妃を天皇に入れ、臣下の代表であった道長が地震を気にしたというのも、理解できるところである。

また、興味深いことに、よほどの大地震でなければ、道長・実資・行成の三人によって、記録している地震が異なる。人によって地震の感じ方は異なるし、現代のように時計や速報がある時代ではないから、それぞれ認識が異なっていたのであろう。寛弘八年四月八日の地震は、道長は午剋《うま》（午前十一時から午後一時）と未剋《ひつじ》（午後一時から三時）の二回と記しているが、行成は、「地震が三度あった〈午剋に一度、酉剋《とり》（午後五時から七時）に一度、夜分に一度。〉」と記している。

台風——「万人が失神」

当時は台風の知識がなく、もちろん予測もできなかったから、突然にやって来る暴風雨というのは、さぞかし恐怖の対象だったことであろう。古記録には台風という語はないが、旧暦の五月から九月くらいに記録されている暴風雨は、台風の可能性が高い。次の項目にある「洪水」も、台風による豪雨が原因であるものも少なくなかったであろう。

この頃の建築物は柔構造だったから、地震には案外に強いのであるが、落雷と台風には弱かった。大きな廂《ひさし》のある建築は、大風で吹き返されることがあるのである。

永祚元年（九八九）八月十三日（ユリウス暦で九月十五日）の大風は酉剋から子《ね》剋までつづき、雨脚が飛んで万人が失神したとある。建礼門《けんれいもん》や承明門《しょうめいもん》、朱雀門《すざくもん》、朝集堂《ちょうしゅうどう》をはじめ、応天門《おうてんもん》や豊楽殿《ぶらくでん》の廊など多数の殿舎や寺社・人家が顚倒《てんとう》している（『小右記』）。

長和四年（一〇一五）五月二十二日（ユリウス暦六月十一日）は、「朝の頃、大風が吹いた。所々を破壊して、大木を顚倒した。午の後剋《ごこく》に風が止《や》んだ」という状況で、文章博士菅原《もんじょうはかせすがわらの》宣義《のぶよし》の住宅を顚倒し、宣義は下敷きになっていたのを掘り出されたとある（『御堂関白記』）。日中に台風が直撃したようである。

長和五年八月十一日（ユリウス暦九月十四日）も同様で、「昨夜から雨が降っていた。卯《う》剋（午前五時から七時）の頃から大風が吹いた。所々を吹き損じた。午の後剋から晴気《せいき》が有った」と見える（『御堂関白記』）。

洪水——鴨川の氾濫

東西を川に挟まれ、巨大な地下水脈も流れていた平安京は、つねに洪水の危険性に脅《おびや》かされていた。西の桂川沿いには人家（特に貴顕《きけん》の邸第）も少なかったであろうが、東の鴨川沿いには道長の土御門第も含め、多くの邸第や人家が密集していた。鴨川の堤と東京極《ひがしきょうごく》大路との距離は、およそ三〇〇メートル、決壊すればその被害は容易に予測できよう。

長徳四年（九九八）九月一日、大雨によって一条《いちじょう》の堤が決壊し、鴨川が横溢《おういつ》して京中に入ったことは、海のようであったという。道長は、宣旨を下した後も修理をおこなっていない防鴨河使《ぼうかし》を一条天皇から誡《いまし》めるよう、奏上させた（『権記』）。

ところがそれも効果がなかったのか、長保二年（一〇〇〇）八月十六日にも堤が決壊し、水が洛中《らくちゅう》に入って東京極以西の人の宅は多く流損《りゅうそん》した（川と東京極のあいだに住んでいた人びとは、言うまでもなかろう）。なかでも土御門第は庭と池の区別がなく、海のようになってしまった。人びとが参入する際、束帯《そくたい》の者は靴や 襪《したうづ》 を解き脱ぎ、布衣《ほい》や布袴《ほうこ》の者は上を括《くく》って往還《おうかん》した。公卿は、ある者は馬に騎《の》り、ある者は人に背負われていたという（『権記』）。

道長は長保五年八月九日、同年十一月二十六日、寛弘元年（一〇〇四）二月二十九日と、諸卿をともなって防河《ぼうか》を巡検《じゅんけん》し（『権記』）、寛弘元年三月十日には鴨川に新しい流路を掘削して、そちらに水を移している（『御堂関白記』）。

その結果、しばらくは鴨川の氾濫は寛弘七年七月八日くらいしか見られなくなったが、寛仁元年（一〇一七）六月から七月にかけて三日二夜のあいだ降りつづいた大雨では、ついに七月二日に一条の北堤が決壊し、洪水となった。道長は、例年、法興院《ほこいん》でおこなっている父兼家追善《ついぜん》の法華八講《ほっけはっこう》にも参れず、参入《さんにゅう》した人びとは海を渡るようであったという（『御堂関白記』）。人びとの邸第に流入した水は板敷《いたじき》の上から殿舎《でんしゃ》におよび、流された女房《にょうぼう》もいた。東京極大路と富《とみ》小路のあいだは巨海のようになり、京極辺りの宅は皆、流損したという（『小右記』）。悲田院《ひでんいん》に収容されていた病者三百余人も流されてしまった（『左経記』）。

この寛仁元年の水害は畿内《きない》諸国や外国《げこく》にもおよんだようである。実資は、「今年は種々の災害が有る。王化《おうか》が及ばないからか。それともこれは摂籙《せつろく》（頼通）の不徳《ふとく》であろうか」と嘆いている（『小右記』）。道長から頼通へと摂政が委譲された年のことだったのである。

鴨川の治水は、白河法皇が「天下不如意《ふにょい》」の一に数えたほど、はるか後世にまで治世者の頭を悩ませた。そしてそれは、昭和十年（一九三五）の大洪水までつづくこととなる。

炎旱――尽きた井戸の水

大雨とは逆に雨の降らない旱魃《かんばつ》もまた、当時の人びとを苦しめた。丹生《にう》・貴布禰《きぶね》（貴船）社には祈雨奉幣使《きうほうへいし》が発遣《はっけん》されたほか、祈雨御読経《みどきょう》や五竜祭《ごりゅうのまつり》なども、しばしばおこな

貴船神社奥宮（天喜三年〈一〇五五〉までは奥宮が鎮座地であった）

われている。京都の北にある貴布禰社はともかく、吉野《よしの》の山奥にある丹生社（しかも上中下と三社ある）まで奉納する黒馬を連れて赴くのは、さぞやたいへんだったことであろう。

特に長保六年（一〇〇四）の炎旱《えんかん》はひどかったらしく、七月十日には一条天皇が自ら祈禱《きとう》をおこない、二十日に寛弘と改元《かいげん》されているが、そんなことで解決するわけもなかった。道長は、「六月十日から、未だ大雨は降っていない。時々、形だけ夕立が降る」と記している（『御堂関白記』）。

この後、鴨川の水も三条《さんじょう》以北では尽き、京中の井戸の水は四条《しじょう》以北は尽きてしまった。土御門第の井戸の水も出なくなったので、道長は西にある枇杷殿《びわどの》（現在の京都御苑の蛤御門《はまぐりごもん》を入った南側）に移っていた。上下の人は枇杷殿に入ってきて水を汲んでいるということであったが、十一月七日になって土御門第の井戸を掃《はら》ったところ、水が出たので、道長は土御門第に還って来た（『御堂関白記』）。

翌寛弘二年二月二十三日に大雨が降った際の、「農夫は旱を愁えていた。甘雨《かんう》と称するべきであろう。天が人命を救ったのであろうか」という感慨（『小右記』）は、彼らに共通する思いだったことであろう。もちろん、租税《そぜい》が入ってこないと困るからである。

寛仁二年（一〇一八）の旱魃では、六月四日に諸国の受領が、「租税は納められないが、大殿・摂政殿（頼通）の一家の事だけは奉仕します」などと言ってきている（『小右記』）。

蝗害——天帝の啓示

中国の災異説《さいい》では、天帝《てんてい》から地上の統治を委任された皇帝《こうてい》の政治が悪いと災害を起こしてそれを示し、やがて革命《かくめい》につながっていく。トノサマバッタ（イナゴではない）などバッタ類の大量発生による災害を蝗害《こうがい》というが、蝗が虫偏に「皇」という字で表わされるのは、そのためである。群生行動を取るバッタは草本類を食べつくすので、被害地の住民は深刻な飢饉《ききん》に苦しむ。バッタは大量の卵を産むので、数年連続して発生するという。

この「蝗害」が現実に起こったのが、寛仁元年（一〇一七）の七月から八月にかけてであった。七月十一日の『小右記』に最初に記録され、二十八日条では山城《やましろ》・丹波《たんば》国での被害を記している。古人は善政で蝗を駆逐するのだと言ったとある。なお、「虫の様子は蚕《かいこ》のようであった」とあるから、バッタというより毛虫の類だったのであろう。八月一日には丹後《たんご》・但馬《たじま》、二日には摂津《せっつ》、三日には伊勢《いせ》・近江《おうみ》・越前《えちぜん》・播磨《はりま》にまで被害が拡大した。議《ぎ》定《じょう》の結果、諸社奉幣使《ほうべいし》を発遣《はっけん》することになり、七日に発遣がおこなわれた(『小右記』)。

以上は『小右記』による「蝗害」の顚末であるが、『御堂関白記』では八月三日になって、「この何日か、蝗虫《こうちゅう》が有って、田所を食い荒らしている」という記事が見える。そして五日には、「蝗虫は悉《ことごと》く死んで、被害は無かった」ということになっている。いったいこの時間差は、どういった事情によるものなのであろうか。

疫病――壊滅状態の政府

幾度となく襲いかかってきた疫病《えきびょう》こそ、平安貴族にとって最大の災害であったかもしれない。栄養状態や衛生環境の悪い民衆はもちろん、狭い交流範囲しかない宮廷社会でも、いったん流行がはじまると、すぐに感染が広がってしまうのである。

すでに永延元年(九八七)が「世間、静かならず」と称されるなかで明け、永祚元年(九八九)や正暦四年(九九三)にも疫病が流行したが(『小右記』)、もっとも被害の大きかったのは、正暦五年正月に九州から流行がはじまり、翌長徳元年(九九五)にかけて全国を席巻した、天平九年（七三七）以来の疱瘡《ほうそう》であった（『日本紀略』）。

四月二十四日には宣旨によって京中路頭の病人を収容させたものの、とても間に合わず、路頭の死者の多さは、「往還の過客《かかく》は鼻を掩《おお》って通り過ぎた。烏犬は食に飽き、骸骨《がいこつ》は巷《ちまた》を塞《ふさ》いだ」という状態であり、五月三日には検非違使《けびいし》が看督長《かどのおさ》に命じて京中の堀水のなかの死人を掻《か》き流させるという措置を執らざるをえなくなった（『本朝世紀《ほんちょうせいき》』）。

流言蜚語《りゅうげんひご》も飛び交った。五月十六日には、「左京三条《さきょうさんじょう》大路の南、油《あぶら》小路の西にあった小井戸の水を飲む者は疾病を免《まぬか》れる」という「狂夫」の流言を信じた都人の士女が、こぞって水が渇れた井戸に集まり、水を汲んでいる（『日本紀略』『本朝世紀』）。また、六月十六日に疫神《やくしん》が横行するという妖言《ようげん》があり、公卿以下、庶民にいたるまで、門戸を閉じて往還しないという状況を呈した（『日本紀略』）。

この疫病は、やがて左大臣源重信《しげのぶ》、右大臣道兼《みちかね》をはじめ、大納言藤原朝光《あさてる》・藤原済時《なりとき》、権大納言藤原道頼《みちより》、中納言源保光《やすみつ》・源伊陟《これただ》などを斃《たお》し、政府を壊滅状態としてしまったのである（そのおかげで道長は政権の座に就いたのであったが）。

これらの疫病に対して、政権が講じた対策は、臨時仁王会《にんのうえ》や奉幣《ほうべい》、読経《どきょう》、大赦《たいしゃ》、はたまた四角四堺祭《しかくしかいのまつり》などに過ぎなかったから、流行が容易に収まるはずもなかった。

長徳四年にも、五月から疫病の流行がはじまり、六、七月に猖獗《しょうけつ》をきわめた。

京師《けいし》の男女の死者は甚だ多い。下人は死なない。四位以下の人の妻は最も甚しい。これを赤斑瘡《あかもがさ》と謂《い》う。主上《しゅじょう》（一条天皇）を始め庶人《しょじん》に至るまで、上下老少で、この瘡《かさ》を免れる者は無い。

と見えるように（『日本紀略』）、この赤疱瘡（稲目瘡《いなめがさ》・豌豆瘡《えんどうがさ》とも。麻疹《ましん》のこと）は、一条天皇をはじめとした万人に襲いかかったのである。

その後も、長保元年（九九九）、長保二年、長保三年と、疫病の流行はつづいた。『権記』が、「この災厄《さいやく》は、毎年、連々として絶えることは無い」と記すように、一条朝を通じて絶えることのない災異《さいい》であった。行成は、「好文《こうぶん》の賢皇《けんこう》」でありながら、このような災異を絶えず受けなければならない一条のことを懐嘆している（『権記』）。

寛弘以降になっても、寛弘五年（一〇〇八）、長和三年（一〇一四）、長和四年、寛仁元年（一〇一七）、寛仁二年、寛仁四年、治安元年（一〇二一）と、流行はつづいた。なお、寛仁元年に三条院を死にいたらしめた病は、数年前からの眼病ではなく、時行《じぎょう》（流行病）のようであったというから（『御堂関白記』）、やはり疫病であったようである。

2　京都事件簿

愁訴――興福寺と大和守の紛争

この時代、さまざまな愁訴《しゅうそ》が、官人や学生《がくしょう》、また郡司《ぐんじ》や百姓《ひゃくせい》から朝廷に寄せられた。長徳四年（九九八）正月に三国致貴《みくにのむねたか》が真人《まひと》姓の者は外位《げい》に叙されることはないと訴えた例、同年十一月に内蔵文利《くらのふみとし》が藤原文利になりすまして京家《きょうけ》の爵《しゃく》に預かったことを訴えられた例、長保二年（一〇〇〇）八月に相撲人《すまいびと》の宇治部利村《うじべのとしむら》が愁文《うれえぶみ》を一条天皇に奉ろうとした濫訴《らんそ》の例（いずれも『権記』）なども興味深いが、ここではいくつかの事件について語るとしよう。

寛弘三年（一〇〇六）七月、大和守《やまとのかみ》源頼親《よりちか》と興福寺とのあいだに紛争が起こっていた。頼親配下の当麻為頼《たいまのためより》と興福寺僧蓮聖《れんしょう》とのあいだの田をめぐる抗争に対し、六月二十日に大和国が蓮聖を提訴したのだが、それを承けて道長は七月三日に蓮聖の公請《くじょう》（朝廷から法会や講義に召されること）を取りやめとしたのである。

この一方的な措置に対し、興福寺の大衆《だいしゅ》が沸騰した。七月七日に提出した愁状《しゅうじょう》が返却されたのを承けて、十二日に三千人が大挙して上京してきた（『神木動座之記《しんぼくどうざのき》』所引『小右記』)。興福寺別当《べっとう》の定澄《じょうちょう》は、二日以来、何度も道長に面会し、事態の収拾をはかった。

七月十二日、定澄は道長に、「もしも愁訴についてしっかりした裁定《さいてい》が無かった場合には、土御門第の門下、および大和守頼親の宅の辺りを取り巻き、事情の説明を請うて、悪行《あくぎょう》を致すことになるでしょう」と脅しをかけたが、さすがは道長、まったく屈することなく、「もしもそのようなことが有ったならば、僧都《そうず》(定澄)や寺家《じけ》の上臈《じょうろう》の僧綱《そうごう》・已講《いこう》(大極殿《だいごくでん》の御斎会《ごさいえ》、興福寺の維摩会《ゆいまえ》、薬師寺《やくしじ》の最勝会《さいしょうえ》の講師《こうじ》を勤めた僧。僧綱に上る資格を持つ)たちは、覚悟を致しておけよ。我が家の辺りにおいて、そのような事が有った場合には、どうして吉《よ》い事が有るだろうか。汝《なれ》は僧綱であるとはいっても、その職に在ることは難しいだろうな。能《よ》く思量すべきことである」と逆に脅している(『御堂関白記』)。

深夜には慶理《きょうり》なる僧が道長の許を訪れ、すでに木幡山《こはたやま》に二千人が集結していると語ったが、道長はこれにも、「事情は具《つぶ》さに聞いている。僧都の云っていたように、我が家の門の辺りに僧がおしかけて来て、もし悪行が有ったとしても、僧たちも、どうなっても恨むべきではない。我が身にとって、もし不都合な事が有ったならば、私は何も恐れることは無いのだぞ。やって来た場合には、どうしてくれようかな」と応じている(『御堂関白記』)。

翌七月十三日、実資をはじめとする十人の公卿が土御門第にやって来て、不安を口にしたが、道長は、「大した事はない。陣定が開かれることになっている。内裏に参られよ」

と語り、皆と同行して内裏に参った。そして、朝堂院《ちょうどういん》に参集している大衆を、検非違使を遣わして追い立てるべきであるという宣旨を下した。「僧たちが参上しているというのは、道理《どうり》が無い。早く奈良に罷《まか》り還った後、愁訴したい事が有るのならば、僧綱が訴えるように。もしこのような事が有ったならば、不都合なことではないか」と(『御堂関白記』)。

七月十四日には大衆はすべて退去した。道長は、「早く奈良に還って先罪を悔《く》い、心を浄《きよ》めた後に、三綱《さんごう》や僧綱に対して、恩を蒙《こうむ》るよう申上《しんじょう》せよ。私は寛大な処置を施す心積もりが有るが、このように参上してきたら、まったく恩を施すわけにはいかない。早く奈良に還るということを伝えてくるのが宜《よろ》しいのではないか」と伝えている(『御堂関白記』)。

別当以下の高僧が七月十五日に土御門第を訪れ、道長が興福寺僧の申文《もうしぶみ》四箇条を一々裁定したところ、僧たちは事毎《ごと》に道理であると称して還り去った(『御堂関白記』)。これを聞いた行成は、「長者《ちょうじゃ》(道長)の命を承って、すでに口を閉じたようなものである」と賞賛している(『権記』)。

つぎは永延二年(九八八)の「尾張国郡司・百姓等解文《げぶみ》」に象徴されるように国司《こくし》愁訴の本場である尾張《おわり》国である(この前後に計四回も起こっている)。彼らは寛弘五年二月二十七日に尾張守藤原中清《なかきよ》の苛政《かせい》を愁訴してきたのだが、一条の裁定は、「早く尾張国に罷り下れ。愁訴した雑事《ぞうじ》については、国司に戒《いまし》め仰せて国に下し遣わそう。それでもなお、愁いが有るのならば、重ねて愁え申すべきである」というものであった（『御堂関白記』）。

しかし一方で一条は、申請してきた郡司たちの愁文を道長に下給し、陣定でその内容を審議するよう命じてもいる。道長の方も、「愁訴の一々を議定《ぎじょう》し、もし後にまた、愁訴が有ったならば、重ねて中清に訓戒《くんかい》されるべきでしょう」と奏上した（『御堂関白記』）。当時の王権は、意外に地方の声に耳を傾けてくれていたのである。

磨り消された答案

長和二年（一〇一三）正月十三日、学生の大中臣奉親《おおなかとみのともちか》が、式部《しきぶ》省試《しょうし》の際に献上した詩の韻《いん》となっていた「星」の字が、式部録《しきぶのさかん》伴信重《とものぶしげ》のために磨《す》り消されたという愁文を出した。信重は身に覚えがないと言い張ったが、式部省試の監督をおこなっていた式部丞《しきぶのじょう》を召問《しょうもん》したところ、二十日、試の後に署名《しょめい》したときには、答案の詩の字が磨られていることはなく、請印《しょういん》の際に式部録の所において不正がおこなわれたのであろうという申文を天皇に奏上した（『御堂関白記』）。

結局、信重が、二十三日に学生奉親の答案の詩を磨ったことについての過状《かじょう》（始末書）を天皇に奏上したことで、この事件は決着したのだが（『御堂関白記』）、何度読んでも解《げ》せない事件である。

長和二年十一月二十日には、大宰大弐《だざいのだいに》（大宰府《だざいふ》の次官。現地で実質的な長官を勤めた）平親信《ちかのぶ》が派遣した大宰府使の責めが堪え難いというので、豊後守《ぶんごのかみ》藤原孝理《たかまさ》が入京したということを聞き、親信の子で道長の家司《けいし》を勤めていた平理義《まさよし》と重義《しげよし》が、道長に斡旋《あっせん》を請うてきた（『御堂関白記』）。

それに対し道長は、「これまで度々、親信に書状を送ったのに承引《しょういん》することはなかった。その際に私の言う事を聞き入れて配慮していれば、このような事にならなかったのである。私はもう口入《こうじゅ》するわけにはいかない。関係者で相談するように」と突き放した。それにつづけて、「訴が出来《しゅったい》したならば、ただ朝廷の決定に随うべきである。私がこの事を取り上げて、内々に処理した場合、そのことが漏れたならば、極めて都合が悪いであろう。ただ、配慮をしたいがために、知らないかのようにして、暫《しばら》く過ごすことにしよう」と語っている（『御堂関白記』）。

愁訴の処理というものが、それだけ重視されていたのである。ただ、結局はこの問題は当事者間で解決したようで、道長の権威もそれだけ大きかったということであろう。

呪詛という政治的行為

すでに奈良時代から、呪符《じゅふ》を記した木簡《もっかん》や人形《ひとがた》による呪詛《じゅそ》がおこなわれていたが、平安時代に入っても、法師による修法《しゅほう》や陰陽師《おんみょうじ》による厭魅《えんみ》行為が広くおこなわれた。そしてそれは、多分に政治的色彩を帯びたものであったのである。

長徳二年（九九六）に東三条院詮子が病悩した際には、三月二十八日に厭魅・呪詛の噂が広く囁《ささや》かれ、寝殿の板敷の下から厭物《えんもつ》が掘り出されてきた（『小右記』）。これに太元帥法《たいげんのほう》（太元帥明王《たいげんすいみょうおう》を主尊として修する真言宗における大法の一つ。臣下が修してはならないとされた）による道長への呪詛が加わり（『日本紀略』『覚禅鈔《かくぜんしょう》』）、伊周・隆家の配流《はいる》に決定的な罪状となったのである。本当に伊周周辺が呪詛をおこなっていたかは、定かではない。

長保二年（一〇〇〇）五月に道長が病悩した際にも、厭魅・呪詛がおこなわれたということを、十一日に道長が一条天皇に奏上した。「もしかしたら天聴《てんちょう》に及んでいるでしょうか」という問いに対する一条の回答は記されていない。行成は、「事は甚だ繁雑《はんざつ》である。そこで記さない」と記しているが（『権記』）、いったい一条は何を語ったのであろうか。

彰子から敦成親王が誕生し、伊周たち中関白家《なかのかんぱくけ》の没落が決定した直後の寛弘六年（一〇〇九）正月三十日、厭符《えんぷ》が発見された。何者かが彰子と敦成、それに道長を呪詛していたことが発覚し、伊周の外戚《がいせき》、およびその縁者たちが捕えられた（『権記』）。法師円能《えんのう》の勘問日記《かんもんにっき》によると、呪詛は前年十二月中旬、敦成百日《ももか》の儀の頃から計画され、その理由は、「中宮（彰子）、若宮《わかみや》（敦成）および左大臣（道長）がおられると、帥殿《そちどの》（伊周）は無徳《むとく》でいらっしゃる。世の中にこの三人がおられないよう、厭魅し奉ったのです」というものであった（『政事要略』）。呪詛の対象が彰子・敦成・道長に限られ、一条におよんでいないのは、摂関政治の本質を語るものである。

一条は二月二十日、伊周の朝参《ちょうさん》を停めるという決定を下したが、事件の関与者が皆、翌年には赦免《しゃめん》されていることは、事件の本質を語っていると言えよう。なお、この間、道長が「我が身の大事の為」に出仕《しゅっし》を憚っていたことは先に述べた（『権記』）。

三条朝になると、道長と三条天皇との関係が悪化し、呪詛事件も増加した。長和元年（一〇一二）四月十日には懐妊した娍子が退出した東三条第の井戸に厭物が入れられていた。餅数枚と人の髪を沈めたものであったという（『御堂関白記』『小右記』）。ただ、どちらの勢力が入れたものかは、また別の問題である。

六月十七日には娍子の兄である為任《ためとう》が、陰陽師五人を使って道長を呪詛させたという落《らく》書《しょ》があった。実資は、「相府《しょうふ》（道長）は一生の間、このような事が断絶することはない。事に坐す者は、すでに恒例《ごうれい》の事である。悲嘆するばかりである」と嘆いている（『小右記』）。

個人的な呪詛についても述べよう。寛弘八年十二月十五日、伊周の嫡男である「荒三《あらざん》位《み》」道雅《みちまさ》は、素服《そふく》（喪服）を着した女房の許に進み、「着ハヤ、ワレ着タレ」という呪詞《じゅし》を吐いたという。実資は、「禍殃《かおう》の家（中関白家）から成長し、必ずまた、凶事が有るに違いない。万人が推測するところである」と記している（『小右記』）。

「悪霊左府」顕光

最後に「悪霊左府《あくりようさふ》」と称された顕光に触れておく。二女の延子《えんし》と結婚していた敦明《あつあきら》親王が東宮の地位を降り、道長三女の寛子と結婚して堀河院《ほりかわいん》とは至近の近衛御門《このえみかど》（高松殿《たかまつどの》）に婿取られることになった寛仁元年（一〇一七）の十一月十八日、顕光は自分を嘲哢《ちようろう》したとして実資に呪詞を投げた。実資は、顕光が嘲哢されるのは出仕の日から万人がおこなっていることで、いまになってそんなことを言われても困ると当惑している（『小右記』）。

寛子と敦明の婚儀が近づくと、いよいよエスカレートしてきた。十一月十九日、顕光は愛女（延子）の髪を切り、御幣《ごへい》を捧げて庭中に出て、諸神に呪詛したという。なお、延子は寛仁三年に頓死《とんし》しているが、実資は「心労」によるものとしている（『小右記』）。

八年後の万寿二年（一〇二五）八月五日、東宮敦良の妃となっていた道長六女の嬉子は、親仁《ちかひと》親王（後の後冷泉天皇）を出産した後に薨去した。人びとは、「顕光および娍子・延子の霊が吐く詞を、道長家はもっとも怖畏《ふい》していた」と言い合った。実資は、「種々述べるところには、皆、道理《どうり》が有る」と記している（『小右記』）。

以上、呪詛について見てきた。いずれも政治的に敗れた側からのものであることに気づかれよう。その意味では、ただ一人の勝者である道長とその一家は、つねに呪詛に脅《おび》えて生きていかなければならなかったのである。

火事——頻発する放火

「火事」の項目を「災害」ではなく「事件簿」に入れたのは、理由がある。当時の平安京における火災のかなりの部分は、失火ではなく放火であったからである。それは群盗《ぐんとう》による放火もあったし、政治的な放火もあったであろう。以下、いくつかの事例を見ていく。

長保元年（九九九）十二月一日、菅原董宣《すがわらのただのぶ》の二条《にじょう》の宅が焼亡した。この宅にはその頃、道長が移ってきて住んでいたのであったが、消火は困難であった。顕光と公季が見舞いに駆けつけている（『権記』）。はたして道長の居処が燃えたのは偶然だったのであろうか。なお、火事見舞いというのは、人間関係の再確認に必要とされた行動であった。上位者の火事には下位者が馳せ参り、下位者の火事には上位者は物を贈ることが多かった。

寛弘七年（一〇一〇）八月六日の深夜にも、土御門第の西廊《にしろう》の北廂《きたびさし》の上に火が置かれているという事件があった。これは撲滅《ぼくめつ》しているが、道長は不審に思っている（『御堂関白記』）。撲滅というのは当時の主要な消火方法で、文字どおり燃えている部分を濡れた布などでたたいて消すのである。当時の建築は檜皮葺《ひわだぶき》のうえに床が高くて燃えやすいし、屋根も高いので、たいへんだったことであろう。

寛弘八年十一月二十九日には、何と三条天皇が入ったばかりの内裏の清涼殿《せいりようでん》の昼御座《ひのおまし》の御帳《みちよう》の帷《とばり》一面が焼けてしまった。これも道長は不審がっている。女房《にようぼう》や男房《なんぼう》の服は鴨川の川辺で祓《はらえ》をおこなって破り棄《す》てた（『御堂関白記』）。火事は一種の穢《けがれ》なのであった。

彰子も危ない目に遭っている。長和元年（一〇一二）二月二日、御在所の枇杷殿《びわどの》に火がつき、彰子のいた西対《にしのたい》に北西風が吹きつけた。隔たること二間余りであったが、急に北風が吹いてきて、火はつかなかった。道長は仏神《ぶつしん》の助けと記している（『御堂関白記』）。

当時、しばしば火災に見舞われたのは、兼家が造営した法興院《ほこいん》である。寛弘八年十月六日に焼亡し、やっと再建したと思ったら、長和元年閏十月十七日にまた焼けてしまった。道長は嘆き思うことはきわまりなく、見るにつけ涙を禁じえなかったという（『御堂関白記』）。なお、法興院は長和五年七月二十日に土御門第が焼亡した際にも延焼《えんしよう》している。

長和二年十一月十六日には内裏の弘徽殿《こきでん》が火災に遭ったが、その際の道長の対応が記録されている。人びとが慌《あわ》てて走りまわっていた際、道長が言った言葉は、「とんでもない事だ。騒ぐべきではない。そもそも、どこが火事なのか」というものであった（『御堂関白記』）。上下の者は心神不覚《しんしんふかく》であった最中に、この剛胆な対応は、やはりさすがである。

ところがその道長も、十一月二十九日に石清水行幸《いわしみずぎようこう》から還った頃、東宮敦成親王の御在所である凝華舎《ぎょうかしゃ》の近辺にある采女町《うねめまち》から発した火が内裏の西廊《にしろう》につこうとしていたが撲滅したとの知らせが届いた際には、敦成のことを思い、心神が不覚となっている。三条が内裏の外にいるあいだに、敦成が狙われたとでも思ったのであろうか。「もしかしたら人が付けたのでしょうか」というのが、道長が受けた報告であった（『御堂関白記』）。

その敦成が即位し、道長が摂政の座に就いた長和五年も、焼亡があいついだ。これも偶然ではないであろう。七月二十日に土御門第が焼亡したことは先に述べたが、その有り様は、「風が吹いたことは、払うようであった。二町《ちょう》の範囲で、数屋が一時に灰となった」というものであった。このときはたいへんな大火で、五百余家が焼亡したという（『御堂関白記』）。特に左京の四条以北は貴顕《きけん》の邸第が多く建ち並んでいた他に、「人々が貴賤と無く、多く群聚した所」（『池亭記《ちていき》』）であったから、延焼の危険性が高かったのである。

八月二十八日には二条《にじょう》大路から南、東洞院《ひがしのとういん》大路から東で、北の方は高倉《たかくら》小路におよぶ範囲が焼亡し、九月二十四日には道長の枇杷殿と仁和寺《にんなじ》の辺りが焼亡した。道長もさすがに思うところがあったのか、「私のことを宜《よろ》しくないと思う人が有るのであろうか。連々、このような放火が有る」などと記している（『御堂関白記』）。

しかし、まだ鎮まることはなかった。九月二十八日には内裏が放火されたのである。内裏の東廊《ひがしろう》の上に、古畳《ふるだたみ》を切り裂いたものに火をつけて投げ入れるというものであった

（『御堂関白記』）。なお、内裏の放火というのは、内裏に出入りできる階層の者にしかおこなえない行為であって、単なる物取りの仕業ではない、すぐれて政治的な所為なのである。盗人とは異なり、放火の犯人が捕まったという例もない。

寛仁三年（一〇一九）三月十四日に東宮御所《ごしょ》（凝華舎）の東渡殿《ひがしのわたどの》に火災があったが（『御堂関白記』）、平安京内にも放火が頻発し、さすがに朝廷も対策に乗り出した。

四月六日に、公任は夜回りをおこなうべきであると、実資は道守舎《みちもりや》を造って宿直させるべきであると主張した。四月十三日には襲芳舎《しゅうほうしゃ》・藍園《あいその》・東町の小人の宅が放火に遭ったが、舎の屋根に上がって火事を見張っていた隆家家の宿直者が見つけて撲滅している。実資は、これらは検非違使の放免《ほうめん》（元犯罪者で検非違使の下部《しもべ》となった者）がおこなったものであるとの見解を示している。「放火が不断に起これば、天下は滅亡してしまう」というのは（『小右記』）、彼らに共通する嘆きであったにちがいない。

乱暴な殺人事件

この時期の貴族社会における殺人事件は、政治的なものよりも個人的な動機によるものが多い。長徳元年（九九五）八月二日に隆家の従者《じゅうしゃ》が道長の随身《ずいじん》を殺害し、一条天皇の綸旨《りんじ》によって、隆家の朝参《ちょうさん》が停められた事件（『小右記』）などは例外と言えようか。

もう一つ、寛弘四年（一〇〇七）八月に道長が金峯山詣《きんぶせんもうで》をおこなった際に、伊周と隆家が道長暗殺を計画したというのは、『小記目録《しょうきもくろく》』（『小右記』の目録）に、「伊周・隆家、致頼《むねより》を相語らい、左大臣を殺害せんと欲する事」とあることから、少なくとも噂としては存在したのであろう。この平致頼というのは同族の維衡《これひら》と伊勢《いせ》国で合戦をおこなった者である。

殺人事件を見ていこう。寛弘七年五月十三日には、親兼王《ちかかねおう》が法興院《ほこいん》において賊のために捕えられ、拘束《こうそく》された後に殺害された（『御堂関白記』）。その後、大路に置かれたというのであるから、随分と乱暴な事件である。

寛弘八年三月二十七日には、蔵人頭《くろうどのとう》藤原公信《きんのぶ》宅の下人《げにん》が殺された。下人の知人たちは死体を担ぎ、賀茂斎院《かもさいいん》の人の宅を破壊して財物を捜し取ったうえで、犯人の法師の宅に投げ入れたという。これもとんでもない事件であるが、問題となったのは、斎院に穢《けがれ》がおよんだかどうかという点であった（『小右記』）。

長和二年（一〇一三）三月二十七日の事件も、信じられないものである。賀茂祭の行事《ぎょうじ》の弁《べん》に定められていた藤原経通《つねみち》の家人《かじん》の従者《じゅうしゃ》が妻を打擲《ちょうちゃく》していた際、妻の従者である女が三歳になる女の子を抱きながら取りなそうとしていた。男は忿怒《ふんぬ》して太刀《たち》を抜き、女の子の頸《くび》を打ち斬り、従者の女の肩を斬って、そのまま経通の家に来てしまったのである（『御堂関白記』『小右記』）。斬られた女も頭のない子を抱き、子の頭を肱《ひじ》に結びつけて検非違《けびい》使別当《しべっとう》の家に赴いて愁訴した。あちこちに穢が拡散してしまったので、行事を改替《かいたい》しなければならないというのが当面の問題であったが、「見聞く者は、悲愁が極まり無かった」というのも（『小右記』）、人間としての自然な感情であろう。

寛仁元年（一〇一七）三月十一日には、藤原保昌《やすまさ》の郎等《ろうどう》である清原致信《きよはらのむねのぶ》が、騎《き》馬《ば》兵《へい》七、八人と歩《ほ》兵《へい》十余人に小宅を囲まれ、殺害された。かつて致信によって殺害された当麻為頼《たいまのためより》の一党である源頼親《よりちか》が、従者の秦氏元《はたのうじもと》を使った報復行為である（『御堂関白記』）。寛弘三年の大和守《やまとのかみ》頼親と興福寺とのあいだの紛争が、まだ尾を引いていたのである。

道長は頼親について、「この頼親は、殺人の上手《じょうず》（名人）である。度々、このような事が有った」と記している。このときはさすがに淡路守《あわじのかみ》と右馬頭《うまのかみ》を解任《げにん》されているが（『御堂関白記』）、道長に「相親しむ人々」とされた（『小右記』）頼親は、その後も伊勢守《いせのかみ》や大和守を勤めている（最後は興福寺の訴えによって土佐《とさ》国に配流《はいる》されているが）。なお、殺された致信は、清原元輔《もとすけ》の子、ということは、清少納言《せいしょうなごん》の兄である。

最後にもっとも有名な殺人事件について述べよう。万寿元年（一〇二四）十二月六日、花山院が出家後に儲けた三人目の子である女王（彰子に伺候《しこう》していた者）が、殺害されて路頭に引き出され、夜中に犬に喰われるという事件が起こった。犯人は翌万寿二年三月十七日に逮捕されたが、それは隆範《りゅうはん》という僧であった。しかも七月二十五日に拷訊《ごうじん》されて自白した結果による勘問日記によると、あの「荒三位《あらざんみ》」道雅がおこなわせたもののことであった。実資は、「やはりあの一家の悪事の報いか」と嘆いている（『小右記』）。『今昔物語集』の素材にもなっているこの事件は、何ともやりきれない後味を残すものである。

盗賊の横行する平安京

盗賊といっても、単なる物取りだけではない。群盗《ぐんとう》と呼ばれる組織化された戦闘集団は、もはや武士の一類型であるとの指摘もあるのである。

まずは群盗である。長徳二年（九九六）六月十四日、右大将であった顕光の広幡第《ひろはたてい》に群盗が押し入って、橘《たちばなのうちなり》内成の曹司《そうし》の雑物《ぞうもつ》を捜し取り、鉾《ほこ》で内成の子を突いた。内成の仇讐《きゅうしゅう》がおこなったもののとのことである。実資は、「群盗が公卿の家に入るのは、驚き怪しむに足る」と記している。捜索のため、禁固されていた平群延政《へぐりののぶまさ》が放免《ほうめん》され、十日以内に報告せよと命じられた（『小右記』）。犯人の目星は、すでについていたのであろう。

その他、長徳三年四月二十四日には中納言平惟仲《これなか》邸（『小右記』）、長保二年九月二十七日には式部権大輔大江匡衡《しきぶのごんのたいふおおえのまさひら》宅（『権記』）、寛弘二年（一〇〇五）正月二十五日には大蔵大輔《おおくらのたいふ》平孝《たか》信《のぶ》宅（『小右記』）、長和二年二月二十六日には故伊周の室町第《むろまちてい》に（『御堂関白記』『小右記』）、それぞれ群盗が入った。警備の手薄な貴族の邸第は、格好の標的となったのであろう。

盗賊の被害に遭ったのは貴族の邸第だけではなかった。何と天皇の住まう内裏も、さすがに群盗が押し寄せることはなかったものの、しばしば盗難事件の舞台となったのである。内裏に入る盗人というのは、当然だが内裏に入ることのできる階層の者である。女房の装束を盗んだりしても市場で売れるものではなく、特定の依頼人がいた可能性が高い。

寛弘二年四月三十日、蔵人の宿所《しゅくしょ》に入った盗人《ぬすびと》を人が見つけた。盗人は月華門《げっかもん》から入って紫宸殿《ししんでん》の南庭《なんてい》を横切り、日華門《にっかもん》から出て走り去ったという。犯人は前掌侍右近《さきのないしのじょううこん》という女官《にょうかん》の家に籠《こも》っていたが、後に検非違使に捕えられた（『御堂関白記』）。

寛弘八年十月十六日におこなわれた三条天皇の即位式では、式部省が置いた版位《へんい》（官人の立ち位置を示す札）が盗まれるという事件が起こった（『権記』）。こんな物を盗んでどうするのだろうと思うが（出世のお守りにでもするのだろうか）、長和五年（一〇一六）六月二日に後一条天皇が一条院内裏に遷御した際にも、版位が夜中に盗まれている（『小右記』）。

その長和五年の十月十日には、内膳司《ないぜんし》に納めてあった節会《せちえ》の御器《ごき》が盗み取られるという事件が起こった。進物所《しんもつどころ》の膳部《かしわでべ》二人の犯行とされたが、二人は承伏《しょうふく》しなかった。十六日になって朔平門《さくへいもん》の陣屋《じんのや》の辺《あた》りで御器が「出現」し、この御器を見つけて人に触れまわった女も怪しいというので、その女と弟の内膳司の下部《しもべ》も検非違使に尋問されたが、これも承伏しなかった。結局、十七日に彼らはすべて、放免されている（『御堂関白記』）。盗まれた物が出てきた以上、深く追及しないという先例《せんれい》が、こうして積み重なっていく。

寛仁三年（一〇一九）四月十日には、後涼殿《こうりょうでん》の北道に追剝《おいはぎ》が出た。刀を抜いた男がそれを主殿司《とのものつかさ》の女の頸《くび》に当てて声を出させず、衣裳《いしょう》をすべて剝ぎ取っている。実資は、「未だ聞いたことのない事である。天皇の御所の至近、ましてや里内裏で起こるとは。末世《まっせ》と称するべきである。悲しいことよ」と嘆いている（『小右記』）。

内裏がこの状況であるから、女性が多く、高級な装束や長い髪（女房の髪は髢《かもじ》〈添え髪〉の原料として貴重だったのである）に事欠かない後宮《こうきゅう》は、さらに危険な状態に置かれていた。長徳四年十二月二日の深夜、宣耀殿《せんようでん》の娍子の御在所に盗人五人が西面《にしおもて》の北戸から入り、女房たちの衣裳を取った。被疑者の左近案主代秦武扶《さこんのあんじゅだいはたのたけすけ》は獄所《ごくしょ》に拘禁《こうきん》されたが、六日になって赦《しゃ》免《めん》されている（『権記』）。

長和二年十二月九日には、盗人が飛香舎《ひぎょうしゃ》と凝華舎《ぎょうかしゃ》のあいだの渡殿《わたどの》に入り、蔀戸《しとみど》を引き盗んでいた。道長が問いかけたところ、北の方へ走り去ったという（『御堂関白記』）。道長の顔を見て逃げ去るということは、道長に顔を見られるとまずい人物だったのであろう。

さて、その道長の邸第はどうだったのであろう。さぞかし警備もしっかりしていたはずなのであるが、それでも盗人は入ってきている。

長保五年（一〇〇三）の大晦日《おおつごもり》の夜に盗人に入られているし、寛弘八年十二月八日の夜にも土御門第の贄殿《にえどの》に窃盗《せっとう》が入って来て、銀の提《ひさげ》を盗み取っている。これだけならあまり驚かないのだが、翌九日の夜、またもや土御門第に窃盗が入った。しかも二回である。最初は夜の裳《も》を少々、つぎは膳所《ぜんしょ》から提を盗んだのであるが、道長は動揺することもなく、「今夜も土御門第に窃盗が入って来た」などと記すのであった（『御堂関白記』）。何か特別な事情でもあったのであろうか。

道長邸には寛仁元年五月二十七日にも代用倉《だいようぐら》に窃盗が入り、金が盗まれている。ところが、これも道長は驚くことなく、「二千両《りょう》ほどであったということだ」と記している（『御堂関白記』）。その量の多さにも驚くが、道長はあまり嘆いているようにも見えない。

それもそのはず、すぐに検非違使が捜索をおこない、七月十日には七、八百両ほどの金が戻ってきた。「後にも所々から探し出してきた」というから、続々と発見されたのであろう。十一日には、「人々には、買ってまでして、金を献上してきた者もいた」というから驚く。藤原高親《たかちか》という者が関係していることが判明したが、結局、盗人三人は、すべて貴族の従者であった。十二日には、出てきた金は九百両余りとなったが（『御堂関白記』）、『小右記』によると、盗まれたのは砂金千四百両と銀八百両、出てきたのは砂金千百両・銀二百両・牙眼十疋《ひき》、主犯は道長の家司《けいし》である甘南備保資《かんなびのやすすけ》の郎等《ろうどう》とあり、品目も量も犯人も異なる点が面白い。

つぎに、変わった盗人を挙げてみよう。月例《げつれい》の盗人である。長和二年二月十八日、この何ヵ月か、清水坂《きよみずざか》の下で十八日になると盗人が人の物を盗むというので、検非違使が待ち受けていたところ、犯人を捕えた。侍医《じい》河内延通《かわちののぶみち》の男であったという（『御堂関白記』）。十八日は観音《かんのん》の縁日《えんにち》で賑《にぎ》わう日であったので、毎月、犯行を重ねていたのであろう。

このように盗賊が横行した背景として、しばしば寛容な処置が施されていることがあるのであろう。万寿元年（一〇二四）三月十日の事件などは、人質となっていた左衛門命婦《さえもんみょうぶ》が解放されたというので、禅室《ぜんしつ》（道長）および関白（頼通）、太皇太后宮（彰子）の仰せがあり、検非違使は犯人追捕《ついぶ》をおこなうことができなくなってしまった。道長の言葉は、「捕えてはならない。ただ早く検非違使の官人たちは罷《まか》り去れ」というものであった（『小右記』）。このような態度が、やがてさらに大きな動乱を生むことになるのである。

闘乱――道長と中関白家の争い

平安京においては、小規模な闘乱《とうらん》は頻繁に発生した。貴族たちの随身《ずいじん》や雑色《ぞうしき》たちのなかには、血の気の多い者も混ざっていたし、源氏や平氏に連なる武士を従えていた貴族も多かったから、主人の政争や出世争いが、この連中のあいだで闘乱となって顕在化するのであった。

中関白家が道長との反目を強めていった長徳元年（九九五）七月二十四日に、道長と伊周が陣座において口論におよんだという事件が起こった。それはまるで闘乱のようで、官人や随身たちは壁の後ろに群がり立ってこれを聴き、皆、非常を嘆いたとあるので、まだ口論であるからよいのだが、二十七日に道長と隆家の従者《じゅうしゃ》同士が七条《しちじょう》大路において合戦におよび、その報復措置か、八月二日に隆家の従者が道長の随身を殺害したというのは（『小右記』）、もう立派な闘乱である。

翌長徳二年正月十六日の夜、花山院と伊周・隆家が故藤原為光《ためみつ》の家で出くわし、乱闘があったというのは、伊周・隆家が大宰府・出雲に左遷された、いわゆる「長徳の変」の発端であるが（もちろん、その原因については不明である）、これは従者同士の闘乱と見るべきであろう。闘乱をおこなったのは隆家の従者で（『小記目録』）、花山院の童子《どうじ》二人を殺害し、首を取って持ち去ったという。これは道長から検非違使別当の実資への書状によってもたらされた情報である（『三条西家重書古文書《さんじょうにしけじゅうしょこもんじょ》』所引『野略抄《やりやくしょう》〈小右記〉』）。

当時は刀を抜くことは禁じられていた。長保元年（九九九）七月二日に蔵人所《くろうどどころ》の小舎人《こどねり》と内蔵寮《くらりょう》の下部《しもべ》のあいだで闘乱があった際にも、理由もなく暗夜に刀を抜いたことを追及されている。ただし、「近頃はこのような場合には、特に優恕《ゆうじょ》（大目に見て見逃すこと）を加えている。よく事情を誡《いまし》め仰せて、免《ゆる》すべきであろう」という道長の言葉は（『権記』）、当時の寛容な処罰を示すものである。同じ長保元年十一月三十日に藤原実成《さねなり》と藤原重家《しげいえ》の従者に闘乱の疑いがあった際にも、矢を番《つが》え、刀を抜いたか否かが問題となっている（『権記』）。

「殺害ほど重いものはない」――一条天皇の犯罪観

翌長保二年七月二十四日に起こった源済政《なりまさ》の郎等《ろうどう》と藤原寧親《やすちか》の郎等との闘乱事件は、一条天皇の犯罪観もうかがえ、興味深いものである。事件の発端は寧親の馬飼《うまかい》の武男《たけお》が寧親邸の西門で妻を打擲《ちょうちゃく》していて、見物人が市を成《な》して集まったことにある。家奴《いえやっこ》が門戸を閉めるようにと言うと、一人の見物人が閉めてはならないと言って門扉《もんぴ》に寄りかかった。家奴が「しょうもないことを云う者だな」と言って無理に門戸を閉めると、その男は押し倒された。すると起《た》って刀を抜き、武男と寧親の下人《げにん》の行正《ゆきまさ》を突こうとしたものの果たせずに去ったのだが、その場にいた男二人が、「殿《との》（済政）の雑色《ぞうしき》が武蔵前守《むさしのさきのかみ》（寧親）の宅の人に打ち殺された」と放言《ほうごん》して走り回った。するとちょうど騎馬《きば》で通りかかった済政の郎等が、武男と行正を射殺してしまったというのが、その顚末である（『権記』）。

産穢《さんえ》に触れていた済政は二十五日に参内し、物忌中の一条に虚偽の奏上をおこなった。寧親が済政の宅に押し入って濫行《らんぎょう》をはたらき、寧親の従者が誤って射た結果、寧親の郎等が傷を被《こうむ》ったというものである。二十六日に寧親が事件の顚末を語り、真相が明らかになったのだが、二十八日に一条が、「およそ犯罪は殺害ほど重いものはない」という見解を示し、済政に犯人を差し出すよう命じている（『権記』）点が面白い。

なお、一条は八月二十三日に、備前国《びぜん》に逃亡した犯人の出雲介《いずものすけ》（藤原致興《むねおき》）の追捕《ついぶ》を命じ、追捕宣旨を下させている。しかし、済政自身がこの件で咎《とが》められた形跡はなく、この後も阿波権守《あわのごんのかみ》と蔵人の職をつづけている。倫子の甥にあたり、道長の家司を勤めていたことにもよるのであろうが。犯人の致興も、翌長保三年七月十七日に追捕されたが、何と仁和寺《にんなじ》の申請によって右京少進《うきょうしょうじん》に任じられていたのである（『権記』）。

検非違使をめぐって

寛弘三年（一〇〇六）六月十六日に法住寺《ほうじゅうじ》で起こった藤原文行《ふみゆき》と平正輔《まさすけ》の闘乱も、検非違使の権限がよくうかがえる例である。打擲された文行が逃げたところ、騎馬の検非違使二十余人が追って来て、矢を射てきた。文行も矢を射返して土御門第に逃げ込んだのだが、検非違使は土御門第を取り囲んだ。検非違使別当斉信《ただのぶ》が来たので、道長は文行を引き渡した。斉信は、「文行に縄を付けて、徒歩で連行せよ」と命じたが、道長は、馬に乗せ、衣《い》冠《かん》を着させて連行するよう命じている。「詔使《しょうし》（検非違使）に対捍《たいかん》したというのは、人臣《じんしん》の礼が無い者である」ということで、文行の官位《かんい》を解却《げきやく》すべきであるという勘文《かんもん》が出たのだが、道長は、事件の発端は大したことではなかったということで、執務を停めるだけに留め、その身は免《ゆる》すこととした。なお、この件で斉信は別当を辞任している（『御堂関白記』）。

関係者の身柄に関する興味深い事件もある。寛弘八年四月十日、東宮居貞親王の主馬署《しゆめしよ》の舎人《とねり》が道長の雑色を打擲して連行し、緊縛《きんばく》するという事件が起こった。道長が春宮大夫《とうぐうだいぶ》の藤原懐平《かねひら》に書状を送って伝えると、懐平は獄に下すことにしていると言いながら、雑色を返し送ってきた。すると道長は、獄に下すのは東宮の仰せであるので、その男を受け取るのは都合が悪いとして、受け取らなかった。そのうえで、東宮の許から雑色の男を返し送ってきたというものである（『御堂関白記』）。中世の身柄引き渡しに通じる措置である。

検非違使と争論《そうろん》をおこなった者もいた。実資の随身である安倍守親《あべのもりちか》である。寛仁元年（一〇一七）七月十三日、盗まれた道長邸の金を捜索していた検非違使庁《けびいしちよう》の看督長《かどのおさ》や放免《ほうめん》が紀佐延《きのすけのぶ》宅に押し入り、人を逮捕させて濫行をはたらいたという件を、守親が蔵人所において検非違使藤原宗相《むねすけ》に大声で愁訴《しゆうそ》したのである。道長は、きわめて不都合なことであるとして、「我が家に出入りすることを禁止する」と命じる一方で、看督長も召還《しようかん》して戒《いまし》めるよう命じている（『御堂関白記』）。宗相は金の捜索の中心人物であった（『左経記』）。

さて、摂政を継いだ頼通が寛仁二年三月二十二日に春日詣《かすがもうで》をおこなった際にも、佐保殿《さほどの》の室礼《しつらい》をめぐって豊原為時《とよはらのためとき》（元検非違使）と興福寺所司とのあいだに闘乱が起こった。為時が法師《ほうし》を連行させたことから、大童子《だいどうじ》六、七十人ほどが為時に放言・奇事《きじ》を申すために佐保殿に押しかけて濫行をはたらいたというものである（『御堂関白記』）。為時はこのときには受領《ずりよう》となっていたのだが、検非違使時代の癖は残っていたのであろう。

とまあ、主に検非違使をめぐって闘乱事件を並べてみた。平安京の治安は、このようにして守られていたのであるが、かなりの部分に天皇が関わっていることも特徴的である。

凌礫・打擲

集団同士、また個人間によるによる暴力行為に際して、両者の武力に圧倒的な較差が存在したり、あるいは両者の身分に圧倒的な較差が存在する場合、しばしば凌礫《りようれき》や打擲《ちようちやく》と呼ばれる、何とも後味の悪い事態が発生する。

永延元年（九八七）四月の賀茂祭では、十七日に道綱《みちつな》（当時、右中将《うちゆうじよう》）と道長（同じく左少将《さしようしよう》）が車に乗ったまま車前を通ったというので、右大臣藤原為光《ためみつ》の雑色《ぞうしき》多数が二人の車に投石するという事件が発生した。二人は父の兼家に訴え、五月二十一日に為光が二人に釼《たち》を贈ることで決着している（『小右記』）。道長もまだ若かったのである。

翌永延二年、権中納言となった道長は、十二月四日に式部少輔《しきぶのしよう》橘淑信《たちばなのよしのぶ》を捕え搦《から》め、徒歩で連行している。「天下の人が嘆いた所である」というのは（『小右記』）、道長の性急な性格を指しているのであろう。この年、道長は二十三歳であった。

長徳元年（九九五）に政権の座に就いてからは、さすがに道長は乱暴なことはしていないが、周囲ではあいかわらず事件が頻発した。寛弘三年（一〇〇六）五月十日には、蔵人の藤原広業《ひろなり》が同じ蔵人の藤原定佐《さだすけ》を内裏で闇打《やみう》ちにしたところ、逆に定佐によって打擲され、疵《きず》を被《こうむ》るという事件が起こった。夜通し、一条天皇の御所の辺りが騒然とし、一条は怪しみ怖れた。当然、定佐は除籍《じょしゃく》に処された（『御堂関白記』）。当時、天変《てんぺん》が連々としていることについての勘申《かんじん》をおこない、「内乱《ないらん》が起こり、近臣《きんしん》が退く」という結果が出ていたのであるが、この事件が「大禍《たいか》が転じたもの」というのは（『権記』）、楽観に過ぎよう。

右大臣顕光の家人《けにん》にも乱暴者が多かった。寛弘四年正月八日には顕光の家人が藤原能通《よしみち》の家を破却《はきゃく》（「家を切る」）したというので、九日に検非違使を遣わして問注日記《もんちゅうにつき》を記録させていたところ、顕光家の雑掌《ざっしょう》数十人が来て、能通の郎等《ろうどう》の家、ついで能通の家を破却しようとした（『御堂関白記』）。顕光家関係者の濫行《らんぎょう》は、長和五年五月二十五日に顕光の牛飼童《うしかいわらわ》が藤原忠職《ただもと》の牛飼を打擲するなど（『御堂関白記』）、その後もつづくが、こういった態度が婿である敦明親王の行状にも影響していくことになるのである。

大和守《やまとのかみ》と興福寺とのあいだの紛争については何度も触れているが、寛弘六年七月三日には、春日社《かすがしゃ》に参って神拝《しんぱい》をおこなった大和守藤原輔尹《すけただ》が興福寺の者に凌礫され、国夫《こくふ》の預《あずかり》が頭を数箇所、打ち破られ、「すでに死門《しもん》に及ぶ」という事件が起こった。道長は下手人を召し進めた興福寺別当《べつとう》に対し、「興福寺から度々このような事が出来するのは、別当が制止していないからである」と、怒りを露《あら》わにしている（『御堂関白記』）。

この寛弘六年十二月一日には、藤原伊成《これなり》が道長四男の能信に凌辱《りょうじょく》されたことによって出家するという事件が起こった（『権記』）。それは十一月二十九日の皇子敦良五夜の産養《うぶやしない》のときのことであった。凌辱された伊成は責に堪えず、笏《しゃく》で能信の肩を打ったところ、蔵人の藤原定輔《さだすけ》が縁から伊成を突き落とし、能信が従者《じゅうしゃ》を召し集めて、伊成を殴り、髪を執って打擲させ、また踏み臥して松明《たいまつ》で打った（『御産記〈小右記〉』）。

明子腹の能信なればこそ、倫子腹の彰子が産んだ皇子の産養の席で、鬱屈《うっくつ》していた感情が爆発したのであろう。伊成の出家を聞いた実資は、「長年、自分は子孫の無いのを愁えていたが、伊成を見ると、かえってこの方が嘆きとなる」と、その感想を記している（『御産記〈小右記〉』）。

この後も、この種の事件は後を絶たなかった。長和元年（一〇一二）十二月五日には皇太《こうたい》后宮《ごうぐう》彰子の侍《さむらい》たちが侍長《さむらいのおさ》の源知通《ともみち》を闇打ちにし、長和二年正月二十六日には近衛御門《このえみかど》（明子邸）の垣根《かきね》の板を取っていた検非違使別当藤原懐平《かねひら》の随身が明子の下人《げにん》に凌礫され、同年十月十二日には内裏女房《にょうぼう》の従者の女が阿闍梨《あじゃり》源賢《げんけん》の童《わらわ》に髪を切られるなど、枚挙に暇《いとま》がない（いずれも『御堂関白記』）。

敦明親王の濫行

しかし何といっても濫行の本家は、敦明であろう。長和三年六月十六日や十二月一日にも事件を起こしていた敦明であったが（『小右記』）、長和四年四月三日には獄から脱走した盗人《ぬすびと》が敦明の御在所である堀河院（顕光邸でもある）に入ったので検非違使の看督長《かどのおさ》や放免《ほうめん》たちが捜索に入ったところ、敦明親王家の雑人《ぞうにん》のために打擲された。翌四日には敦明親王家の雑人が検非違使別当藤原実成《さねなり》の家におしかけて濫行をおこなった（『御堂関白記』）。

三条天皇も咎《とが》め立てなかったことから、道長もさすがに困り果て、「このような乱行《らんぎょう》は、ただこの親王の周囲にばかり起こる。右大臣（顕光）が不覚《ふかく》（愚か）であって、親王の乱行を留め申さなかったのである。主上《しゅじょう》（三条天皇）からは勘当《かんどう》はなかった。奇怪なことである、奇怪なことである」と記している（『御堂関白記』）。これはすでに実資も長和三年に、顕光が思慮分別がないうえに、諫《いさ》めないのは「愚の又、愚である」と同じ感想を記している（『小右記』）。

道長の息子たちも、先に挙げた寛弘六年の例以外にも、事件に関わっている。長和五年五月二十五日に故藤原致行《むねゆき》（藤原寧親《やすちか》の郎等を殺害した致興《むねおき》のこと）の妻の家に大学助《だいがくのすけ》大江至孝《おおえのむねたか》が強姦《ごうかん》のために乱入した。助力を頼まれた能信が下人を遣わしたところ、その下人は斬り払われて死去した。能信は家人多数を女の家に押しかけさせ、一物もなく破壊させている。二十七日に道長は能信下人の追捕《ついぶ》を命じたのであるが、二十八日に検非違使から、夜であったので未だ捜索していないことを申してきた。道長の怒りを受けて、検非違使は下人を逮捕したのであるが、二十九日に下人を勘問《かんもん》させると、その下人は知らないということを申した。「そこで放免させた」というのが、事件の決着である（『御堂関白記』）。

教通の家人も、寛仁元年（一〇一七）九月十四日に摂津《せっつ》国に雑色十余人を下向《げこう》させ、摂津守《せっつのかみ》の居所、および留守所《るすどころ》の者を召し捕えさせている。左大将《さだいしょう》（教通）を勘当されるべきであるという摂津守の訴えを承けて、摂津国に検非違使を下し遣わすことになったのであるが（『御堂関白記』）、その後の経緯は不明であり、有耶無耶《うやむや》にされたのであろう。

教通はこの年の十月二十三日にも、紀伊国の粉河寺《こかわでら》からの帰途、和泉《いずみ》国の饗応が気に入らないとして、饗饌《きょうせん》を馬で蹴散らせるなどの濫行を演じている（『小右記』）。

このように、一見すると大人しく見える平安貴族も、感情が爆発したときには、暴力沙汰を起こすことになる。上位の者に凌礫されても、やり返すこともできず、堪忍《かんにん》を重ねていた下級官人の無念は、まことに身にしみるところである。

密通・暴行――「荒三位」道雅と当子内親王

さらに後味の悪いのが、密通《みつう》や暴行といった事件である。いくつか挙げてみよう。

長和四年（一〇一五）四月四日、中宮妍子《ちゆうぐうけんし》の乳母《めのと》である典侍《ないしのすけ》中務《なかつかさ》（藤原儷子《れいし》）が内裏から退出した際、鷹司《たかつかさ》小路と高倉《たかくら》小路の辺りで連行された。犯人は藤原惟貞《これさだ》であったが、この惟貞は儷子の夫であった故藤原惟風《これかぜ》の兄弟なのであり、「この様子を考えると、この女は惟貞朝臣と同心していたのである」ということなのであった（『御堂関白記』）。

道長は惟貞を土御門第の門前で晒《さら》し者にし、市を成《な》した上下の者は手に燭を秉《と》って惟貞を見、大いに笑った（『御堂関白記』『小右記』）。「汝《なれ》は極めて不都合な人である。先日、この典侍の家に入って濫行《らんぎよう》を行なった。また、今回は、陣下《じんか》において典侍の車に乗りこんで強姦をはたらいた。甚だ不当である」というのが、道長の言である（『御堂関白記』）。ただ、惟貞は放免された後、先に退出した儷子の許を訪れて懐《いだ》き抱いたとあるから（『小右記』）、じつは二人はよほど仲がよかったのであろう。

翌長和五年三月二十日、内裏女房の少　将　命婦《しようしようのみようぶ》が退出した際、皇太后宮彰子の侍七、八人に襲われて車から引きずり落とされ、従者が頭と面を打ち破られて、女童《めのわらわ》が略取《りやくしゆ》された（『御堂関白記』『小右記』）。内蔵有孝《くらのありたか》というのが犯人であったが、有孝はかつて濫行を受けた検非違使を辱《はずかし》めようとしたが遂げられなかったというので、その検非違使の妻である少将命婦を襲ったのである。有孝は弓場《ゆば》に拘禁《こうきん》され、馬肉を食わされるという恥辱を受けていたが、彰子の度重なる要請によって、赦免《しやめん》されている（『小右記』）。

寛仁元年（一〇一七）二月六日には、一条橋《いちじようばし》の上において滝口《たきぐち》の大蔵忠親《おおくらのただちか》が殺された。忠親は検非違使放免《ほうめん》の為重丸《ためしげまる》と同じ女を妻としていたのであったが、犯行は播磨《はりま》国に在住する藤原明孝《あきたか》が上京して起こしたとのことで（『御堂関白記』）、複雑な様相を呈している。

この寛仁元年には、さらに深刻な密通事件が起こった。四月十日、三条天皇の退位にともなって、伊勢斎宮《いせさいぐう》の任を解かれた当子内親王《とうしないしんのう》が入京したのであるが、何とこれに、伊周の嫡子の「荒三位《あらざんみ》」道雅が密通するという事件が起こった。じつはこの密通は、当子の乳母《めのと》が手引きしたのであった。知らせを聞いた道長は十一日に三条の許を訪れ、対策を協議したが、三条の語った言葉は、「『前斎宮が道雅のために姦《おか》された』ということである」というものであった（『御堂関白記』）。かつて自分の皇位の長久《ちようきゆう》を念じつづけた、いまだ着裳《ちやくも》の儀も終えていない十七歳の女《むすめ》に対する、余命幾ばくもない父親の悲哀が伝わってくるようである。なお、この事件によって、道雅は三条の勅勘《ちよつかん》を蒙《こうむ》っている（『小右記』）。

ちなみに、「百人一首《ひやくにんいつしゆ》」に採られた道雅の句、「今はただ思ひ絶えなむとばかりを人づてならでいふよしもがな（「今はただ、あなたへの思いを絶ってしまおう」と、それだけを人づてでなく、じかにあなたにお話しする方法があったらいいのだがなあ）」は、このときの歌とされる。

こちらも挙げていけば切りがないので、この辺で止めにするが、最後に少し爽《さわ》やかな事例を挙げておこう。一条天皇の死後、女御であった藤原元子（顕光の女）は浮き名の高い源頼定《よりさだ》と密通を重ねていた。現場を押さえた顕光は激怒し、その場で元子を出家させたが、元子は顕光邸を出奔して頼定と同居し、一女を産んだ。ところが長和五年四月二十一日の賀茂斎院御禊において、道長の狭敷《さじき》の西の頼定の狭敷に顕光の車が入り、ともに御禊を見物したというのである。道長は、「甚だ能《よ》い事であった」と記している（『御堂関白記』）。

うわなり打――前妻の後妻への嫌がらせ

「うわなり打《うち》」とは、離縁された前妻《こなみ》が後妻《うわなり》に嫌がらせをする習俗である。前妻が憤慨して、親しい女子をかたらって後妻を襲撃し、後妻の方でも親しい女子を集めて防戦に努めたという、まことに恐ろしい風習である。平安時代からはじまり、戦国時代に盛んになったというが、『小右記』『権記』『御堂関白記』には一例ずつ、ごく初期の例が見える。

寛弘二年（一〇〇五）四月二十三日の『小右記』の例は、「うわなり打」とは少し異なる。大宰大弐《だざいのだいに》に任じられた藤原高遠《たかとお》が任地に下向《げこう》しようとしていたところ、「頗《すこぶ》る見苦しい事」が起こった。桂川《かつらがわ》において、二人の妻が車論（車争い）をおこなったというのである。前典侍《さきのないしのすけ》（こちらが前妻か）は大いに怒り、留まろうとしたが、人びとの勧めでやっと乗車して山崎《やまさき》に向かったとのことである。何とも「くわばら、くわばら」である。

『権記』に見える寛弘七年二月十八日の例は、本格的な「うわなり打」である。鴨院《かもいん》の西《にしの》対《たい》に教通の随身、および下女《しもおんな》三十人ほどが乱入してきて濫行《らんぎょう》を起こし、内部の財物《ざいもつ》や雑物《ぞうもつ》を破損した。教通の乳母《めのと》である蔵命婦《くらのみょうぶ》の仕業《しわざ》であった。西対には故源兼業《かねなり》の妻が居住していたが、そこに祭主大中臣輔親《さいしゅおおなかとみのすけちか》がこの何日か寄宿《きしゅく》していた。そこで輔親の妻である蔵命婦が嫉妬《しっと》のために人を差し向けたのである。輔親は当時、すでに五十七歳である。

この蔵命婦は、二年後の長和元年（一〇一二）二月二十五日にも「うわなり打」を起こしている。輔親の宅である六条院《ろくじょういん》を襲撃したというのである（『御堂関白記』）。今回の「うわなり」が誰なのかは断定できないが、よくよく嫉妬深い女性のようである。輔親の方にも問題はあるのであろうが。なお、『御堂関白記』の「これは、蔵命婦と云う女房の『宇波《うは》成打《なりうち》』です」という言葉が、文献上の「うわなり打」の初例ではないだろうか。

第六章　道長の精神世界

平安貴族が迷信や禁忌《きんき》に囲まれて生きており、たとえば物忌《ものいみ》や触穢《しょくえ》、方違《かたたがえ》などに極度に怖れおののき、密教《みっきょう》の加持祈禱《かじきとう》や陰陽道《おんみょうどう》などにすがって生活していたというイメージは、いまだに彼らに対する否定的なイメージとして定着しているように見える。

こういったものを怖れる平安時代の人間は、我々現代人よりも非科学的で劣った連中であり、現代人は彼らよりも進歩した人類であるという、思い上がった考えである。

しかしながら、人間は与えられた歴史条件の下でしか生きることはできない。当時の科学技術の枠のなかでは、彼らはさまざまな不可思議な現象に対して、精一杯の冷静さでもって、科学的に対処していたのである。

それはお神籤《みくじ》の内容や朝のニュース・ショーで流れる馬鹿げた「占いランキング」に一喜一憂したり、茶柱が立ったとか、今日は大安だなどと言っている我々現代人と、それほどの距離があるとも思われないのである。人間なんて、時代が変わったって、それほど進歩するものではない。

『御堂関白記』を読んでいると、道長の精神世界に触れることのできる記事に出会うことが多い。ここではいくつかに分類して、その「さわり」だけを説明してみよう。

1　信仰

鎮護国家仏教・密教・浄土信仰

道長の信仰心の深さと広さは、当時の貴族のなかでも、やはり特筆すべきものであろう。強運によって政権を手に入れた道長としては、それに対する感謝と、それを手放したくないという願望が強かったであろう。そして天皇に入内《じゅだい》させた女《むすめ》に皇子が生まれてミウチ関係を強化したいといった現実的な要請が、このような信仰に結びついたのであろう。

道長が仏教・神祇《じんぎ》・陰陽道にわたって、膨大な量の宗教行事をおこなっていることは、『御堂関白記』を眺めれば容易に理解されるところである。法華三十講《ほっけさんじっこう》、霊場参詣など、道長が新たな宗教儀礼や行事を創出し、それが後世に受け継がれるようになったという側面も指摘されている。

土御門第で修《しゅ》している法華三十講では、南都《なんと》・天台《てんだい》（延暦寺《えんりゃくじ》の山門《さんもん》派・園城寺《おんじょうじ》の寺門《じもん》派とも）の僧による論義《ろんぎ》をおこなわせるなど、道長は仏教界全体の統合をはかっていた。教科書的には奈良時代の鎮護国家《ちんごこっか》仏教から平安時代初期の密教、そして平安中期以降の浄土《じょうど》信仰へ移行するかのような記述がなされているが、決してそんなことはない。それぞれが重層的に信仰され、後世にまで存続していったのである。

道長の個人的な信仰としては、法性寺《ほっしょうじ》に不動明王像《ふどうみょうおうぞう》を中心とする五大堂《ごだいどう》を建立するなど現世利益《げんせりやく》の密教に傾倒していた時期から、法華三十講に代表される法華《ほっけ》信仰、そして来世《らいせ》の極楽往生《ごくらくおうじょう》を願う浄土信仰に、徐々に重心を移しているようにも思える。浄土信仰というのは現世《げんせ》での栄達は望めない文人貴族からはじまったのであるが、道長のような権力者が信仰することで、広く浸透していったのである。

ここでは道長の主宰した宗教行事や信仰に関わる記事について述べてみよう。すでに長保四年（一〇〇二）正月に公任《きんとう》・斉信《ただのぶ》・源俊賢《としかた》・行成らとともに『摩訶止観《まかしかん》』の伝法《でんぼう》を受けた道長であったが（『権記』）、寛弘元年（一〇〇四）三月九日には、つぎのような興味深い記事が見える。一条天皇が、この何年か阿闍梨《あじゃり》に任じられる者が真言《しんごん》に練達していないので、道長邸において仏事《ぶつじ》を供養《くよう》し、経を読んで仕《つか》えてきた者の内で、衆望《しゅうぼう》が有る者を奏上せよと命じているのである（『御堂関白記』）。道長家の公的な宗教性に関わる記事である。

道長自身にも、自分が民衆を含めた宗教をリードする気概が存したようである。寛弘元年三月十三日に法興院《ほこいん》において修した万燈会《まんとうえ》では、見物人のなかにいた呪師《ずし》を召して、仏に供するために猿楽《さるがく》を奉仕させている。寛弘三年十月二十八日の法興院万燈会でも、「池の東の見物人は、垣《かき》のように数百人が来た」とあるから（『御堂関白記』）、道長は法会《ほうえ》を限られた者のみのものとは考えていなかったのである。寛弘七年三月二十一日には、民間に布教をおこなっていた皮聖人《かわしょうにん》（行円《ぎょうえん》）の千部法華経《ほけきょう》・千体仏供養に僧の食事と布施《ふせ》のための米三十石を送っている（『御堂関白記』）。

新しく興りつつあった浄土信仰にも、関心は深かった。行成は寛弘二年九月に、道長に源信《げんしん》の『往生要集《おうじょうようしゅう》』の書写を命じられたのだが、十七日、道長は行成筆の方を召し、行成には原本を下賜している（『権記』）。

金峯山詣――経塚供養の嚆矢

道長の宗教行事として特筆すべきは、金峯山詣《きんぷせんもうで》であろう。金峯山は現奈良県吉野郡の山上ケ岳《さんじょうがたけ》（標高一七一九メートル）である。『延喜式』には規定がなく、道長の頃にようやく弥勒下生《みろくげしょう》の地として信仰の対象となったとされる。道長は長徳四年（九九八）、そして寛弘八年にも参詣を計画しているが、実際に参詣したのは寛弘四年八月だけであった。

寛弘四年には閏五月十七日から長斎《ちょうさい》（御嶽精進《みたけそうじ》）をはじめ、笠置寺《かさぎでら》・祇園感神院《ぎおんかんじんいん》（祇園社）・賀茂社《かもしゃ》に参り、鴨川と松崎《まつざき》で解除《げじょ》（穢を祓い清めること）をおこなったうえで、八月二日に出立《しゅったつ》している。わざわざ朱雀門《すざくもん》の前の礼橋《らいばし》で解除をおこない、朱雀《すざく》大路を通って羅城《らじょう》

金峯山湧出岩・埋経地（現在でも大量の土器が散布している）

門《もん》から出るなど、その高揚がうかがえる。石清水八幡宮《いわしみずはちまんぐう》や大安寺《だいあんじ》・壺坂寺《つぼさかでら》・現光寺《げんこうじ》（世尊寺《せそんじ》）などを経て、八月十一日に金峯山寺《きんぷせんじ》に到着した。この間、大安寺では宿所《しゅくしょ》が華美で金峯山詣にふさわしくなかったので南中《みなみちゅう》門《もん》の東腋《ひがしわき》に宿すなど（『御堂関白記』）、その信心は徹底している。

　金峯山寺では、小《こ》（子）守三所《もりさんしょ》・護法社《ごほうしゃ》・三十八所《さんじゅうはっしょ》に参上して、御幣《ごへい》・紙・米を献上し、金剛蔵王権現《こんごうざおうごんげん》が湧出《ゆうしゅつ》したという御在所（現大峰山寺《おおみねさんじ》山上本堂《さんじょうほんどう》前）に参っている。そして経を経筒《きょうづつ》に入れ、金銅《こんどう》の燈楼《とうろう》を立てて、その下に埋納した（『御堂関白記』）。

　供養した経は、法華経・仁王経《にんのうきょう》、一条・冷泉院・彰子・東宮居貞親王（なぜか花山院は入っていない）のための理趣分《りしゅぶん》、八大竜王《はちだいりゅうおう》のための般若心経《はんにゃしんぎょう》、長徳四年に書写した金泥《こんでい》法華経、今回、書写した弥勒経《みろくきょう》・阿弥陀経《あみだきょう》・般若心経、それに倫子の書写した経であった（『御堂関白記』）。この後、全国に盛行する経塚《きょうづか》供養の嚆矢《こうし》とされる出来事である。

このときに埋納された経巻《きょうかん》は、六百八十四年後の江戸時代、元禄《げんろく》四年（一六九一）に山上ヶ岳から出土した金銅経筒のなかから発見された。経筒に刻まれた銘文《めいぶん》、および経巻の文字は、道長の自筆と推定される。ただ、経巻は後世、逆さまに経筒に入れ直されて埋納されたらしく、下の部分に破損が多い。

経筒には出立前に、すでに「寛弘四年八月十一日」という日付が刻まれていた。ということは、何としてもこの日に埋納しなければならないことになる。当初はゆっくりと金峯山をめざしていた道長であったが、途中から雨の日がつづき、最後の数日は苦労して登ったことであろう。

道長がこのとき、子守三所に詣でている点、また埋納した理趣分が性欲を解放する思想を説く経である点から、やはりこの金峯山詣には、自身の極楽往生に加え、彰子の懐妊祈願という意味も含まれていたと考えるべきであろう。彰子はこの年の十二月、実際に懐妊している。

なお、私は、道長と同じ四十二歳の年の八月、金峯山に登った。その日も雨模様で、急《きゅう》峻《しゅん》な山道や断崖《だんがい》を雨をおして登った道長の執念を、すぐに実感することになったものである。今回、久々に登ってみたが、すでに道長が出家した年齢になってしまっていた。

五日で七十万遍の念仏

さて、道長が浄土信仰へ傾斜している記事を挙げよう。寛弘八年三月二十七日、道長は仏像と経を供養した。「これはただ、後生《ごしょう》のためである」と記しているように、それは来世の極楽往生を思うが故のものであった。ところが大江匡衡《おおえのまさひら》に作らせた願文《がんもん》は道長の本意《ほい》とはちがって多く現世の安穏《あんのん》について述べていたので、道長は改め直させた（『御堂関白記』）。最初の願文は、「死について避けていた」ものだったのである（『権記』）。

その様子を見た講師《こうじ》の院源《いんげん》は、死に言及することを避けず、人が聴くのを憚《はばか》らず表白《ひょうびゃく》（法会の始めに、その趣旨を仏前で読みあげること）したので、道長は感嘆に堪えずに落涙《らくるい》を抑え難く、集会《しゅえ》していた衆人《しゅうじん》は一心に聴聞《ちょうもん》したという（『権記』）。道長は、「表白は、私の本意のとおりに極楽往生を講じたものであった。衆人が感動したことは、比類《ひるい》が無かった」と記している（『御堂関白記』）。

土御門第では、もともと春秋二季の読経もおこなわれていた。時期が延び延びになって、春の分を秋、秋の分を冬におこなったり年をまたぐこともしばしばであるが（『御堂関白記』）、それでも年に二回は必ずおこなっているので、その意味では律義なものである。

加えて長和二年（一〇一三）三月からは、土御門第において毎月十八日と晦日の例経供養《れいきょう》をはじめた（『御堂関白記』）。公卿や殿上人が多数参列する月例《げつれい》の経供養というのも、大したものである。終わってから必ず管弦や饗宴をおこなうというのも、道長の特徴である。

寛仁二年（一〇一八）に栄華の頂点をきわめた道長は、胸病と眼病もあって、寛仁三年三月二十一日に出家した。寛仁四年十月十六日には、後一条天皇に御悩が重く発《おこ》っていた際に、道長が祈禱をおこなっている。後一条に取り憑《つ》いた邪気《じゃけ》（物怪《もののけ》）は人に移り、その声が時々聞こえてきたが、道長の様子は、あたかも験者《げんざ》（加持祈禱をして、物怪などを退散させ、病気を治して霊験をあらわす行者）のようであったという（『小右記』）。

『御堂関白記』の記事は、治安元年（一〇二一）九月一日から五日までの念仏《ねんぶつ》の回数で終わるが、五日間で計七十万遍というのも、実際の数字とすると、すごいものである。

晩年の道長には、子女の不幸があいついだ。万寿二年（一〇二五）八月三日には、産気が起こったものの赤斑瘡《あかもがさ》を患《わずら》っていた六女の嬉子に対して、加持をおこなってはならないと勘申《かんじん》した陰陽師《おんみょうじ》を、道長は勘当《かんどう》した。諸僧が邪気を怖れるのを見た道長は、自ら加持をおこなって邪気を調伏《ちょうぶく》した（『小右記』）。皇子の平産《へいざん》を期す執念というべきか。

それにもかかわらず、嬉子は親仁親王《ちかひと》（後の後冷泉天皇）を出産した後、五日に薨去した。道長の悲嘆はきわまりなく、恋慕《れんぼ》に堪えずに嬉子に付き添っていた。道長は加持をおこなったことを深く悔い、三宝《さんぼう》（仏教）を恨み申したという（『小右記』）。

二年後の万寿四年九月六日、二女の妍子が危篤《きとく》に陥った。道長は、縁によじ登り、仏堂《ぶつどう》に参って、仏前に恨み申したという（『小右記』）。あれほど信心深かった道長であったが、女《むすめ》の死に際しては、それも薄れたということであろうか。道長自身が法成寺阿弥陀堂の九体阿弥陀像の前で薨去したのは、その三ヵ月後、十二月四日のことであった。

2　夢想

サボるための口実

『御堂関白記』に見られる夢記事で、夢の内容を具体的に記したものはない。道長は、怖いこと、不可思議なことは、なるべく書きたくなかったのであろう。単に忘れてしまった、あるいは漢文で書けなかっただけかもしれないけれども。

しかも、『御堂関白記』における道長の夢というのは、そのほとんどが、どこかに外出、あるいは参列することをサボるための口実としてのものである。本当に見たかどうかも怪しいのであるが、むしろそれを認める当時の社会、あるいは道長の立場をこそ、考えるべきであろう。

また、当然と言えば当然なのであるが、『権記』や『小右記』『春記』など他の日記とは異なり、『御堂関白記』には自身の昇進に関する夢がまったく見られない。蔵人頭はおろか、参議さえ飛び越えて公卿に上った道長にとって、現実の公卿社会における昇進などは、夢の世界の話ではないということなのであろう。

すでに平安貴族の夢分析に関する本を書いているので、くりかえしになるのであるが、道長関係の夢記事をいくつか挙げてみよう。

長保元年（九九九）二月二十日、諸社に奉幣使《ほうべいし》を発遣《はつけん》する儀式には、道長は「夢想《むそう》」がよくなかったという理由で参入しなかった。しかしこの日、道長は土御門第において新築の馬場《ばば》に馬を走らせ、多くの公卿を招いている（『御堂関白記』）。こうなると、行きたくないところには夢想を口実にして行かず、やりたいことだけはそれにもかかわらずやるといった行動様式を想定したくもなるというものである。

道長の「夢解き」

一方、長保二年九月四日に見た太政官文書請印《だいじょうかんもんじょしょういん》の夢想を「祥《さち》」（参議昇任）と思った行成は、それをわざわざ道長に告げに来た。道長は嫌な顔をせずに、「これは吉想《きっそう》である。ゆめゆめ他人に語ってはいけないぞ」と「夢解き」をおこなっている（適当に言っただけであろうが）。その後、道長は兼家の初叙《しょじょ》した夜の夢という一家の秘事を語った（『権記』）。その場で適当に思いついたものかもしれないが。

寛弘元年（一〇〇四）の年の夏は炎旱《えんかん》がつづいていたが、七月十日、ついに一条天皇は清《せい》涼殿《りょうでん》の庭中において雨を祈るという挙に出た。翌十一日の朝、一条は酒を飲むという夢を見た。これを聞いた道長は、すぐさま「雨が降るのでしょうか」と「夢解き」を奏上、それを承けた一条は「天気《てんき》（天皇の機嫌）、宜《よろ》し」と上機嫌であったとある。民を思う一条の心情と、道長との円満な君臣関係がうかがえる例である。なお、「事感ずる」ことがあったらしく、小雨が降ったとある（『御堂関白記』）。

長和二年（一〇一三）二月二十六日の『御堂関白記』の頭書《とうしょ》には、「明救《みょうぐ》・頼命《らいめい》、丑《うし》時」「八月、寅《とら》時」とあるが、本文には、「暁方、二度の夢想が有った」としか記していない。しかし道長の家司《けいし》である藤原知章《ともあきら》が実資に告げたところによると、最初の丑剋の夢は重く慎しまねばならないというもので、道長は起き出して仏前に詣で、祈請《きしょう》をおこなったとある。そしてふたたび眠った際、八月に重い厄《やく》があるという夢を寅剋に重ねて見て、恐怖していたというのである（『小右記』）。『御堂関白記』の頭書はこの二つの夢に関わるメモであり、「明救・頼命」というのは祈禱をおこなわせる僧の名なのであった。

最初の夢を見た際に起き出さずに眠りつづけていれば、道長のこと、それも忘れ、二度目の夢も見ないですんだのであろうが、道長はその後、辞任も念頭に置いて、八月まで一心不乱に精進《しょうじ》や祈禱をおこなっている（『小右記』）。

道長の寿命に関わる夢も取り沙汰されていた。長和五年五月十八日に心誉《しんよ》が実資に語ったところでは、「高僧が夢で語ったところでは、『摂政（道長）は、今年は大した事は無いだろう。明年は必ず死ぬ』と。なぜなら、『種々の善事によって、無理に今年まで生き長らえたが、明年に至ったら必ず死ぬ』」ということであった。ただし、それを聞いた実資は、「夢というものは、虚実《きょじつ》に通うものだ」と冷静である（『小右記』）。摂政である道長の死去という事態は、日頃から人びとの関心を引いていたのであろう。

二年前に自分の寿命を夢で云々されていたことなど夢にも知らない道長は、寛仁二年（一〇一八）正月二十四日、実資のために「吉夢《きちむ》」を見たことを実資に告げている（『小右記』）。公卿社会を円滑に運用するため、こういった情報操作によって、人心を掌握しようとしていたのであろう。「吉夢」というのは、もちろん、実資の昇進に関することであろうが、昇進を決定するのは、他ならぬ道長なのである。この「吉夢」自体、怪しいものであることは、言うまでもない。

子女の死去があいついだ晩年、万寿二年（一〇二五）八月九日には嬉子が蘇生《そせい》するという夢想を、道長が見ている（『小右記』）。よほど恋しかったのであろう。

その逆に、万寿二年十月十九日には小一条院《こいちじょういん》の女房が、道長の子女は死ぬことになるという夢を見た。嬉子はこの夢想に合ってしまったと、頼通以下は恐懼《きょうく》したということである（『小右記』）。道長子女の死に際して、さまざまな臆測が飛び交っていたのである。

万寿四年十二月四日に薨《こう》じた道長が、十日の夜、威子の夢に、極楽《ごくらく》の下品下生《げぼんげしょう》に往生《おうじょう》しているとの書状を届けたとされるのも、こういった背景があったのであろう。

3　物忌と触穢

「禁忌に恐れおののいていた平安貴族」は本当か

物忌《ものいみ》という謹慎行為には、生年月日などによって前年から判明しているもの（「宿曜物忌《すくようものいみ》」）と、怪異《かいい》・悪夢の際に陰陽師の六壬式占《りくじんちょくせん》で占申される物忌（悪夢の場合は「夢想物忌《むそうものいみ》」）とがある。怪日を剋する五行《ごぎょう》の日、十日ごとの甲乙両日にまたがるのが特徴である。物忌簡《ものいみふだ》を陣や門に立て、当日は閉門して外来者を禁じ、必要な者は夜前に参籠《さんろう》させる。

『御堂関白記』自筆本の場合、頭書《とうしよ》に道長と異なる筆（暦博士《れきはかせ》によるものか）で「御物忌」とある場合は天皇の宿曜物忌、これも道長と異なる筆（道長家の家司《けいし》によるものか）で「物忌」とある場合は道長の宿曜物忌であることがほとんどであるが、道長自身の特徴的な筆で「物忌」とある場合は、道長の身に怪異や夢想によって突然に起こった物忌である。ただし、古写本となると、道長を尊重して、道長の筆で「物忌」とあったものをも、「御物忌」と書き替える場合があるから、読解の際には厄介である。

それはさておき、当時の貴族が必ず物忌を厳密に守っていたかというと、そういうわけではない。長保二年（一〇〇〇）正月十三日は犬産《いぬさん》があって穢《けがれ》に触れたので、道長は物忌簡を立てさせたのであるが、東三条院詮子の許に参った際には、「着座《ちやくざ》せず」、つまり立ったままで伺候《しこう》している（『御堂関白記』）。

寛弘元年（一〇〇四）三月十日には物忌が重かったので、一条天皇からの使者は門外において天皇の返報を伝えているが、寛弘二年正月十一日には、女御の加階という重要事項を道長と相談するよう一条から命じられた蔵人頭は、「物忌が固いようですが、人を介して伝えるべきことではありませんので、土御門第《つちみかどてい》に引き入れて会っている。長和元年（一〇一二）十月六日には、物忌が重いというので祈禱《きとう》をしてから妙覚院《みようかくいん》に参っている（『御堂関白記』）。

このような例は枚挙に暇《いとま》がなく（『御堂関白記』にいう「物忌と雖《いえど》も、云々」）、物忌における道長の柔軟な対応もまた、彼の特徴なのである。禁忌に恐れおののいていた平安貴族という図式は、実際の姿とは異なった観念上（あるいは文学上）のものだったのである。

守られない触穢

一方、穢《けがれ》とは一切の不浄をいうが、穢に触れることを触穢《しょくえ》といい、一定の期間は神事・参内などができなかった。穢の最たるものは人死穢で三十日間の忌が必要とあり、ついで産穢《さんえ》の七日、六畜《ろくちく》（牛・馬・羊・犬・鶏・豚）死穢の五日、六畜産穢の三日とつづいている。その他、『延喜式』では弔喪問病、月事《げつじ》（月経）、殺人、改葬、傷胎《しょうたい》（流産）、失火、喫肉、食五辛《ごしん》などが穢と規定されている。穢は甲所から乙所へ、さらに丙所へと二転三転する。

ただし、平安貴族たちが触穢を極度に恐れていたかというと、そうとばかりも言えない。以下、彼らが穢に触れてしまった場合の対応について、面白い例を挙げていこう。

長保元年（九九九）九月八日、内裏の道長の直廬《じきろ》の下に、所々を犬に喰われた八、九歳ほどの童《わらわ》の死体が置かれていた。これは身体の一部しかない「五体不具穢《ごたいふぐえ》」なのか、あるいは「死穢《しえ》」なのか議論があり、結局、三十日の「死穢」と定められた（『御堂関白記』）。京中ならともかく、そんなところに自然に死体があるはずはなく、誰かの政治的な嫌がらせであろう。

寛弘七年（一〇一〇）八月八日、土御門第の門を入ろうとしたときに、道長は犬の死体を発見してしまったので、物忌簡《ものいみふだ》を門に立てた。十二日までが忌む期間として定められており、九日は参内しなかったのだが、十日に一条天皇の召しによって内裏に参入し、その日は候宿《こうしゆく》もしている（『御堂関白記』）。触穢を守らなかった例である。

長和元年（一〇一二）三月二十四日に内裏の女房曹司《にようぼうそうし》において下女《しもおんな》が死んだ際にも、その夫が他所から来て死体を見てしまい、妻が死去したことを触れまわってしまった。道長の指示は、「今はもう、云っても仕方が無い。夜に入って後に、死体を持ち出すべきである。ただし、その西屋《にしのや》の垣《かき》の戸から運び出すのだぞ」というものであった（『御堂関白記』）。知られなければ、有耶無耶《うやむや》にしてしまったのであろう。

その内裏触穢によって、賀茂祭をどうするかが問題になった。行事《ぎようじ》の実資に道長は、寛弘六年に内裏触穢があった際にも賀茂祭はおこなわれたので、そのときの例に准じておこなわれるべきであると指示した（『御堂関白記』）。賀茂祭をおこなうべきであるとの、斎院《さいいん》の下部《しもべ》と斎院自身の夢想《むそう》まで出現している（『小右記』）。穢を忌むべき神事であっても、柔軟に対応する道長であった。

その一方では寛弘八年、道長は二度目の金峯山詣に備えて長斎《ちようさい》をはじめていたのであったが、三月二日、枇杷殿《びわどの》に犬産穢が発生した。「長斎の間、少々の穢の時は、解除《げじょ》して参入しても咎《とが》は無い」と追従《ついしょう》する者もいたが、三日には犬死穢も起こってしまった（生まれた犬の子が母犬に喰われてしまったらしい）。六日にこれらの穢を祓《はら》い清めるために鴨川に臨んだところ、車副《くるまぞい》の男が鼻血を流してしまい、穢を起こしてしまったというので牛綱を棄《す》てて逃げ去ってしまった。それでも解除をおこなって穢を祓おうとしていたところ、風が陰陽師の指す御麻《ぬさ》を切り、烏が祓所に集まってきた。結局、この金峯山詣は中止となってしまったが（『小右記』）、さすがに自分の参詣がからむと、道長も無視するわけにはいかなかったのであろう。道長の大願成就（敦成立太子や妍子からの皇子誕生など）に対する人びとの思いが、これらの穢を発生させたのかもしれない。

こんな例もある。長和二年二月二十三日、藤原説孝《ときたか》の家に、遣水《やりみず》を通って童の死体が流れ入った。家の者はこれを見て、水に流して家から払い出し、土御門第に着座《ちゃくざ》してしまった。土御門第には内裏の曹司《そうし》の人びとが往来していた。道長は、流れに任せてすぐに家から出したのならば、触穢とすべきではないと主張したが、諸卿が議定《ぎじょう》した結果、やはり内裏触穢となってしまい、祈年穀奉幣《きねんこくほうべい》や石清水臨時祭《いわしみずりんじさい》は延引《えんいん》された（『御堂関白記』）。

それにしても、流れていった童について誰も同情していないのは、やはり彼らの心性の一端を示すものであろう。また、内裏はすでに穢に触れてしまったというので、道長は、御前に参るようにという三条天皇の仰せによって参入し、候宿している（『御堂関白記』）。皆が穢に触れてしまったら、どこにいても同じということなのであろう。

触穢が政治と深く関わった例もある。長和四年、道長から退位《たいい》を迫られていた三条が病《びょう》悩《のう》平癒《へいゆ》の最後の切り札と考えたのが、伊勢《いせ》神宮《じんぐう》に勅使《ちょくし》を派遣することであった。この伊勢勅使をめぐって、三条と道長とのあいだで攻防がはじまることとなる。選ばれた手段は、発遣《はっけん》の直前に関係者の周囲に「穢」を発生させ、発遣を延引させるという陰湿なものであった。「実無き穢」を称する者もいれば（『小右記』）、「小児の頭身で一本の手と一本の足が付いたもの」を放り込んだ者もいた（『御堂関白記』）。

七月二十七日の夜には、内裏に死穢が発生している。しかも二つである。『御堂関白記』によれば南山に新しい死人の頭が置かれており、『小右記』によれば紫《し》宸殿《しんでん》の橋の下に時間が経った半破の白い頭が置かれていたという。内裏を死穢に陥らせようとした者が二勢力いたということになる。これで五度目の延期となったが（結局は七回延期されている）、三条が譲位の意志を固めた（と周囲に認識された）直後の九月十四日に、何事もなく勅使を発遣することができたというのは、何とも皮肉なことである。

以上、平安貴族たちは、もちろん穢に触れない方が望ましいには決まっていたが、触穢となってしまった以上は、その状況に合わせた臨機応変にして柔軟な対応を取ることが多かったことが、容易に読み取れよう。これらもまた、彼らの心性なのである。

4　怪異

動物・人魂・虹

怪異《かいい》とは、不吉な前兆を示すさまざまな異常現象全般を言う。動植物などの怪は特に物《もっ》怪《け》（物恠）と称される（怨霊《おんりょう》の類の物怪《もののけ》とは別物である）。国家的な怪異に際しては、官奏《かんそう》を経て軒廊御卜《こんろうのみうら》で神祇官《じんぎかん》と陰陽寮《おんみょうりょう》が神祟《しんしゅ》（神の祟《たた》り）、天皇の慎しみ、疾疫《しつえき》・兵革《へいかく》などを卜占《ぼくせん》する。諸司《しょし》や貴族層の怪異は、陰陽師が個人的に病事・口舌《くぜち》（言い争い）・火事の慎しみを占う。

まずは動物に関わるものを挙げてみよう。長保元年（九九九）九月六日、右仗《うじょう》の公卿の座に犬矢《し》（糞）が置かれており、巳《み》・亥《い》・卯《う》・酉《とり》年の人は病事を慎しむようにとの占いが出た（『小右記』）。また、寛弘元年（一〇〇四）五月九日には弓場殿《ゆばどの》および清涼殿《せいりょうでん》の上に犬が、寛弘二年七月二十一日と寛弘七年八月二十四日には土御門第に牛が、それぞれ上ってきた。寛弘三年十月十一日には一条天皇の御前に山鶏《やまどり》が入ってきた（『御堂関白記』）。

長和二年（一〇一三）には十一月十六日に「奇獣」が紫宸殿《ししんでん》に上っている。野猪《くさいなぎ》ということであったが、「この獣は、近頃、内裏の内郭《ないかく》に多くいました」というのは（『御堂関白記』）、内裏が案外に自然と近かったことを示している。この年の十二月二日には清涼殿の夜御殿《よるのおとど》のなかに狐が入っている（『御堂関白記』）。これはさすがに驚いたであろう。

長和三年三月一日には鹿が土御門第に上り、「君に不忠《ふちゅう》の臣有り、父に不順《ふじゅん》の子有り」という占いがあったが、道長は身に覚えがあるのか、それに恐懼《きょうく》している（『小右記』）。その他、寛仁元年十月十五日に東宮御在所に牛が、翌十六日に内裏造宮所、二十八日に三井《みい》寺《でら》（園城寺《おんじょうじ》）の法華十講《ほっけじっこう》の堂中に鹿が、それぞれ上っている（『御堂関白記』）。

こんなのは大騒ぎしなくてもよさそうであるが、治安元年（一〇二一）三月十九日に内裏に「牛の尾に馬の頭を結び付けた異牛」が闖入《ちんにゅう》して走り回ったというのは、さすがに「宮中の騒動は、未だこのようなことはなかった」という状態となった（『小右記』）。誰かの嫌がらせなのであろうが。

ただ、寛弘三年五月七日に源道方《みちかた》の手書《しゅしょ》のなかから蚯蚓《みみず》が落ちたとか（『権記』）、長和元年六月十一日に鵄《とび》が死んだ鼠を落としたとか（『小右記』）、長和四年正月二日に鴨が興福寺《こうふくじ》南円堂《なんえんどう》の上にとまったとか、長和四年十二月二十九日に小鳥が群がって北に飛んでいったなどというのは（『御堂関白記』）、別に怪異にしなくてもいいのにと思ってしまう。長和二年六月二十二日に美濃《みの》国で射獲された「怪魚」にいたっては、長さ六尺六寸（約二メートル）、頭に水を吹きだす穴があり、鱗《うろこ》はなく、色が黒いとあり（『小右記』）、木曽《きそ》三川にでも入り込んだ海豚《いるか》であろうが、何とも気の毒な話である。

動物以外の怪異に移ることにしよう。寛弘元年九月三十日に大和国の盾列《たてなみの》陵《みささぎ》（現神功《じんぐう》皇后陵《こうごうりょう》）が鳴動《めいどう》した例（『御堂関白記』）なども面白いが、寛弘五年八月十七日に土御門第の井屋が忽然と顚倒したり（『小右記』）、長和二年六月三十日に内裏の御樋殿《おひどの》が顚倒したりした例（『小右記』）は、彰子や妍子の出産直前ということで、皆の関心を呼んだのであろう。

道長と三条天皇との関係が悪化すると、さまざまな怪異が出現した。長和元年四月十日には土御門第から人魂《ひとだま》が出て山辺に落ちた。同じ長和元年の六月二十八日には虹《にじ》が道長・頼通・源経房《つねふさ》・倫子生母の藤原穆子《ぼくし》の家に立った。翌二十九日には虹は彰子の御在所や源明子の家をはじめ、道長に相親しむ人びとの宅にも立っていたことが判明した。土御門第は細殿《ほそどの》・北面《きたおもて》・厩《うまや》の三箇所から立ったこともわかり、不吉《ふきつ》なこととされた（『小右記』）。虹は長和四年閏六月十日にも土御門第の仏堂《ぶつどう》の南の山の下に立ったが、陰陽師の見立ては、「大した事はございません。自然にある事です」とのことであった（『御堂関白記』）。

このように、我々の感覚から見ると大したことのないようなことであっても、平安貴族は怪異として対応している。ただし、彼らが本気で怪異に恐れおののいていたかというと、またそれは別に考えなければならない問題であることは、言うまでもない。

なお、道長邸で起こった怪異について、『小右記』が十回、記録しているのに対し、『御堂関白記』は一回しか記していない。また、道長の身辺で起こった怪異について、『小右記』は六回、記録しているが、『御堂関白記』はまったく記録することはなかった。これも道長の性格の一端であろう。

5　物怪と怨霊

道長に取り憑いた邪霊

物怪《もつけ》（物恠）は割と単純であったが、怨霊《おんりよう》の類の物怪《もののけ》は、なかなか複雑である。『源氏物語』などを見ていると、こちらの方が主役ではないかと思えるくらい、しばしば生霊《いきりよう》や死《し》霊《りよう》が登場するが、それらは物語の虚構の世界での話である。

古記録に登場する「邪気《じやけ》」という語は、「邪霊《じやれい》の気」のことであり、憑霊《ひようれい》と関わる可能性が高い。もちろん、物怪というのは取り憑《つ》かれた側の心のなかで起こった問題であり、周囲の人の認識によるものでもある。邪気については東三条院詮子と三条天皇がらみの事件が多いのであるが、ここでは道長に関係した事件について、簡単に述べてみよう。

道長自身は、『小右記』などによると、しばしば物怪に悩まされていたのであるが、『御堂関白記』に「邪気」という語が見えるのは二箇所のみ、しかも三条と頼通に関わるもので、自身に関することではない（三条の場合は故冷泉院の邪気）。したがって、道長に取り憑いたという物怪は、すべて他者の記述によることとなる。道長は、自身に関する物怪を日記に記録するには、あまりに小心だったのであろう。いくつか挙げてみる。

長保二年（一〇〇〇）にも道長は重病を患っていたのだが、五月十九日、兄である道兼の霊が道長に取り憑いて雑事《ぞうじ》を告げた。呉《ご》は強大であったのに越《えつ》に敗れたのは、越が本習《ほんじゅう》を失なわなかったからであるとのことであるが（『権記』）、病中でもこんなことを口にする道長の教養の深さは、すごいものである。また、関白の座を得たものの、数日で薨去してしまった道兼の存在というのは、道長にとっても複雑なものだったのであろう。

この年の五月二十五日、道長は伊周を本官《ほんかん》・本位《ほんい》に復すようにと一条天皇に奏上するよう、行成に命じた。「これは邪気の詞である」とあるから（『権記』）、道隆あたりの霊が言わせたものと認識されていたのであろう。伊周を政権の座から追い落としたという負い目が、重病にあたって道長の脳裡《のうり》に蘇《よみがえ》ったのであろうか。

ただし、そのついでにまた道長は、「このことを申す際に、秘かに人々の様子を見定めるように」と命じている。行成は、こちらの方を「本心からおっしゃったものである」と記している（『権記』）。政治家としての道長は、やはり何枚も上手であった。

当然のこと、一条はこれを拒絶したものの、つづけて「ただ、申してきた事については相定めて、追って命じるということを伝えるように」と言っているのは、伊周の復帰という選択肢がまったく一条の脳裡に存在しなかったわけではなかったことを示している。霊《れい》気《き》に取り憑かれていた道長は、それを聞くと、「目を怒らせ、口を張った。忿怒《ふんぬ》は非常であった」という状態と化した。その様子を見た行成の慨嘆は、つぎのとおりである（『権記』）。

藤原氏の長者として壮年《そうねん》に達し、すでに人位《じんい》を極め、皇帝《こうてい》（一条天皇）・太子《たいし》（居貞親王）の親舅《しんきゆう》、皇后《こうごう》（彰子）の親父、国母《こくも》（詮子）の弟である。その栄幸《えいこう》を論じれば、天下に比べる者は無い。ところが今、霧露《むろ》に侵されて、心神《しんしん》は若亡《じやくぼう》している。邪霊に領《りよう》得《とく》され、平生《へいぜい》ではないようなものである。死とは士の常である。生きて何の益が有ろうか。事の道理《どうり》を謂うならば、この世は無常《むじよう》である。愁うべし、悲しむべし。

同じ長保二年の十二月十五日、定子は皇女媄子《びし》を出産したものの後産《のちざん》が下りず、翌十六日の早朝に崩じてしまう。一条は道長の参内を命じたのであるが、道長は詮子の許に参上してしまった。ところがその日、藤典侍《とうのすけ》（道兼の妻の藤原繁子《はんし》）が邪霊のために狂乱し、道長に襲いかかるという事件が起こった。その叫ぶ声は、道隆あるいは道兼に似ていたという。道長は、「非常の事が有った。甚だ怖畏《ふい》すべきである」と言っている（『権記』）。

道長の覇権が徐々に確立しかかっていたこの頃、人びとのさまざまな思いが道長に襲いかかってくるというのは、考えてみれば当然のことであったのかもしれない。

ときは経って寛弘五年（一〇〇八）九月九日夜半、彰子に産気が起こり、十日が明けると諸卿が続々と駆けつけた。道長は訪れた顕光（女御元子《がんし》の父）と公季（女御義子《ぎし》の父）には面談したが、その後に定子の兄である伊周が参入しても、会おうとはしなかった。実資は、「事、故《ゆえ》あるか」と意味ありげに記している（『小右記』）。道長は、高階《たかしな》氏仕込みの呪符《じゅふ》を落とされたり呪詞《じゅし》を口ずさまれたりしたらたいへんだとでも思ったのであろうか。

翌九月十一日の昼頃、彰子を苦しめていた「とても頑強な」物怪は、何とか憑坐《よりまし》（物怪を寄りつかせるための小童）たちに移されて彰子から離れた。その際、物怪は自らの名を名乗ったはずであるが、それはその場に居合わせた誰もが予想する名であったにちがいない。しかし、『紫式部日記』をはじめ、『御堂関白記』や『小右記』、それに三種類の『御産部類記』所引『不知記』には、その名前はまったく記されていない。これは意図的に記さなかったものであろう。

そして、「御物怪がくやしがってわめきたてる声などの何と気味悪いことよ」（『紫式部日記』）という状況のなか、彰子は「平安《たいらか》に」皇子敦成を出産したのである（『御堂関白記』）。

頼通に憑いた物怪についても触れておこうか。長和四年（一〇一五）、道長の退位《たいい》要求を懐柔するため、三条は十月十五日、十三歳の女二宮《おんなにのみや》（禔子《ていし》内親王）を頼通に降嫁《こうか》させることを提案した（『小右記』）。すると頼通は、十一月八日から頭痛と発熱に苦しんだ。十日からは時行《じぎょう》（流行病）の疑いも出てきて（『御堂関白記』）、十二日には「万死一生」の状態となってしまった（『小右記』）。さっそくに馬を諸社に奉納《ほうのう》したり、諷誦《ふじゅ》（経文を声を出して読むこと）を修したりという措置が執られた（『御堂関白記』）。十三日には邪気が人に移って調伏《ちょうぶく》されたが、何と顕露《けんろ》したのは「故帥《そち》」（伊周）の霊であった（『小右記』）。これで降嫁は沙汰止みということになったのであるが、頼通というのも、父親譲りの怖がりということなのであろう。

道兼、三条院、顕光の二女、敦康親王……

寛仁二年（一〇一八）の四月九日から胸病を患った道長には、当然のことのように、種々の邪霊が現われた。閏四月十六日には叫ぶ声が甚だ高く、邪気のようであったとされているが、二十日には邪気が人に移ったものの、名を称さなかった。ただし、その様子は故二条相府《じようしようふ》（道兼）の霊のようであったという。五月一日には前年に崩じた「三条院の御霊」が出現したとの噂が駆けめぐった。六月二十二日には寛弘八年に長斎《ちようさい》をおこなったものの参詣しなかった金峯山の託宣《たくせん》が下り、二十四日には道長の病は顕光の二女である延子《えんし》（敦明の妃《ひ》）の呪詛《じゆそ》による貴布禰明神《きぶねみようじん》の祟《たた》りであるとの噂も出た（『小右記』）。

ただ、道長は新造土御門第への移徙《わたまし》を六月二十七日におこなっている。病中にあっても大事なことを忘れる道長ではなかったのである。

寛仁三年になっても道長の病は治まらず、胸病に加えて眼病も患うようになった。三月十八日には、邪気が人びとに駆り移ったが、貴布禰・稲荷《いなり》の神明《しんめい》と称したという。六月三日には、道長は憑坐を用いずに霊気を顕露させ、これを調伏した（『小右記』）。随分と剛胆なものであるが、相手が特定の人物、特に自分のせいで権力の座から落ちた人物でない場合には、意外と怖くなかったのかもしれない。

一方、寛仁四年の頃、後一条天皇は重く病んでいた。すでに九月二十八日には、邪気が憑坐に駆り移った際には御悩は平常を得るが、憑坐が平常に復すと後一条は「むつかり」叫ぶとされ、御悩が邪気によることの明証であるとされている。そして翌二十九日、もっとも恐れていた事態が出来《しゆつたい》した。後一条（敦成）のために立太子できないまま、寛仁二年に薨じてしまっていた敦康親王の霊が、後一条に出現したのである。「また種々の物気《もののけ》（物怪）が顕露した」とあるが（『小右記』）、後一条にはいったい誰の霊が襲いかかったのであろうか。これを聞いた道長の胸中に去来したものも気にかかる。

そして万寿四年（一〇二七）、最晩年の道長は、やはり病悩していた。その様子は、物の霊に虜《とら》われているようであり、あるいは涕泣し、あるいは大声を放つというものであったという（『小右記』）。この年の十二月四日に道長は薨去するのであるが、その際に現われた邪気は、誰のものだったのであろうか。残念ながら、史料には残されていない。

6　病悩と治療

不健康な平安貴族

栄養の偏り、大酒、運動不足、睡眠不足など不健康な生活を送っていた平安貴族は、病気に罹《かか》ることも多かった。当時は新鮮な食材に恵まれないうえに、タンパク質の摂取が少なかった（特に仏教信仰に傾倒すると魚肉を摂らなかった）。また、アルコール度数が少なく（ということは栄養価が高いことを意味する）、酔うためには多量に呑まなければならない酒（現在のどぶろくのようなもの）を、饗宴のたびに何献《こん》も呑みつづけたのである（一献につき三度の勧盃《けんぱい》がおこなわれた）。しかも多い日には一日にいくつもの饗宴をはしごしなければならなかった。牛車《ぎっしゃ》や馬に乗ってばかりいる彼らが運動不足に陥り、深夜までつづく政務や儀式に参列していた彼らが睡眠不足であったことは、言うまでもない。

ただし、「貴族の腐敗に乗じて加持祈禱《かじきとう》を行ない不安を増大させた仏教」とか、「迷信を流行させ貴族に適正な判断力を失なわせ、一層混乱に落し入れ、文化を渋滞させた陰陽道」とかいう従前の一面的な図式は、根本的に考え直すべきであろう。

たしかに当時は西洋医学は見られなかったが、当時の科学の段階という条件の下では、彼らはきわめて冷静にして適切な治療をおこなっていたのである。そもそも、薬の投与と外科手術といった科学的医療だけが治療というわけではない。加持祈禱や病事占《びょうじせん》による精神的なケアをともなう治療もまた、最先端の治療の一環と言えるのである。

病悩――三条天皇との生存競争

元来が病弱であった道長は、長徳元年（九九五）に政権の座に就いてからは、精神的な負担と仕事量の増大も相まってか、しばしば大病を患《わずら》った。

長徳四年三月には腰病《ようびょう》を患い（「邪気《じゃけ》」によるとの噂であった）、三日・五日・十二日に上表《じょうひょう》して出家を請い、内覧と随身をさしとめよという一条天皇の勅答《ちょくとう》を賜わった（『権記』）。ただし、この大病の最中に、彰子の入内について、行成を介して一条に奏聞《そうもん》させているというのが（『権記』）、道長の道長たるゆえんである。

その後も道長は病に悩まされることが多かった。長保二年の病悩については、「物怪と怨霊」のところで述べたが、寛弘元年（一〇〇四）七月三日には霍乱《かくらん》（下痢・嘔吐《おうと》を主症状とする急性胃腸炎）を病み（『権記』）、寛弘二年六月三日にも、「臥して起きられず、飲食は通常ではない」という状態となった（『小右記』）。寛弘三年には六月十四日に足で小刀を踏んで負傷したうえに（『権記』）、七月六日には痢病《りびょう》を病んだ。寛弘七年八月二十一日にも、足の下部に病患があって束帯《そくたい》を着すことができなくなっている（『御堂関白記』）。

しかし、とりわけ三条天皇が即位してからは、政務の運用に円滑さを欠き、後宮《こうきゅう》問題をはじめとする懸案に対して、頑固な三条と折衝を重ねるということで、道長の心身はより変調を来たすようになってきた。年齢も、三条が即位した段階で四十六歳に達していた。

特に長和元年（一〇一二）五月からはじまった病悩は、道長最大の危機の一つであった。頭が痛いことは破れ割れるようであり、内裏御読経《だいりみどきょう》から逐電して退出《たいしゅつ》した後は不覚《ふかく》（人事不省）となった。六月四日には公卿が多く集まり、頼通などは簾中《れんちゅう》で涕泣《ていきゅう》する有り様であった。御修法《みしほ》を奉仕するようにとの道長の命に対し、慶円《きょうえん》は、比叡山《ひえいざん》の守護神である山王《さんのう》の祟《たた》りがあるというので（投石を受けた直後なのである）、退出してしまった（『小右記』）。

この日、道長は内覧と左大臣の辞表を奏上し、六月九日には実資に対し、「命を惜しむものではないが、一条を喪《うしな》った彰子のことだけが気がかりである」と、涙ながらに語るほどの弱気を見せたが、十七日頃には平復《へいふく》したようである（『小右記』）。

病状には瘧病《おこりやまい》（温帯マラリア）も加わり、「顔色が赤く、眼目が悪い」という状態となった。面白いのは、六月二十日、道長の病悩を喜悦《きえつ》している公卿が五人いて、それは道綱《みちつな》・実資・隆家・懐平《かねひら》・通任《みちとう》であるとの噂が駆けめぐったことであった。実資は、娍子立后に参入したことによるものであろうかと推測しているが、道長からは、「そのような噂は、（隆家をのぞいて）信用していない」との報が、二十八日に実資の許に届いている（『小右記』）。隆家にも同じように言ったのかもしれないが……。

その年の八月にも十三日に頭風《ずふう》、二十九日に鼻引《はなひき》、長和二年四月十日に風病《ふうびょう》（中枢神経《ちゅうすうしんけい》系・末梢神経《まつしょうしんけい》系に属する疾患《しっかん》の総称）が発《おこ》ったが、これは竈神《かまどがみ》の祟《たた》りによるものとされた（『御堂関白記』）。長和三年四月には針を踏み、歩くこともできなくなった（『小右記』）。この時期、眼病を患った三条に退位を要求しており、まさに両者の生存競争がおこなわれていたことになる。

翌長和四年閏六月十九日には、道長は廁《かわや》から還る途中に小南第《こみなみてい》の北対《きたのたい》の打橋《うちはし》から落ち、左足を損傷して前後不覚《ぜんごふかく》となった(『御堂関白記』『小右記』)。「存生《ぞんじょう》するようではなく、死亡したようであった」というのであるから、骨折とか、よほどの重傷だったのであろう。平復には八月までの時間を要し、足や尻の肉は痩せ落ち、車に乗るにも人に扶持《ふじ》してもらわないといけない有り様で、道長は深く嘆息する日々であったという(『小右記』)。

晩年の病悩

三条が退位し、摂政《せっしょう》となった道長であったが、病悩は終わることはなかった。長和五年五月十日に道長の主宰した法華三十講《ほっけさんじっこう》に招請《しょうせい》された頼秀《らいしゅう》は、講説《こうぜち》のあいだの道長の様子を実資に密語した。「中間で必ず簾中に入っていたのは、もしかしたら水を飲んでいたのか。紅顔が減じ、気力は無い。慎しむべきようである。死期は遠くないのではないか」と。これを聞いた実資は、「朝廷の柱石《ちゅうせき》として、もっとも惜しむべきである」と嘆いている。道長の弁によると、「三月から頻《しき》りに水を飲む。特に最近は昼夜、多く飲む。口が乾いて力が無い。但し食事は通例から減らない」ということであった(『小右記』)。当時、多くの貴族を死に至らしめた飲水病《いんすいびょう》(糖尿病)を想定していたのであろう。

つぎに大病に襲われたのは、すべての官職を辞して「大殿《おおとの》」「太閤《たいこう》」と称された寛仁二年(一〇一八)であった。正月二十五日に風病が発動《はつどう》し、四月九日からは胸病に悩まされた。「一日中、病悩していた。特定の箇所というわけでは無く、心神の具合が不覚であって、どうしようもなかった」というのは、かなりの重病を思わせる。興味深いことに、公季や実資・斉信・公任・行成が見舞いに訪れた際には対面しているのに、閏四月二十七日に顕光が訪れると、自らは会わずに、頼通に面会させている（『御堂関白記』）。顕光の呪詛《じゅそ》の評判は、すでに耳に届いていたのであろう。

五月二十一日には実資に対し、「極めて無力《むりょく》である。近日、枯槁《ここう》（やせ衰えること）は特に甚しい。去年より倍している。また、一昨日は胸病が発動して悩苦していた間、ますます無力であった」と、自らの衰えを嘆いている（『小右記』）。六月十二日には冠の際《きわ》に熱物《ねつもつ》（でき物）ができ、八月二十七日には咳病《がいびょう》を患うなど、ますます重くなっていくのであるが、その間にも八月二十九日に東宮敦良親王が瘧病に罹ると、参入して加持を差配しているのであるから（『御堂関白記』）、さすがは道長である。

翌寛仁三年も、正月十日に胸病、二月三日に霍乱を病むなど（『御堂関白記』）、病悩はつづいた。五月二十五日には見舞いに訪れた実資に、「今回は存命は難しい」との意を伝えている（『小右記』）。

この年の三月二十一日に道長は出家を遂げ、七月からは法成寺の造営に専念するのであるが、「病は気から」というのか、その頃から病悩の記事があまり見られなくなる。寛仁四年五月一日（『左経記』『小記目録』）、十一月六日、治安三年（一〇二三）五月一日に見えるくらいである（『小右記』）。造寺造仏というのは、当時の仏教では最大の功徳《くどく》とされていたから、道長の気持ちも極楽《ごくらく》に向けて張りつめていたのであろうか。

そしていよいよ万寿四年（一〇二七）、最後の病を迎えることとなる。十月二十八日、痢病を患ったという報が実資の許にもたらされたが、それは堪え難い様子であるとあるように、ただの痢病ではなかった。十一月十日には重態となり、臥したまま汚穢《おあい》（糞尿）を出すという状態となった。ただ、心神は通例のようであったとある。十三日には沐浴《もくよく》して念《ねん》仏《ぶつ》をはじめるなど（『小右記』）、往生《おうじょう》に向けた準備をはじめた。

十一月二十一日には危篤に陥った。ますます無力にして痢病（汚穢）は無数、飲食は絶えた。また背中に腫物《しゅもつ》ができたが、医療を受けなかった。後一条天皇の行幸も、今となっては悦《よろこ》ばないとのことで、訪ねてきた彰子と威子（妍子は九月に崩じている）も、直接、見舞うことは難しい状況であった。汚穢によるものである（『小右記』）。

十一月二十四日、道長が入滅《にゅうめつ》したという誤伝が駆けめぐり、上下の者は土御門第に馳せ参った。この日、道長は震え迷うという症状を起こし、皆はやはり、ときがいたったことを思い、遠近に馳せ告げたという。針博士《はりはかせ》の和気相成《わけのすけなり》は、背中の腫物の勢いが乳腕におよび、その毒が腹中に入ったのであって、震えているのは、頸《くび》が思った通りにならないからであるという見立てをおこなった（『小右記』）。

翌十一月二十五日、道長は法成寺阿弥陀堂の正面の間に移った。もちろん、九体阿弥陀像の前である。二十六日には危篤となり、やはり後一条の行幸がおこなわれた（『小右記』）。

こうして、道長は十二月四日に最期を迎えたのである。十二月二日におこなわれた治療とその死については、後に述べることにしよう。

治療――加持祈禱だけではない

当時の治療は、医師による投薬などの治療の他に、陰陽師による疾病に祟《たた》りがあるかどうかの占い（病事占《びょうじせん》）、僧による加持祈禱が総合的に組み合わされておこなわれていた。

先にも述べたが、現代的な科学的医療だけが治療ではない。加持祈禱や病事占による精神的なケアもまた、最先端の治療の一環だったのである。この病には祟りはなかったのだという安堵《あんど》感、この僧による加持祈禱を受ければ平癒《へいゆ》するという信頼感を加味すれば、その後の医師による治療も、より効果的になるというものである。

陰陽師についてはしばしば触れているので、ここでは省略し、まずは加持祈禱からはじめよう。加持祈禱とは、密教僧（験者《げんざ》）のおこなう加持（手印《しゅいん》・真言呪《しんごんじゅ》・観想《かんそう》などにより仏力を任持すること）による祈禱（息災《そくさい》・増益《ぞうやく》・敬愛《きょうあい》・調伏《ちょうぶく》の四種）のことである。

長和元年（一〇一二）四月二十八日に彰子が歯を腫《は》らせた際には、阿闍梨《あじゃり》心誉《しんよ》を召して加持を奉仕させたところ、たちまちのうちに平復《へいふく》した。道長は、「験得《げんとく》は極まり無かった。未だこのような事を見たことはない」と感動している（『御堂関白記』）。

同じ長和元年の七月、三条天皇が瘧病《おこりやまい》を患った。これは定期的に発作が起こるのであるが、「御当日」の二十六日、道長が病んだ際に効験《こうげん》が有った僧たちを召して加持を奉仕させたところ、発熱は発《おこ》らなかった。道長は、「感悦は極まり無かった。元々天皇に伺候《しこう》していた僧は、面目《めんもく》を無くした」と記している（『御堂関白記』）。

このような例は枚挙に暇《いとま》がないが、道長自身が祈禱をおこなったこともある。長和五年九月、病悩した後一条天皇の平癒を期して、道長は四日から水を浴びているのである。十六日には束帯《そくたい》を着して庭中《ていちゅう》に下り、伊勢神宮《いせじんぐう》をはじめとして、石清水八幡宮《いわしみずはちまんぐう》・賀茂社《かもしゃ》・春《かす》日《が》社《しゃ》に祈禱した。「天皇の御病悩は、日々に宜《よろ》しくおなりになられた」というのも（『御堂関白記』）、道長自身の感情によるものであろうか。

服薬

つぎに服薬について述べる。当時、さまざまな薬が用いられていたことは、古記録を眺めれば容易に察せられるが、道長はとりわけ薬に関心が強く、またその経済力から、輸入薬を入手する機会も多かった。長和元年十月二十九日には、三条から、「先日、献上してきた紅雪《こうせつ》を、もう二両《りょう》、献上しなさい」との命を受け、すぐに献上している。各所に紅雪を差し入れている記事も見られるから（『御堂関白記』）、道長の許につねに備蓄されていたのであろう。

なお、紅雪は、芒硝《ぼうしょう》（含水硫酸《がんすいりゅうさん》マグネシウム）に羚羊角屑《れいようかくせつ》・黄芩《おうごん》・升麻《しょうま》・人参・芍薬《しゃくやく》・檳《びん》榔《ろう》・枳殻《からたち》・甘草《かんぞう》などの草木や朱砂《しゅしゃ》・麝香《じゃこう》を加えたもの。一切の丹石《たんせき》による発熱、脚気《かっけ》、風《ふう》毒《どく》、顔や目のむくみ、熱風、消化不良、嘔吐《おうと》、胸腹部の脹満《ちょうまん》などに効能を持つとされ（『医心方《いしんぼう》』）、万能薬として使用された薬であった。

長和五年五月に飲水病（糖尿病）を患った際には、道長は十一日につぎのような報を実資に寄せている。「自分は丹薬《たんやく》（道教《どうきょう》の不老不死《ふろうふし》の薬）は服用しないのだが、長年、豆汁・大豆煎・蘇蜜煎《そみつせん》・呵梨勒丸《かりろくがん》を不断に服用している。今日から茶を服用する。また、杏《あんず》二粒を持って、時々これを嘗《な》める。さらには豆汁と葛根《くずね》、柿汁を服用する」と。これに対し実資は十三日に、道長は葛根を薬として食しているが、これは飢渇《きかつ》の相である。医家が申したからとはいえ、飢渇の百姓《ひゃくせい》が食物のない場合に葛根を掘って食物とするのであって、上﨟《じょうろう》の貴族が葛根を食すのは聞いたことがないと批判している（『小右記』）。

ここに出てくる葛根は葛の根で、発汗・解熱などに薬用する。後世の葛根湯《かっこんとう》の基である。呵梨勒丸はインドなどに産するシクンシ科の高木で、その果実を風邪・便通などの薬として使用する。これを服用できる道長の経済力も、推してはかるべきであるが、道長はしばしばこれを大量に服用し、寛仁元年（一〇一七）十一月三日や寛仁二年五月七日には飲み過ぎた結果、かえって心地《ここち》を悪くしている（『御堂関白記』『小右記』）。

面白いのは、長和五年九月十四日に後一条が病悩した際、源雅通《まさみち》が、「これは心肋《しんろく》という病で、自分も何年か患っているが、□（空白）という薬を付けると止《や》む」と申してきたのを承けて、道長はそれを求めさせた。十五日に後一条がいつものように発病したので、それを供したところ、すぐに治った。四、五回ほど発った際にこの薬を供したところ、毎度、病悩は止んだとある（『御堂関白記』）。

心肋というのもどんな病気かわからないし、この薬が何なのかもわからない。道長は忘れてしまって空白にしたのであろうか。すぐに入手できたのであるから、そんなに特殊な薬ではなかろうが、大事な天皇にそんなに簡単につけてしまってもよかったのであろうか。

何かを患部につけるといえば、寛仁二年三月二十六日に東宮敦良親王が脛《すね》に熱を持った際には、雄黄《おおう》（砒素《ひそ》の硫化物）と牛矢《し》（糞）を患部につけている（『御堂関白記』）。雄黄はともかく、牛の糞をつけられた東宮は、堪《たま》ったものではない。

食餌療法《しょくじりょうほう》もおこなわれている。長和五年七月十日の病悩の際には韮《にら》を服用したりもしているが、寛仁三年に胸病や霍乱《かくらん》を病んだ道長は、二月四日に麦粥《むぎがゆ》を食したところ、六日に霍乱は平復した。ところが、目がまだ見えなかったらしく、陰陽師や医家《いか》が、「魚肉を食されよ」と申したというので、何ヵ月のあいだは食さなかった魚肉を食すこととしている（『御堂関白記』）。その際の言い訳は、先に述べたところである。

老女による抜歯・蛭喰・湯治

さて、変わった治療にも目を向けてみよう。長和元年二月八日、三条は抜歯をおこなった。しかも抜いた歯を道長の許に持って行かせ、これを見させている（『御堂関白記』）。三条の歯を見せられた道長も、驚いたことであろう。なお、長和三年正月八日、三条はまた、「京極《きょうごく》の辺《あた》りに住む嫗《おうな》」に歯を抜かせた（『小右記』）。長和元年にも、この老女に抜かせていたと推定できる。天皇でさえも、このような民間の医療に目を向けている点、当時の医学の様相をうかがうことのできる史料として興味深い（国家による歯科医の養成はほとんどおこなわれなかったという指摘もある）。このときには道長に抜いた歯を見せることはなかったようである。もはや二人はそのような関係ではなくなってしまっていたのである。

その三条は、眼病の治療のため、長和四年六月二十三日に水を首に沃《そそ》ぎ、また浴びせている。こんなのが効くのかとも思うが、何日か食事ができなかったのに、翌二十四日には通例のように食べられたというから(『小右記』)、やはり効果はあったのであろう。道長自身、寛仁二年四月六日に発熱した際には、身を冷やさせて治している(『御堂関白記』)。

長和四年閏六月十九日には、道長は小南第の北対の打橋から落ちて左足を損傷した。足が腫《は》れて痛かったらしいが、蓮《はす》や楊《かわやなぎ》の湯で患部を洗ったとある。これは後に実資が顔の腫れた際に用いている治療法であるが、効果は芳しくなかったようで、八月十二日、ついに道長は蛭喰《ひるがい》という荒療治に出た。これは何と蛭に患部の膿《うみ》を吸わせるというもので、長和五年三月二十六日にもおこなっている(『御堂関白記』)。

道長は灸治《きゅうじ》もよくおこなっている。寛仁四年九月二十八日には灸治の後で湯治《とうじ》をおこなっている。これなどは、何だか効きそうである。湯治といえば、万寿元年(一〇二四)十月二十五日には湯治のために有馬《ありま》に向かっている。帰京したのは十一月八日であるから(『小右記』)、随分と羨ましい話である。

道長の最後の治療にも触れておこう。万寿四年十一月二十一日に背中に腫物《しゅもつ》ができたことは先に述べた。二十四日、針博士和気相成は、背中の腫物の毒が腹中に入ったと診断した。そして十二月一日の夜半、但波忠明《たんばのただあきら》によって背中の腫物に針治《しんじ》が施された。膿汁と血が少々出て、道長の叫ぶ声は、きわめて苦し気であったという(『小右記』)。腫物といっても、単なるでき物と、もっと深刻な腫瘍《しゅよう》とでは異なるのであるが、当時はその区別はつかなかったのであろう。こうして道長は、十二月四日の早朝に最期のときを迎えたのである。

7 出家・死・葬送

平安貴族の死生観

死は誰も免《まぬが》れない運命である。しかし死生観《しせいかん》というのは、時代によって、社会によって、また個人によって大きく異なる。数々の宗教が豊かに息づいていた平安時代、平安貴族たちの死生観もまた、現代人とは随分と異質のものであった。

当時の仏教では、極楽《ごくらく》に往生《おうじょう》しない場合は、人は六道《ろくどう》を輪廻《りんね》するとされた。六道とは天《てん》道・人間《にんげん》道・修羅《しゅら》道・畜生《ちくしょう》道・餓鬼《がき》道・地獄《じごく》道の総称で、生命は無限にこれらの転生《てんしょう》をくりかえすと説かれた。

そして近年明らかにされつつある、人間が生と死の境界にあるときに見ると言われる「夢」(脳内麻薬物質エンドルフィンの分泌による幻想)の存在は、宗教を解明する際の鍵となると思われるのである。

仏教の説く死後の世界に関する知識を十分に持ち、のみならず絵巻や六道絵によってその様相を具体的にビジュアルに脳裡に焼きつけており、なおかつそれを信仰している人びとが、生と死の境界線上において、かつて生前に見たり聞いたり読んだりした死後の世界の情景を、それぞれの人物の宗教的自覚（善行を積んだか、悪業をなしたか）に合わせて、ある者は阿弥陀仏《あみだぶつ》が極楽から迎えに来る像を、ある者は牛に生まれ変わって苦役《くえき》される自分の像を、ある者は地獄において責め苛《さいな》まれる自分の像を、それぞれ「夢」として見ながら旅立ったであろうことは、十分に推測されるところである。

『往生要集《おうじょうようしゅう》』が著わされて六道の様相が具体的に説かれはじめていた当時は、六道のビジュアル化が進んでいたであろうし、生と死の境界が曖昧で、「臨死体験」を経て蘇生《そせい》した人も多かったであろうから、自分が見た「夢」の様子は巷間《こうかん》に喧伝《けんでん》されて、「極楽往生」や「地獄遍歴」は、ますます確固たる宗教的真実として、より深い信仰を集めたことであろう。

しかも当時は、死の前段階として出家という選択肢が一般的にあった。現世利益を求める密教に加え、来世の極楽往生を願う浄土信仰が、一部の文人貴族から徐々に上級貴族に浸透していた当時、出家という行為に対する思いもまた、変化してきていたのである。

出家の本意

まずは出家に対する道長の反応について述べよう。誰かの出家に接した場合、道長はしばしば「本意《ほい》」という語を使って、その行為を讃美している。長保元年（九九九）三月二十四日の藤原統理《むねまさ》、寛弘七年（一〇一〇）十月九日の為平《ためひら》親王の出家などである。寛弘六年八月二十八日の源高雅《たかまさ》の出家に際しては、「長年の間、他心なく私に従う者であって、今、この事が有った。私は嘆き思うことは少なくなかった。昨日、出家するということを申してきた。仏道《ぶつどう》を思う心によるものである。『心に任せるように』と言っておいた。これは後世《ごせ》の結縁《けちえん》のためである」と記している（『御堂関白記』）。

長和元年（一〇一二）に自分の子である顕信が出家した際にも、心神不覚となった生母の明子とは対照的に、「本意が有って行なったものであろう。今さら云っても益の無いことである」などと言うのであった。翌日にも、「私自らも、出家の本意が有るのではあるが、未だ遂げてはいない。思い嘆くにつけても、罪業《ざいごう》となるであろうから、思うことは無かった」と記している（『御堂関白記』）。ただ、明子に接すると、道長も不覚となっているし、「寝食は例のとおりではなかった」とある（『御堂関白記』）。受戒《じゅかい》の儀に参列した際には、涕泣してしまっている（『小右記』）。

道長自身について述べると、長徳四年（九九八）三月に腰病《ようびょう》を患い、三日には上表して出家を請うた。奏上を承けた一条天皇は、「道心《どうしん》が堅固《けんご》であって必ず志を遂げたいというのならば、病悩が平癒《へいゆ》してから心閑《しず》かに入道《にゅうどう》しては如何《いかが》であろう」と答えてしまった（『権記』）。道長の本心を見誤ってしまったのである。

道長としては、「たとえ出家するとはいいましても、もし身命《しんめい》を保ったならば、跡を山林に隠すわけではありません」と重ねて奏上しているように（『権記』）、俗世《ぞくせ》への関わりは保ちつづけていたかったのである。また、一条にはあくまで思い留まるよう言ってほしかったはずでもある。

ただ、道長が病を消除《しょうじょ》するため、本気で出家したがっていたこともまた、たしかなところである。「出家につきましては、年来の宿願《しゅくがん》でありますので、遂げるべきです。私は不《ふ》肖《しょう》の身でありながら、不次《ふじ》の恩を蒙《こうむ》り、すでに官爵《かんしゃく》を極めました。現世に望みはございません。今、病はすでに危急《ききゅう》であって、命を永らえることはできません。この時に本意を遂げず、恨みを遺《のこ》すのは、まったく何の益が有りましょうか」という言葉（『権記』）は、その本心の一端を示していると言えよう。

しかし一条は、「外戚《がいせき》の親舅《しんきゅう》にして、朝家《ちょうか》の重臣《じゅうしん》であり、天下を燮理《しょうり》し、私の身を輔導《ほどう》する事は、現在、丞相《じょうしょう》（道長）でなくては、誰がいるであろうか」と言いながらも、またもや、「本意を遂げるについては、何事が有るであろう。ところが、能《よ》く思慮を廻らして、重ねて申請するように。その時に、あれこれ命じようと思う」と答えてしまった。これを聞いた道長の様子は、「勅命《ちよくめい》は極めて貴い。遁《のが》れ申すわけにはいかない。ただし、煩うところは倍となった」というものであった（『権記』）。このときの一条の言葉は道長の脳裡《のうり》に深く刻まれ、その後もその行動に影響を与えたにちがいない。

長保二年の病悩については、「物怪と怨霊」のところで述べたが、その際に「朝に夕に薬を嘗《な》めて」道長を看病した道長猶子《ゆうし》の源成信《なりのぶ》は、近侍《きんじ》の童僕《どうぼく》が看病を緩怠《かんたい》し粗略《そりやく》になるという人心の変改を見て、「栄華《えいが》が余り有り、門胤《もんいん》がこの上無い人（道長）でも、病を受け、危難《きなん》に臨む時には、まったく一分の益も無い」と発心《ほつしん》し、翌長保三年二月四日に顕光のただ一人残った子である重家《しげいえ》とともに出家を遂げた。時に二十三歳（『権記』）。名門貴族の若年での出家のはしりとされる事件であった。

その後しばらくは、道長も出家を思い立つことはなかった。一方、寛弘八年六月十四日、病に倒れた一条は、道長に出家の意志を示した。いわゆる臨終出家《りんじゆうしゆつけ》である。六月十九日、一条は出家を遂げた。あまりに急な出家だったので法服《ほうふく》が間に合わず、あり合わせのものを着るしかなかった。「出家の後には御悩が快方に向かったので、これは不思議なことと見奉った」というのも（『御堂関白記』）、道長の気持ちを表わしているのであろう。ただ、信じ難い話であるが、一条の髪を剃《そ》った高僧たちが事情に疎く、まず髪を剃り、ついで鬚《ひげ》を剃ってしまったため、髪だけ剃って鬚が遺っていたときの人相が、外道《げどう》（人に災厄をもたらす悪魔。また邪教《じゃきょう》）の様子に似ていたという（『権記』）。

つぎに出家が問題となったのは、寛仁元年（一〇一七）四月二十九日の三条院である。今回は道長の方から、「これまでにも仰せておられた御出家を遂げられては如何でしょうか」と提案、三条もこれに同意した（『御堂関白記』）。ただし、道長の感慨は何も記されていない。

その道長が出家したのは、寛仁三年三月二十一日のことであった。はじめは行願《ぎょうがん》という法名《ほうみょう》であったが、これは皮聖《かわひじり》（行円《ぎょうえん》）の建立した寺の名であるということで、後に行覚《ぎょうかく》と号した。二十九日に訪ねてきた実資は、出家した道長を見て、「容顔、老僧のごとし」という感想を記している。実資は道長に対し、「そもそも山林に隠居《いんきょ》するのではなく、一月に五、六度は竜顔《りょうがん》（後一条天皇）を見奉るべきです」と語っている（『小右記』）。実資とすれば、道長が権力を行使しつづけた方が宮廷の安定につながると考えたのであろう。

道長は九月二十七日に受戒のために東大寺に出立《しゅったつ》した。その際、注目すべきは、六日に道長が、円融院が受戒したときの先例《せんれい》を人びとの日記に求めているということである。道長の自己認識がよくうかがえる。また、当日の二十九日には、東大寺勅封倉《ちょくふうぐら》の鍵を奈良まで持って来させている（『小右記』）。おそらくこのとき、正倉院《しょうそういん》を開封したのであろう。

その後も「禅閤《ぜんこう》」と呼ばれて権力を行使しつづけたことは、先に述べた。ただ、日記を記すことはほとんどなくなり、わずかに記事として残っているのは、治安元年（一〇二一）九月初頭に唱えた、五日間で七十万遍という膨大な念仏の回数である（『御堂関白記』）。

この治安元年は、世情は不穏だったのであるが、三月十九日に無量寿院を訪ねてそれを訴えた斉信《ただのぶ》に対し、道長はいっさい耳を貸すことなく、競馬《くらべうま》やとりとめもないことだけを談《かた》ったという。実資は、「人々は障垣《しょうがい》の外にある」と、道長の態度を非難しているが（『小右記』）、これが道長なりの出家者としての矜持《きょうじ》だったのであろう。

なお、万寿四年（一〇二七）九月十四日に妍子が崩じる前に出家した際には、さすがに道長は哀泣《あいきゅう》していて、資平《すけひら》も何も申せなかったとある（『小右記』）。

死と葬送——道長の死生観

かなり宗教的な人物である道長であったが、人の死に対する考えは意外にクールであったというのが実感である。それはたとえば行成が、死去した人の経歴や感慨を長々と記すことが多いのとは対照的である。

当時の仏教の観念では、人間は死んでもすぐに別の生へと生まれ変わるとされていたから、理解できないでもない。政権担当者として、日常の政務を停滞させないためでもあろうが、やはり道長の死生観の表われと考えるべきであろう。

ただ、あれだけいろいろなことがあった一条天皇や三条天皇、また花山院や冷泉院などについて、もっとさまざまな感慨を残しておいてほしかったものである。また、媄子《びし》内親王や敦康親王、伊周など、死亡の記事すら記さない場合もある。よほど触れたくなかったのであろうか。

寛弘五年（一〇〇八）二月九日の花山院崩御から見ていこう。一条からの報せは、「花山院が崩じた。葬送《そうそう》の間の雑事《ぞうじ》や神事《しんじ》などは如何《いかが》すべきか」というものであったが、道長の返答は、「固い物忌《ものいみ》によって、私は内裏に参入することができません。他の人を召して先例《せんれい》を問われ、行なわれるべきでしょう」というものであった（『御堂関白記』）。花山の退位と自分の即位の関係を知らない一条ではなかったはずであるが、自分に親権《しんけん》をおよぼせず、しばしば勝手気ままな態度を取る花山への対応は、いつも冷淡なものであった。

同じ年の二月二十日、土御門第の曹司《そうし》で平敦兼《あつかね》が不覚《ふかく》（人事不省）となった。道長は僧を遣わして加持をおこなわせたうえ、敦兼の妻を呼んで自宅に送り届けさせている（『御堂関白記』）。土御門第が穢《けがれ》に触れたら政務が滞るという判断であろうか。

寛弘八年六月二十二日、一条は、「上皇も時々また、念仏を唱えられた」という状態で、死のときを迎えた。辰剋（午前七時から九時）に臨終《りんじゆう》の気配があり、しばらくすると蘇生《そせい》したものの、数時間後の午剋（午前十一時から午後一時）、ついに崩御したのである。「心中、秘かに阿弥陀仏《あみだぶつ》が極楽《ごくらく》に廻向《えこう》し奉ることを念じ奉った」（『権記』）という気持ちで床下《しようか》近く伺候《しこう》していた行成に対し、道長は、「巳《み》剋に崩じられた」と素気ない記述しかしていない。「崩」を「萌」と書き誤ってもいる（『御堂関白記』）。

しかも、道長は、側近に伺候したいと希望する者が多かったにもかかわらず、「朝廷《ちようてい》の行事《ぎようじ》が有る」ということで、多くを殿から降ろし、臨終に伺候させなかったのである（『御堂関白記』）。死亡時剋《じこく》を巳剋（午前九時から十一時）と記しているのも、道長自身も最初の臨終の際以降はその場から離れていたためであろう。

一条の葬送は七月八日におこなわれ、北山《きたやま》の巌陰《いわかげ》で荼毘《だび》に付された。公卿たちは素服《そふく》（無地の喪服）を縫ってこれを着し、葬送に奉仕したが、道長・斉信・隆家は素服を着さず、実資と公任は葬送にも参らなかった。道長が素服を着さなかった理由は、「朝廷の公《く》事《じ》」があるというものであった（『権記』）。

一条の遺骨は、東山《ひがしやま》の円成寺《えんじようじ》（現大豊《おおとよ》神社の地）に仮安置された（『権記』）。七月二十日、円成寺に納骨所を造って遺骨が納められ、三年後に「御本意処」である北山の円融陵《えんゆうりよう》の辺りに移すことが定められた（『小右記』）。現竜安寺《りようあんじ》の裏の朱山《しゆやま》のことであろう。

東三条第内裏に還った後、道長は葬送についての一条の意向を公卿や僧に披露した。「円融院法皇の御陵の辺りに収め奉るように」というものである。しかし、すでに述べたように、道長が火葬《かそう》の終了した七月九日に行成に語っていた一条の生前の意向というのは、「(定子と同じく)土葬《どそう》にして円融院法皇御陵の側に置いて欲しい」というものであった。「故院《こいん》(一条院)が御存生《ぞんじょう》の時におっしゃられたところである。何日か、まったく覚えていなかった。ただ今、思い出したのである。ところが、きっと益の無い事で、すでに決まってしまったのである」というのが、道長が行成に語った言葉である(『権記』)。焼いてしまったものはもう仕方がないということなのであろうが、道長の一条に対する関わり方、そしてその死生観を最後に象徴したものである。

同じ寛弘八年の十月二十四日、三条の父である冷泉院が崩御した。以前から病悩が重かったのであるが、道長自身も病悩しているとのことで、いったん退出した。冷泉院が重態であるとの報を受け、馳せ参ったときに崩じた。「必要な事を命じておいて、深夜、退出した」というのが、『御堂関白記』の記述である。

また、その葬送は十一月十六日に東山の桜本寺《さくらもとでら》の前野においておこなわれたのであるが、前日の十五日、三条は特に道長に、翌日の葬送に供奉《ぐぶ》することなく、自分の許に伺候するよう命じている。当日、道長は、「自分の本意《ほい》としては御葬送の御供に供奉すべきであったが、天皇の仰せが有ったので参らなかった」などと言いながら、内裏に伺候した（『御堂関白記』）。道長がどれだけの熱意で葬送に供奉したがっていたかは、怪しいところである。

ただ、長和五年（一〇一六）七月二十六日に倫子生母の藤原穆子《ぼくし》が卒去《そつきよ》した際には、「実に年齢は高いとはいっても、この期《ご》に臨んでは、悲しいことだ、悲しいことだ。有為《うい》の法というのは、このようなものである」と、悲しみを隠そうとしていない（『御堂関白記』）。やはり近親ということで、違ってきているのだろうか（倫子の手前からかもしれないが）。

翌寛仁元年（一〇一七）四月、三条院が時行《じぎよう》（流行病）に罹《かか》った際には、道長は見舞いに赴いても妍子の御在所の方に参るばかりであった。二十八日に危篤が伝えられても、「御容態を見奉ったところ、重いとはいっても、大した事は無いようであった」と言って退出している。五月九日に崩御した際にも、「ただ今、無力《むりよく》でいらっしゃいます」と言われると地面に降り、一段落（つまり崩御）した後に退出している（『御堂関白記』）。

その葬送は五月十二日におこなわれた。道長は手際よく、この日一日ですべてを準備しておいて、自身は葬送に供奉しなかったのであるが、先に述べたこの日の言い訳だらけの記述が、三条との関係のすべてを物語っていると言えよう。なお、道長は翌年の三条周忌《しゆうき》法要《ほうよう》の際にも、「私は病悩していたので、自らは参らなかった。嘆き思うことは、少なくなかった」と記している（『御堂関白記』）。

さて、寛仁二年十二月十七日、道長によってついに立太子することができなかった敦康が薨去した。年二十歳。『御堂関白記』にはその記述はなく、『小右記』に道長が実資に伝えた言葉として、「式部卿敦康親王が未時に薨《こう》じた」という記事のみが残されている。そして「朝拝《ちょうはい》は如何しましょう」という実資の問いに対して、「行なわれないべきであろうか、如何か」という道長の返答があるばかりである。こんなに早く薨じるのならば、一条や彰子の望んだとおり、敦康を先に立太子させておけば、皆はその霊に悩まされることなく、安穏にその後を過ごせたことであろうが、もはや詮ないことである。

道長の死

最後に万寿四年(一〇二七)の道長自身の死について触れておこう。その病悩や治療については、すでに述べたところである。十二月二日に背中の腫物《しゅもつ》に針治《しんじ》が施され、それも影響したのか、三日の午後にはふたたび、入滅《にゅうめつ》したという報が伝わった。実資が様子を見に行かせると、「すでに事実でした」とのことであった。ただ、夕刻になって届いた報では、「胸だけは暖かいままである」とのことで、じつはまだ死んでいなかったのである。夜に入って、資平《すけひら》がもたらした情報は、「ただ頭だけが揺動《ようどう》している。その他は頼みがない」というものであった(『小右記』)。さすがの生命力と称するべきであろう。

浄妙寺跡・ジョウメンジ墓

　十二月四日が明けると、またさまざまな情報が入り乱れた。道長は昨日、入滅したが、夜になって揺動する気配があった。しかし、四日の早朝に入滅したので、亡者《もうじゃ》の作法をおこなったというのが、一般的なものであった。ところが、朝になっても腋《わき》に温気があるというので、上下の者はまだ生きていると言い出した（『小右記』）。長い間、何者にも代えがたい影響力を行使してきた道長ならではのことであろう。

　十二月一日から患いついて飲食も受けつけていなかった行成《ゆきなり》が、奇しくも道長と同日の四日に厠《かわや》に行く途中で顚倒し、一言も発せずにそのまま薨去したことに皆が思い至ったのは、しばらく後のことであった。こちらも道長の側近ならではである。

おわりに　道長の実像

これまで、種々の視座から、道長の日常生活と実像を眺めてきた。道長という人物が、一般に考えられているような「この世をば我が世とぞ思う」傲慢《ごうまん》な（あるいは脳天気《のうてんき》な）人物でもなければ、独裁者でもない、かといって極楽浄土への往生者《おうじようしや》や聖者《せいじや》の生まれ変わりでもなかったことが、おわかりいただけたものと思う。

しかしまた、この人物が、単純に一言で言い表わすことのできない、複雑な多面性を持った人間であったことも、容易に理解できるところであろう。小心と大胆、繊細と磊落《らいらく》、親切と冷淡、寛容と残忍、協調と独断。それらの特性はまた、摂関期という時代、また日本という国、あるいは人間というもの自体が普遍的に持つ多面性と矛盾を、あれほどの権力者であったからこそ、一身で体現したゆえであろうと考えられる。

近年、中世史研究の分野では、道長を天皇とは異なる性格を持つもう一人の「国王」とみなし、その「王権」を重視して、そこに院政《いんせい》権力への継続性を見出す議論が盛んである。それは主として道長が太政大臣《だいじようだいじん》を辞して官職秩序から独立した後の「大殿《おおとの》」「太閤《たいこう》」

と呼ばれた時期、また出家して「禅閤《ぜんこう》」と呼ばれた時期について考察した結果である。

たしかに、天皇家とのミウチ的に一体化した王権の構築、公的な官職にもとづくものではないかたちでの権力、特に出家した「入道《にゆうどう》」としての権力、また文化や宗教をリードすることによる権威、さらには経済流通システムの中枢としてのあり方など、中世の院政権力やさらに後の日本の権力の先駆けとなった面も、見逃すことはできない。

ただ、「国王」とまでいう権力自体が、道長自身が当初からめざしていたものなのか、はたまた晩年に結果的にそうなっただけのことであるのかについては、慎重な検討が必要であろう。どうも私には、道長は直面する種々の問題に対して、彼なりに場当たり的に対処していった結果として、知らず知らずに歴史を転換させていったのではないかと思われるのである（まあ、歴史というのはそうやって変わっていくものではあるが）。

さらに根本的な問題としては、考察に使用する史料の問題がある。「大殿」や「太閤」「禅閤」と呼ばれた時期には道長自身の『御堂関白記』は記されておらず、側近であった行成の『権記』もまとまっては残っていない。したがって、もっぱら実資が記した『小右記』を素材として考察しなければならないという限界がある。

道長王権論に関しては、史料の精確な読解の問題もからめて（たとえば土御門第の季読経を「季御読経」と誤読して、道長が朝廷と並ぶ権威を確立しようとしたと解したり、説話や歴史物語を無批判に利用したりするなど）、いずれ私も再確認する必要があるであろう。

むしろそれよりも、『御堂関白記』『権記』『小右記』などの古記録を熟読したり速読したりして、何度も何度も虚心に読み直すことが肝要なのである。同じ古記録でも、それぞれに史料としての性格は異なる。また、時期によって、内容によって、記述の仕方も変わってくる。この記主は、この日のこの記事を、どのような気持で記したのか、また記さなかったのか、一つ一つの記事について、綿密な考察をおこなわなければならない。

そのような作業の積み重ねによって、道長という人物の権力の本質や、人間としての種々の性格をあぶり出す地道な作業をつづけることこそが、この一筋縄ではいかない人物の本質に迫る道であろうと信じている。そしてその多面性こそが、摂関期という時代、京都という町、日本という国の政治と社会、宗教、文化を理解する道につながるであろうことを述べて、この書を閉じることとしたい。

最後になるが、講談社学芸局の林辺光慶氏と所澤淳氏に、この場を借りて感謝申し上げる。お二人の力がなければ、とてもこの本は完成しなかったであろう。

二〇一二年八月　有馬温泉にて

著者識す

年譜

年次	西暦	天皇	年齢	官職	事績	参考事項
康保三年	九六六	村上	一		是歳、藤原兼家の五男として誕生	
安和二年	九六九	冷泉／円融	四			二月、兼家中納言
天元元年	九七八	円融	一三			十月、兼家右大臣
天元三年	九八〇	円融	一五		正月、叙爵	正月、母時姫卒去 六月、懐仁親王誕生
永観元年	九八三	円融	一八	侍従		
永観二年	九八四	円融／花山	一九	右兵衛権佐	四月、東宮昇殿	
寛和二年	九八六	花山／一条	二一	蔵人 少納言 兼左少将	二月、昇殿 六月、昇殿 十一月、禁色	六月、花山天皇出家／一条天皇即位 六月、兼家摂政 七月、居貞親王立太子
永延元年	九八七	一条	二二	兼左京大夫	十二月、源倫子と結婚	
永延二年	九八八	一条	二三	権中納言	是歳、源明子と結婚 是歳、倫子、彰子出産	十一月、尾張国郡司百姓、守を愁訴
永祚元年	九八九	一条	二四	兼右衛門督		二月、道隆内大臣
正暦元年	九九〇	一条	二五	兼中宮大夫		五月、道隆摂政 七月、兼家薨去 十月、定子中宮

正暦二年	九九一	一条	二六	権大納言		二月、円融院崩御 九月、詮子出家、東三条院となる
正暦三年	九九二	一条	二七		正月、倫子、頼通出産	
正暦四年	九九三	一条	二八		是歳、明子、頼宗出産	四月、道隆関白
正暦五年	九九四	一条	二九		三月、倫子、妍子出産 是歳、明子、顕信出産	五月、東宮王子敦明誕生 八月、道兼右大臣、伊周内大臣
長徳元年	九九五	一条	三〇	兼左大将 内覧 右大臣	六月、氏長者 是歳、明子、能信出産	四月、道隆薨去、道兼関白 五月、道兼薨去
長徳二年	九九六	一条	三一	左大臣	六月、倫子、教通出産	四月、伊周・隆家左遷 七月、公季女義子入内 十一月、顕光女元子入内 十二月、定子、脩子内親王出産
長徳三年	九九七	一条	三二		夏、病悩	十二月、伊周帰京
長徳四年	九九八	一条	三三		十一月、頼通童殿上	二月、道兼女尊子入内
長保元年	九九九	一条	三四		二月、彰子着裳 十一月、彰子入内、女御 十二月、倫子、威子出産	六月、内裏焼亡、一条院遷御 十一月、定子、敦康親王出産
長保二年	一〇〇〇	一条	三五		二月、彰子中宮	二月、定子皇后 十月、内裏還御 十二月、定子、媄子内親王出産、崩御

長保三年	一〇〇一	一条	三六			十一月、内裏焼亡、一条院遷御 閏十二月、詮子崩御
長保五年	一〇〇三	一条	三八		二月、頼通元服	十月、内裏還御
寛弘元年	一〇〇四	一条	三九		十一月、妍子尚侍	
寛弘二年	一〇〇五	一条	四〇		八月、明子、長家出産 十月、浄妙寺三昧堂落慶	十一月、伊周朝議に参与 十一月、内裏焼亡、東三条第遷御
寛弘三年	一〇〇六	一条	四一		十二月、教通・能信元服 十二月、法性寺に五大堂建立	三月、東三条第で花宴、一条院遷御 十二月、紫式部、彰子に出仕
寛弘四年	一〇〇七	一条	四二		正月、倫子、嬉子出産 八月、金峯山詣、金銅経筒を埋納 十二月、浄妙寺多宝塔落慶	三月、土御門第で曲水宴
寛弘五年	一〇〇八	一条	四三		九月、彰子、敦成親王出産	二月、花山院崩御
寛弘六年	一〇〇九	一条	四四		十一月、彰子、敦良親王出産 是歳、頼通、隆姫女王と結婚	二月、伊周の朝参停止 十月、一条院焼亡、枇杷殿遷御
寛弘七年	一〇一〇	一条	四五		二月、妍子、東宮妃となる	十一月、一条院還御
寛弘八年	一〇一一	一条／三条	四六	内覧	六月、敦成親王立太子 八月、関白を固辞し内覧となる 八月、妍子女御	六月、一条天皇譲位、崩御 八月、内裏還御 八月、娍子女御 十月、冷泉院崩御
長和元年	一〇一二	三条	四七		二月、妍子中宮 八月、威子尚侍	四月、娍子皇后
長和二年	一〇一三	三条	四八		七月、妍子、禎子内親王出産	

長和三年	一〇一四	三条	四九			二月、内裏焼亡、枇杷殿遷御
長和四年	一〇一五	三条	五〇	准摂政	十月、五十歳の算賀 十月、摂政に准じ除目・官奏を行なう	九月、内裏還御 十一月、内裏焼亡、枇杷殿遷御
長和五年	一〇一六	三条／後一条	五一	摂政	七月、土御門第焼亡 十二月、左大臣を辞任	正月、敦明親王立太子 六月、一条院遷御
寛仁元年	一〇一七	後一条	五二	太政大臣	三月、摂政を辞任、頼通摂政	五月、三条院崩御 八月、敦明親王東宮を辞し、敦良親王立太子
寛仁二年	一〇一八	後一条	五三	辞官	正月、後一条天皇元服、彰子太皇太后 三月、威子入内 十月、妍子皇太后、威子中宮	四月、内裏還御 十二月、敦康親王薨去
寛仁三年	一〇一九	後一条	五四	出家	五月、准三宮 十二月、頼通関白	四月、刀伊の入寇
寛仁四年	一〇二〇	後一条	五五		三月、無量寿院落慶	
治安元年	一〇二一	後一条	五六		二月、倫子出家	
治安二年	一〇二二	後一条	五七		七月、法成寺金堂落慶	七月、後一条天皇、法成寺行幸
万寿二年	一〇二五	後一条	六〇		七月、寛子薨去 八月、嬉子薨去	
万寿三年	一〇二六	後一条	六一		正月、彰子出家、上東門院となる	
万寿四年	一〇二七	後一条	六二		五月、顕信薨去 九月、妍子崩御 十二月四日、薨去 七日、鳥辺野で葬送、木幡に埋葬	十一月、後一条天皇、法成寺行幸

略系図

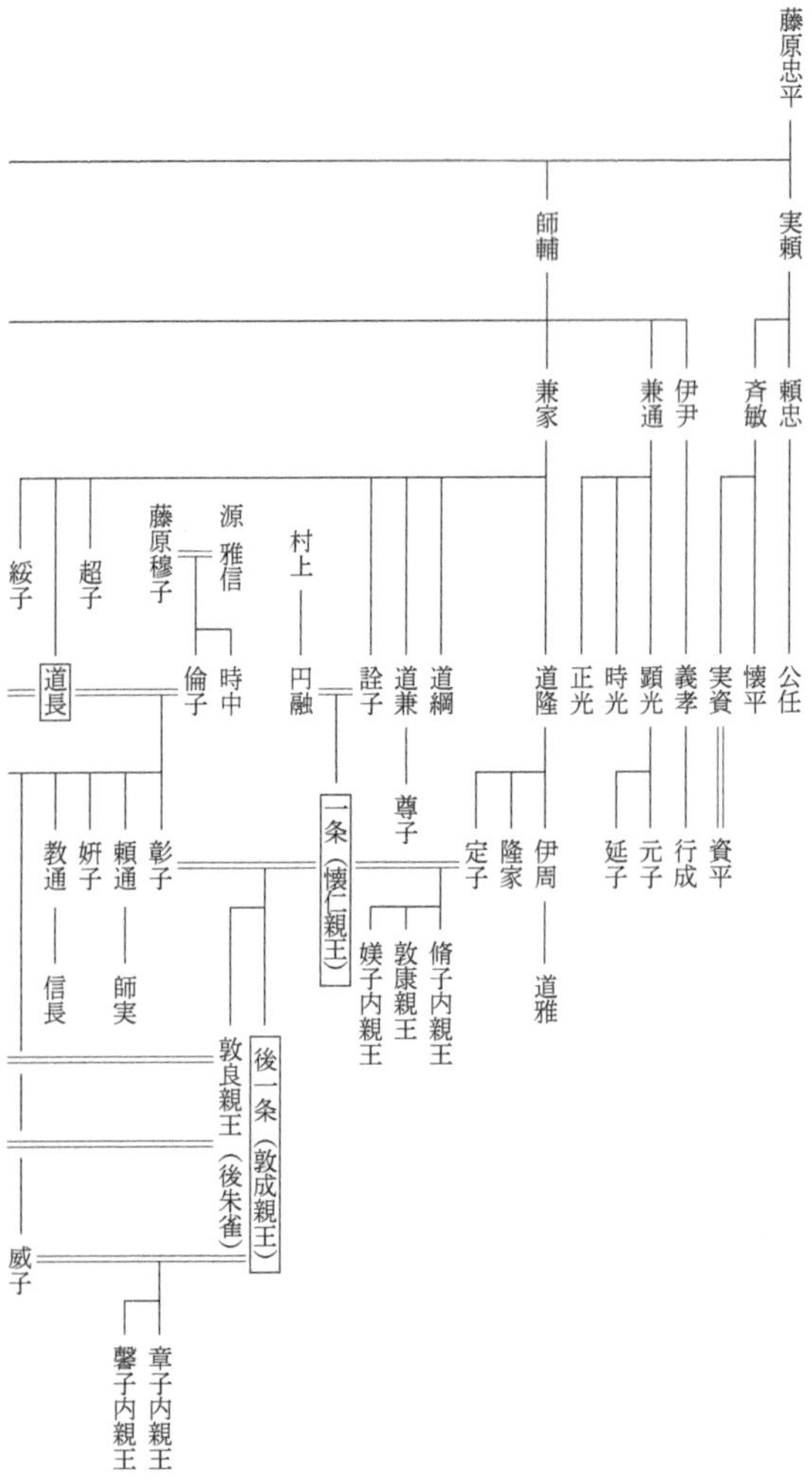

藤原忠平
実頼
師輔
頼忠
斉敏
伊尹
兼通
兼家
公任
懐平
実資
義孝
顕光
時光
正光
道隆
道綱
道兼
詮子
村上
源雅信
藤原穆子
超子
綏子
資平
行成
元子
延子
伊周
隆家
定子
尊子
円融
時中
倫子
道長
一条（懐仁親王）
脩子内親王
敦康親王
媄子内親王
道雅
彰子
頼通
妍子
教通
師実
信長
後一条（敦成親王）
敦良親王（後朱雀）
威子
章子内親王
馨子内親王

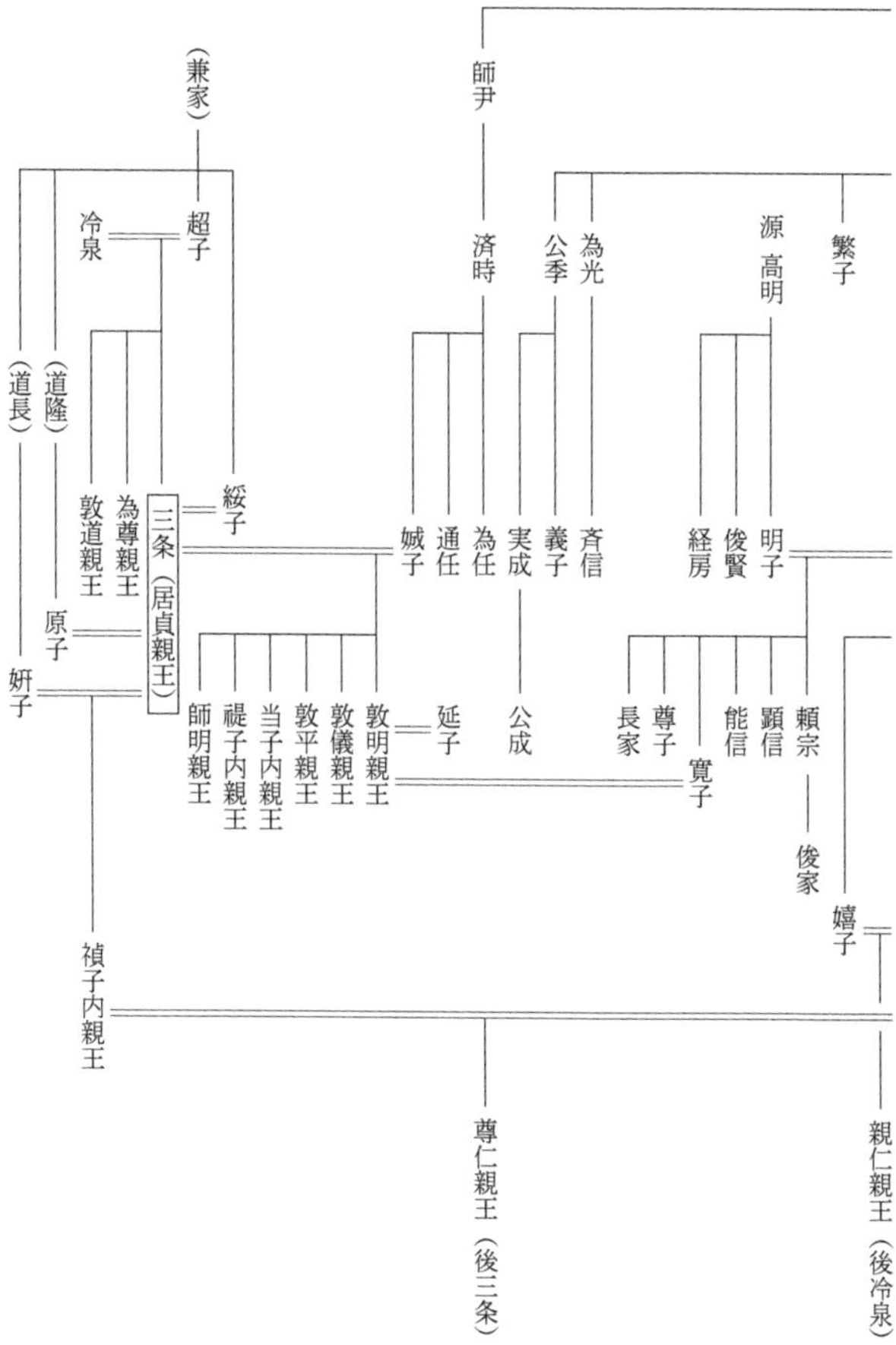
師尹
繁子
源 高明
為光
公季
済時
明子
俊賢
経房
斉信
義子
実成
為任
通任
娍子
頼宗
顕信
能信
寛子
尊子
長家
俊家
嬉子
公成
延子
敦明親王
敦儀親王
敦平親王
当子内親王
禔子内親王
師明親王
(兼家)
超子
綏子
冷泉
三条(居貞親王)
為尊親王
敦道親王
原子
(道隆)
(道長)
娍子
禎子内親王
尊仁親王(後三条)
親仁親王(後冷泉)

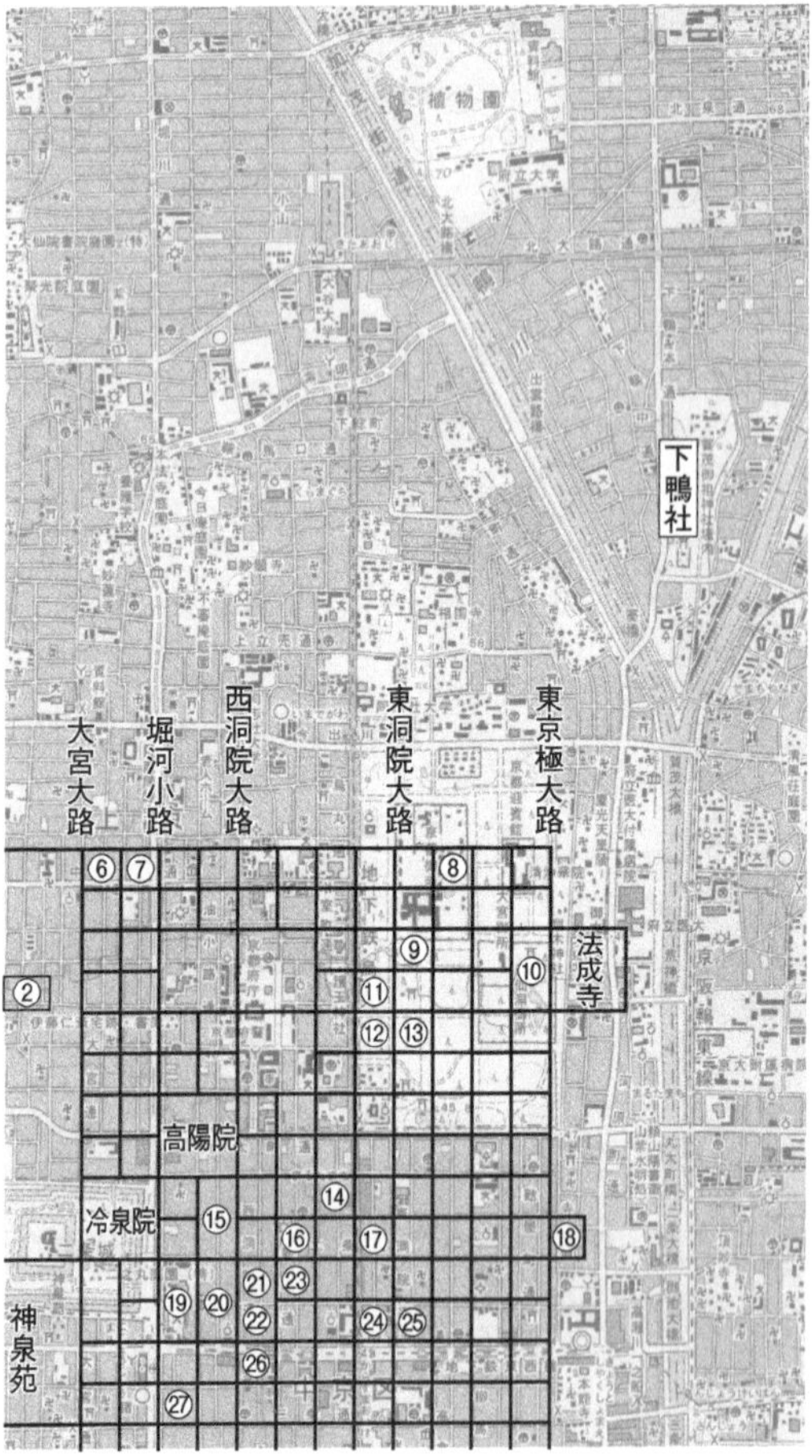

①中和院
②職曹司
③小安殿
④大極殿
⑤太政官庁
⑥一条院
⑦一条院別納
⑧一条第
⑨高倉第
⑩土御門第
⑪枇杷殿
⑫小一条院
⑬花山院
⑭小野宮
⑮陽成院
⑯町尻殿
⑰二条殿
⑱法興院
⑲堀河殿
⑳閑院
㉑東三条第
㉒東三条第南院
㉓室町第
㉔三条院
㉕竹三条宮
㉖高松殿
㉗三条宅

国土地理院発行1/25,000地形図「京都東北部」「京都西北部」を基に、縮小・加筆して作成。

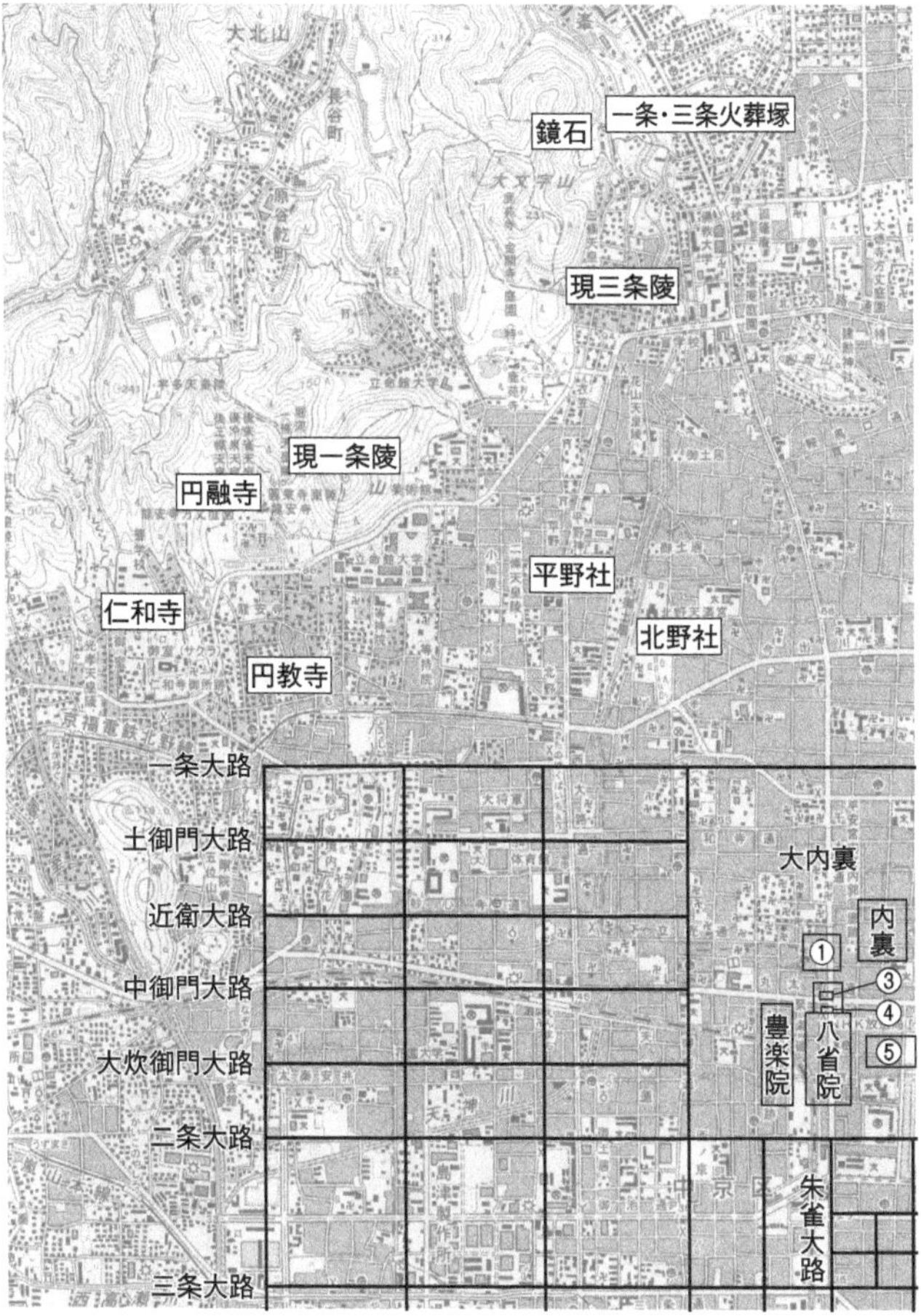

関係地図（平安京北半・北辺）

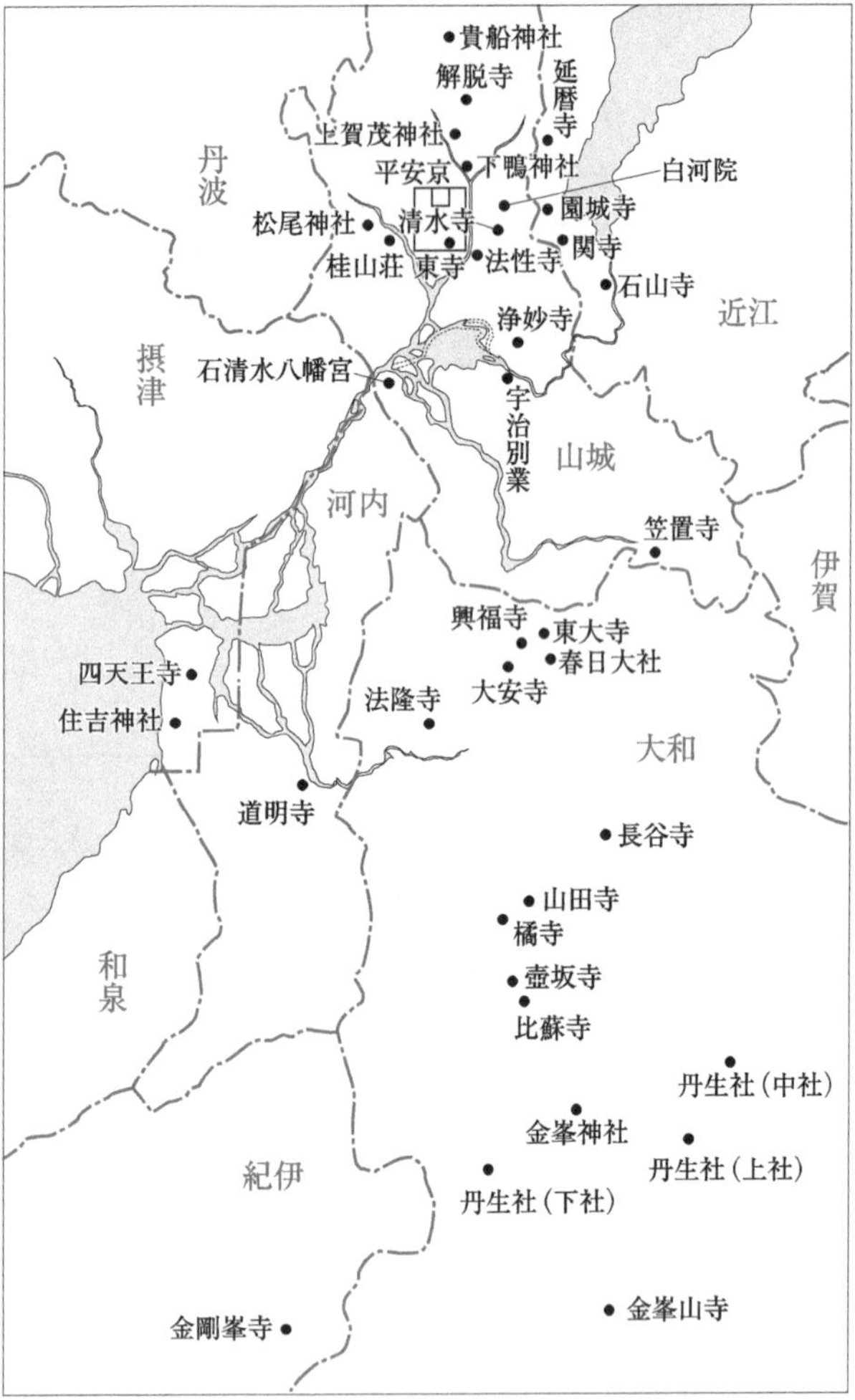
貴船神社
解脱寺
延暦寺
上賀茂神社
丹波
平安京
下鴨神社
白河院
園城寺
松尾神社
清水寺
関寺
桂山荘
東寺
法性寺
石山寺
近江
浄妙寺
摂津
石清水八幡宮
宇治別業
山城
河内
笠置寺
伊賀
興福寺
東大寺
春日大社
四天王寺
大安寺
法隆寺
住吉神社
大和
道明寺
長谷寺
山田寺
橘寺
和泉
壺坂寺
比蘇寺
丹生社（中社）
金峯神社
丹生社（上社）
紀伊
丹生社（下社）
金峯山寺
金剛峯寺

関係地図（京外）

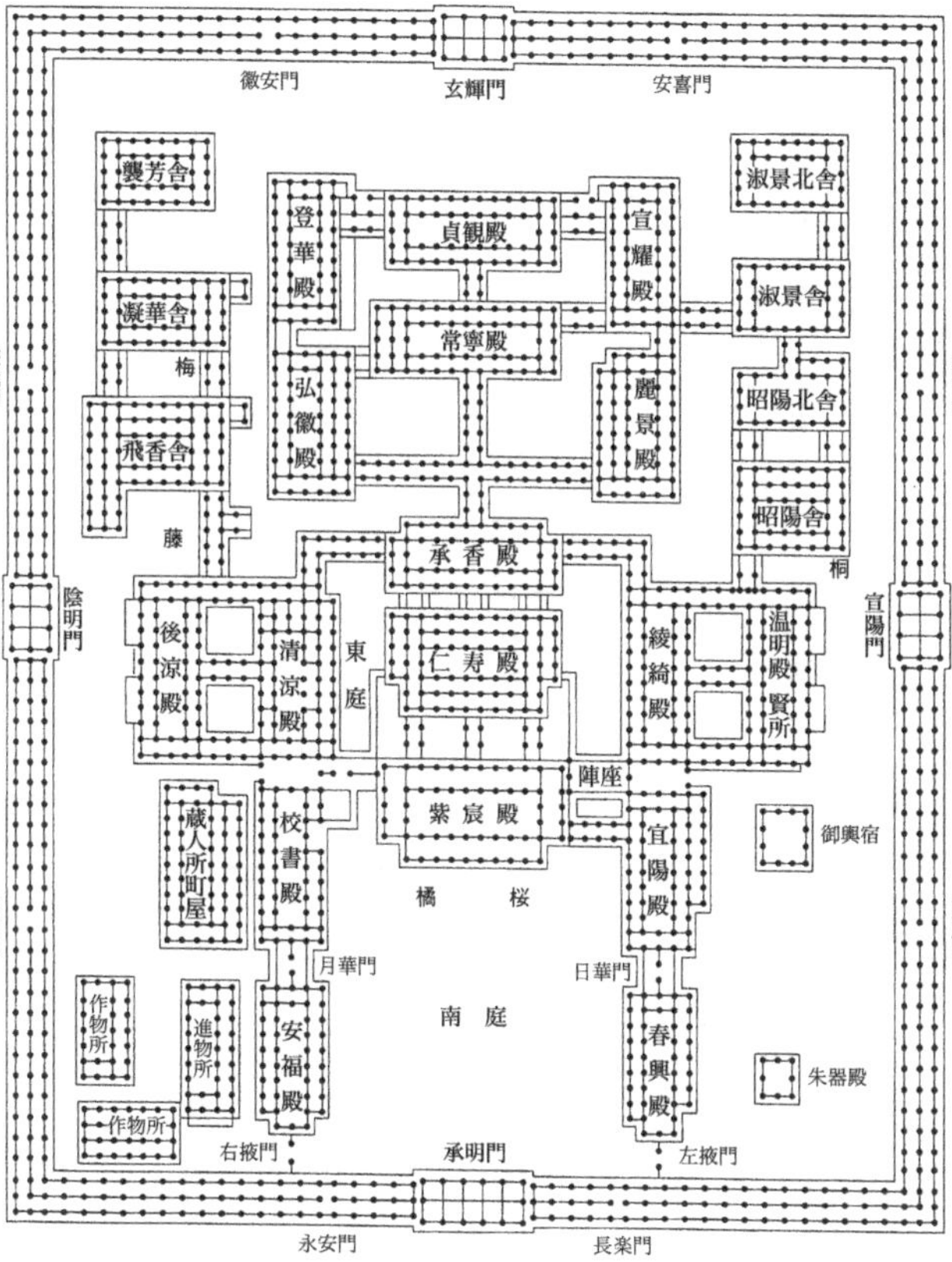
徽安門
玄輝門
安喜門
襲芳舎
登華殿
貞観殿
宣耀殿
淑景北舎
凝華舎
常寧殿
淑景舎
遊義門
嘉陽門
梅
弘徽殿
麗景殿
昭陽北舎
飛香舎
昭陽舎
藤
承香殿
桐
陰明門
後涼殿
清涼殿
東庭
仁寿殿
綾綺殿
温明殿
賢所
宣陽門
陣座
蔵人所町屋
校書殿
紫宸殿
宜陽殿
御輿宿
武徳門
橘
桜
延政門
月華門
日華門
作物所
進物所
南庭
安福殿
春興殿
朱器殿
作物所
右掖門
承明門
左掖門
永安門
長楽門

平安宮内裏図

主要参考文献

『大日本古記録 御堂関白記』東京大学史料編纂所・陽明文庫編纂、岩波書店、一九五二～五四年
『陽明叢書 御堂関白記』陽明文庫編、思文閣出版、一九八三～八四年
『藤原道長「御堂関白記」全現代語訳』倉本一宏訳、講談社、二〇〇九年
『御堂関白記全註釈』山中裕編、国書刊行会・高科書店・思文閣出版、一九八五～二〇一〇年
『大日本古記録 小右記』東京大学史料編纂所編纂、岩波書店、一九五九～八六年
『史料纂集 権記』渡辺直彦・厚谷和雄校訂、続群書類従完成会・八木書店、一九七八～九六年
『藤原行成「権記」全現代語訳』倉本一宏訳、講談社、二〇一一～一二年
倉本一宏『摂関政治と王朝貴族』吉川弘文館、二〇〇〇年
倉本一宏『一条天皇』吉川弘文館、二〇〇三年
倉本一宏『平安貴族の夢分析』吉川弘文館、二〇〇八年
倉本一宏『三条天皇』ミネルヴァ書房、二〇一〇年
倉本一宏『藤原道長の権力と欲望 「御堂関白記」を読む』文藝春秋、二〇一三年
上島 享『日本中世社会の形成と王権』名古屋大学出版会、二〇一〇年
榎本 渉『僧侶と海商たちの東シナ海』講談社、二〇一〇年
太田静六『寝殿造の研究』吉川弘文館、一九八七年
大津 透『日本の歴史06 道長と宮廷社会』講談社、二〇〇一年
大村拓生『中世京都首都論』吉川弘文館、二〇〇六年
尾上陽介『中世の日記の世界』山川出版社、二〇〇三年

小原　仁『文人貴族の系譜』吉川弘文館、一九八七年
北村優季『平安京の災害史』吉川弘文館、二〇一二年
黒板伸夫『藤原行成』吉川弘文館、一九九四年
佐藤全敏『平安時代の天皇と官僚制』東京大学出版会、二〇〇八年
新村　拓『古代医療官人制の研究』法政大学出版局、一九八三年
末松　剛『平安宮廷の儀礼文化』吉川弘文館、二〇一〇年
杉本　宏『日本の遺跡6　宇治遺跡群』同成社、二〇〇六年
土田直鎮『日本の歴史5　王朝の貴族』中央公論社、一九六五年
角田文衞『承香殿の女御』中央公論社、一九六三年
西村さとみ『平安京の空間と文学』吉川弘文館、二〇〇五年
西山良平『都市平安京』京都大学学術出版会、二〇〇四年
橋本義彦『平安貴族社会の研究』吉川弘文館、一九七六年
藤本勝義『源氏物語の〈物の怪〉』笠間書院、一九九四年
古瀬奈津子『日本古代王権と儀式』吉川弘文館、一九九八年
細井浩志『古代の天文異変と史書』吉川弘文館、二〇〇七年
松薗　斉『日記の家』吉川弘文館、一九九七年
三橋　正『平安時代の信仰と宗教儀礼』続群書類従完成会、二〇〇〇年
村井康彦『平安貴族の世界』徳間書店、一九六八年
山下克明『陰陽道の発見』日本放送出版協会、二〇一〇年
山中　裕『藤原道長』吉川弘文館、二〇〇八年
吉川真司『律令官僚制の研究』塙書房、一九九八年

講談社現代新書　2196

藤原道長《ふじわらのみちなが》の日常生活《にちじょうせいかつ》

二〇一三年三月二〇日第一刷発行　二〇二三年一〇月二五日第六刷発行

著　者　倉本一宏《くらもとかずひろ》

発行者　髙橋明男

発行所　株式会社講談社

東京都文京区音羽二丁目一二—二一　郵便番号一一二—八〇〇一

電　話　〇三—五三九五—三五二一　編集（現代新書）

〇三—五三九五—四四一五　販売

〇三—五三九五—三六一五　業務

装幀者　中島英樹

印刷所　株式会社ＫＰＳプロダクツ

製本所　株式会社ＫＰＳプロダクツ

定価はカバーに表示してあります　Printed in Japan

N.D.C.210.37　285p　18cm

ISBN978-4-06-288196-8

「講談社現代新書」の刊行にあたって

教養は万人が身をもって養い創造すべきものであって、一部の専門家の占有物として、ただ一方的に人々の手もとに配布され伝達されうるものではありません。

しかし、不幸にしてわが国の現状では、教養の重要な養いとなるべき書物は、ほとんど講壇からの天下りや単なる解説に終始し、知識技術を真剣に希求する青少年・学生・一般民衆の根本的な疑問や興味は、けっして十分に答えられ、解きほぐされ、手引きされることがありません。万人の内奥から発した真正の教養への芽ばえが、こうして放置され、むなしく滅びさる運命にゆだねられているのです。

このことは、中・高校だけで教育をおわる人々の成長をはばんでいるだけでなく、大学に進んだり、インテリと目されたりする人々の精神力の健康さえもむしばみ、わが国の文化の実質をまことに脆弱なものにしています。単なる博識以上の根強い思索力・判断力、および確かな技術にささえられた教養を必要とする日本の将来にとって、これは真剣に憂慮されなければならない事態であるといわなければなりません。

わたしたちの「講談社現代新書」は、この事態の克服を意図して計画されたものです。これによってわたしたちは、講壇からの天下りでもなく、単なる解説書でもない、もっぱら万人の魂に生ずる初発的かつ根本的な問題をとらえ、掘り起こし、手引きし、しかも最新の知識への展望を万人に確立させる書物を、新しく世の中に送り出したいと念願しています。

わたしたちは、創業以来民衆を対象とする啓蒙の仕事に専心してきた講談社にとって、これこそもっともふさわしい課題であり、伝統ある出版社としての義務でもあると考えているのです。

一九六四年四月　野間省一